汉唐书局

国际儒学联合会教育系列丛书

中华传统文化经典教师读本

周易

（下册）

丛书指导委员会主任　滕文生
总主编　钱逊　执行总主编　于建福
总主编　钱逊　执行总主编　张岂之　李学勤
国际儒学联合会
国家教育行政学院国学教育研究中心　组编

山东城市出版传媒集团·济南出版社

本书编著　温海明

天行健　君子以自强不息

地势坤　君子以厚德载物

易有太极　是生两仪

两仪生四象　四象生八卦

穷则变　变则通　通则久

君子藏器于身　待时而动

图书在版编目（CIP）数据

周易.下／温海明，韩盟编著 . — 济南：济南出版社，
2019.3

（中华传统文化经典教师读本／钱逊，于建福主编）
ISBN 978-7-5488-3617-9

Ⅰ.①周… Ⅱ.①温… ②韩… Ⅲ.①《周易》—研
究 Ⅳ.① B221.5

中国版本图书馆 CIP 数据核字（2019）第 040529 号

出 版 人　崔　刚
丛书策划　冀瑞雪
责任编辑　冀瑞雪
　　　　　冯文龙
图书审读　马恒君
装帧设计　李海峰
　　　　　谭　正

出版发行　济南出版社
地　　址　山东省济南市二环南路1号（250002）
编辑热线　0531-86131747（编辑室）
发行热线　82709072　86131747　86131729　86131728（发行部）
印　　刷　山东新华印刷厂潍坊厂
版　　次　2019 年 3 月第 1 版
印　　次　2019 年 3 月第 1 次印刷
开　　本　185 mm × 260 mm　1/16
印　　张　20.25
字　　数　300 千
印　　数　1—5000 册
定　　价　86.00 元

（济南版图书，如有印装错误，请与出版社联系调换。联系电话：0531-86131736）

目录

下　册

篇章体例

◎ 经典原文

◎ 注释

◎ 大意

◎ 解读

◎ 思考辨析题

第二章 下 经

䷞ 泽山咸（卦三十一）（艮下兑上）

咸①：亨。利贞。取女吉。

《彖》曰：咸，感也。柔上而刚下，二气感应以相与②。止而说（yuè），男下女，是以"亨利贞，取女吉"也。天地感而万物化生，圣人感人心而天下和平。观其所感，而天地万物之情可见矣。

《象》曰：山上有泽，咸。君子以虚受人。

◎ 注释

①〔咸〕感，无心的感应融通。咸还有皆意，全部，共同。《说文》："咸，皆也，悉也。"②〔相与〕合到一块，相互交流。

◎ 大意

咸卦象征交融感通，亨通，利于守持正固，娶妻可获吉祥。

《彖传》说：咸是感应融通的意思。上卦兑为少女，下卦艮为少男，柔在上，刚在下，也是柔顺往上，刚健来下，阴阳二气相互感应结合在一起。艮为止，兑为悦，交感之时稳重自制又欢快喜悦，男子对女子态度谦下，所以亨通，宜于持守正道，娶妻可获吉祥。天地相互交感带来万物创化生养，圣人感化人心带来天下和合太平。观察天地万物彼此交互感应的现象，天下事物的情理就可以明白了。

《象传》说：下卦艮为山，上卦兑为泽，山与泽感应相通就是咸卦。君子从这种山泽通气的卦象当中得到启示，要虚怀若谷，谦下包容，感化众人。

◎ 解读

天地相感，本无心意，人感悟天与心相通之意，为天人合一，即无心之咸。咸为无心而彼此速应，是无心感应。咸必两两感应交互，非单向之意，故人天之感虽无心，却是双向有意。因此，无心并非彻底的没有心，而是以无心来对待有心，恰恰因为无心，才能更好地有心，而最终将有心提升到无心而感的最佳境界。那么，咸就是感天动地的无心之感，就是把男女感动的有心境界提升到阴与阳感应的无心境界，这种无心而有意的境界，是心通于天地，而不再是感动某一个他心的小心，而是与天地共在之大心，因大心而有大意，如无心而无须刻意营为。如此心通天地，化男女感应之心为天地阴阳相感之心，正是天地人三才合一。

卦象以刚下柔，以男下女，如男女感通之始应当男来求女。就卦而言，每爻都感；因山艮为止，故止而有感；感必心动而悦，心悦方能亨通。山实泽虚，山阳泽阴，阳升阴降，二气融通，相互感动包容，可见发心之感是阴阳通达之始，创生化育之源，发荣滋长之本。

初六：咸其拇①。

《象》曰："咸其拇"，志在外②也。

◎ 注释

①〔拇〕脚拇指。②〔外〕指外卦九四。

◎ 大意

初六：脚拇指开始有感应。

《象传》说：脚拇指开始有感应，说明初六的心志向着外卦的九四。

◎ 解读

这一爻的解法，有"感应到脚拇指上""交感相应在脚拇指""感触拇指"等多种，但这些说法妥当于否，最后都应该以《象传》的说法为准，因为《象传》是最早诠释《周易》的，是最权威的解释。因此这里《象传》说"志在外也"，那就说明初六的心志向着相应的九四（初与四均失位），这是人之常情，说明应该是初六主动有感应，这样的话，"脚拇指开始有感应"的译法就比其他译法要好一些。初六阴爻谦静居下，对应人体的脚趾部位，指在脚拇指头上感应，感觉初起。在初六的感应初期，虽有感而被艮（山）止住，所以代表心有所动但还没有外化为行动，所以初六的感应可以说是比较压抑的，虽然心里向往九四，但是放不开，不敢表达，只是心志心念而已，仅有向外发散之志，可谓蠢蠢欲动而已。

> 六二：咸其腓①，凶。居②吉。
>
> 《象》曰：虽"凶居吉"，顺③不害也。

◎ 注释

①〔腓（féi）〕指胫骨后的肉，俗称腿肚子。一说有四意：脚膊，足之腓肠，足肚，膊肠。②〔居〕安居，止居，静居，有等待义。③〔顺〕六二在互巽里，巽为随顺。

◎ 大意

六二：腿肚子开始有感应，乱动会有凶险，安居待时，反而吉祥。

《象传》说：虽然乱动会有凶险，但只要安居待时，反而吉祥，因为随顺不会有灾害。

◎ 解读

六二取腓象，初六脚指头可以暗动，只是心动而已，六二小腿肚子却只能

明动，象征欲望加深，与五相应，动就有凶。六二虽与九五正应，但应该守本
分，自然而然的感应才是正道，可是六二很难抗拒九三的魅力，以致混乱的感
应加深。九三本来应该去找上六，但看身边的六二也很不错，也就有些心动。
加上九三躁动不安，按捺不住，觉得自己距离上六太远，不如六二近水楼台，
温柔贤淑，于是转而追求六二。六二位置中正，品行端庄，虽然被九三感动，
但能被艮（山）止住不动而自守，静待正应，还能回家随顺安居，好好过日
子，因安居待时而获得吉祥。

卦中六二与九五中正而应，是正常的感应关系，但九三与上六就不是正常
的感应关系。九三去感应六二，就是打扰六二与九五的正应关系，而且九三心
动，会遭九四嫉妒，容易遭受咎害，所以最好顺应情境，按兵不动。

六二不是不能动，是距九五太远，如果妄动、躁动就会有凶，难成正果。
相反，安居则吉。所以，寂然不动，感而遂通，顺则不害。从另一个角度说，
六二被九三感动，应该有自己的主见，发乎情止乎礼就好，不宜妄动。

> 九三：咸其股①，执②其随，往吝。
> 《象》曰："咸其股"，亦不处也。志在"随"人，所"执"下也。

◎ **注释**

①〔股〕大腿。膝上为股，膝下为胫。②〔执〕执意，把持住。一说牵。

◎ **大意**

九三：大腿开始有感应，牵绊住它想要随顺的心意，如果仍然执意
前往，会遇到困难。

《象传》说：大腿开始有感应，说明九三不能安静自处，想随着人
动，但被下面牵绊住了。

◎ **解读**

九三易于躁动，以动为感，觉得六二和初六都挺好，就把正应上六忽略
了，所以有主动向下的心意，象辞"所执下也"就是九三眼睛只看到六二和初
六，没有看到上六，舍远求近，舍难求易，盲目从下，深陷谜团，被下面给束

缚住了。九三虽然向往上六，但艮（山）阻隔力量太大，被牵绊而止，即使想上也上不去，何况还有九四、九五挡着。

九三在下卦上位，又在互巽（股）里，对应人体的大腿。但九三居然还走不动路，想走走不了，实在是进退维谷。而九三的真正痛苦其实是压根就上不去，因为九四、九五太强大，只有在下艮里面待着。换言之，三个阴爻来共振九三，九三的大腿想动，可是又实在动不了，可谓有心无力。

在卦变中，九三与上六换位，随上六动，但它来到三位后下卦变艮（止），不能动了，所以说牵绊住了想要随顺的心意，如果执意前往，会遇到困难。

关于"执其随"，今人有"暂时相守于随顺者""执意追随于人""执意盲从泛随于人""一味听从别人怂恿""牢牢地掌握住跟随自己的人""控制住不能随着动"等不同译法，意思大相径庭，莫衷一是。根据象辞，"志在随人，所执下也"，分析卦象，解释为"牵绊住它想要随顺的心意"比较合适，换言之，想随顺别人行动，却受到牵绊。九三上有应爻，在互巽（随顺）里，有想随顺上面的心意，但心意刚刚发动，就被下面给牵绊（艮止）住了，被拉了回来，心意回转，只能向下在意下面随顺自己的六二，所以寸步难行，如果执意要动，就会有困难。这样理解也可通。

九四：贞吉，悔亡。憧憧①往来，朋从尔思。
《象》曰："贞吉，悔亡"，未感害也。"憧憧往来"，未光大也。

◎ 注释
①〔憧憧（chōng）〕心意不定，往来不绝的样子。

◎ 大意
九四：贞定自守，吉祥自来，忧悔消亡。心思意向不能专一，心神不宁，飘忽无定，来来往往，（一旦思虑专一），朋友终究会顺从你的心思意虑。

《象传》说：贞定自守，吉祥自来，忧悔消亡，因为九四没有感应到自己会受伤害。心思意向不能专一，心神不宁，飘忽无定，来来往往，是因为九四的感应之道还不够广阔远大，无所不至。

◎ **解读**

在卦变中，九四原是上乾的下爻，卦变之后成互乾中爻，刚爻变化还是围着它转，所以贞定自守，吉祥自来。从感应的角度来说，感应到心上是真正感应对了地方，所以能够让忧悔消亡。九四在九三（股）之上，九五（背）之下，股之上背之下对应人的心脏部位，所以指感应到心里去了。古人认为"心之官则思"。九三从上位来到三位，在九四周围上下往来，刚爻与刚爻为朋（互乾），所以是心思意向不能专一，心神不宁，飘忽无定，来来往往。好比九四不能绕过九五去找上六，而九三跟六二和好，没空理九四，九四去找初六，又要面对九三，搞得心神不宁。九四最后还是跟初六有应，一旦九四思虑专一，朋友（三四五互乾）终究会顺从你的心思意虑。

此爻"贞定自守，忧悔消亡"，跟后面的"心思意念一旦专一，朋友自然跟随你的心思意虑"是一样的意思，也就是自己的心志坚定安宁，静如止水，无关的忧悔会慢慢散去，心思专注，周围的朋友和情境就会随顺自己的心志。这个时候，只要没有感应到对自己的伤害，就不算真正的伤害，仍然可以我行我素，自在随性，可以无怨无悔，无忧无虑。之所以心意不专，飘忽无定，是因为心意的感应力量仍然有限，不能够扩大到广阔远大的地步，感应的力量还不够强大。

> 九五：咸其脢①，无悔。
> 《象》曰："咸其脢"，志末②也。

◎ **注释**

①〔脢（méi）〕背，背脊肉。②〔志末〕既是志于末端，又是浅末的感应。一说应为"志未"，"末"是"未"之误，全书讲到志都只讲"未"不讲"末"，没有触动心志。其实都通。

◎ **大意**

九五：脊背上开始有感应，没有什么可以后悔的。

《象传》说：脊背上开始有感应，说明心志没有实现（志于末端，感应太浅）。

◎ 解读

六二与九五相应，九五与上六相比，九五对上六的感应超过对六二的感应，所以九五对六二之感不深，或者说是无心之感。这样说来，九五得其位而失其德，犯了无心之过。其实六二居中得正，规规矩矩，九五却感应不到，总是觉得上六更亲，被上六给迷住了，错过了跟六二的正应。九五抛弃规规矩矩的六二，追逐表面上的感应，从这个角度讲，就是九五没有心。也可以理解为，九五或者表达方式有问题，或者缺少能够感动对方的内涵，总之没有真正感动六二。

可是，九五与上六之间的感应其实是比较浅薄的，感而无心，情动而未感动于心，没有心灵深度，基本属于无效感应，非常肤浅。按照爻辞只能感应到肉，感应不到心。总之，九五压根儿没有用心去感，当然也就没有什么会让他后悔的。九五本来是跟六二相应的，可是不用心，就不能真正感动六二，即使跟上六之间有阴阳之气的交流，也是表面浅俗的、浮光掠影的。

所以，"志末也"就是指九五对上六之末和本应之爻六二的感应都是走形式，应付而不走心，上六浅末而六二基本无心，所以解为"末"，而解释为没有感应或感应无效，也未尝不可。背在心后，胸在心前。心胸可容天地，背心只能遮部分身体。一说胸背对着心，感应得南辕北辙，后背受感应却不会动心。九五本应该跟六二交往，可惜交往不用心，基本没有开始，虽然有想去交往之意，但不敢表达，没有实现，最终错过了。

上六：咸其辅①、颊（jiá）、舌。
《象》曰："咸其辅、颊、舌"，滕②口说（shuō）也。

◎ 注释

①〔辅〕上牙骨，上牙床。②〔滕（téng）〕原义有水向上奔腾，引申为张口说话，信口雌黄。

◎ **大意**

上六：牙床、两颊和舌头上都感应到了。

《象传》说：牙床、两颊和舌头上都感应到了，说明上六信口开河，无所顾忌地说话。

◎ **解读**

上六柔爻居正，男下女而使女大悦，好比女子被感动到最深的程度，如热恋一般，眉飞色舞，也可以理解为脑袋发热，说话不由自主，言不由衷的状态。此爻为男女相感的最深一爻，故可以理解为主爻。

上六是否卦六三上来，心悦而愿意多说，带有滋润、迷惑、感人的韵味。阴爻来到三个阳爻之上，好像一女在三男面前，兴奋活跃地与每个人多说话，不矜持。船山说："阴舍三而上，不由中而驰骛于外，此道听途说所以弃德也。"九五"志末"是与上六相感，而与六二无感，故九五与上六不吉。上六与九四和九三也略有感，感应过度，用心过度而不合适。

◎ **思考辨析题**

1. 如何理解"柔上而刚下"？

2. 从卦辞说明爻位跟人身的对应关系。

3. 如何理解"憧憧往来，朋从尔思"？

䷟ 雷风恒（卦三十二）（巽下震上）

恒：亨。无咎，利贞，利有攸往。

《彖》曰：恒，久也。刚上而柔下，雷风相与，巽而动，刚柔皆应，恒。"恒，亨，无咎，利贞"，久于其道也，天地之道恒久而不已也。"利有攸往"，终则有始也。日月得天而能久照，四时变化而能久成，圣人久于其道而天下化成。观其所恒，而天地万物之情①可见矣。

《象》曰：雷风，恒。君子以立不易方②。

◎ 注释

①〔情〕自然的情势，万物都在运动中持守恒定的状态，彼此相互依存的那种实情与情理。②〔方〕道义、规范、原则等以方正的方式表现出来。《正义》："犹道也。""方"是义方，指人在行为上遵循道义的方正状态。

◎ 大意

恒卦象征永恒持久，亨通。只有不犯过错，才利于共同持守正道，才利于有所前往。

《彖传》说：恒就是永恒持久的意思。上卦震为阳刚处上，下卦巽为阴柔处下（卦变中泰卦之初九升上到达四位，而六四下降到初位）。雷震风行，交相互助，巽为顺，震为动，要先逊顺然后震动，上下卦的刚爻与柔爻都彼此应和，这才是恒久之道。永恒持久，亨通，没有过错（祸患，咎害），利于共同持守正道，说明恒道在于双方共同长久保持正道。天地的运行是恒久持续周流不息的，利于有所前往，是因为事物的发展总是终而复始。日月顺天道而行才能长久照亮世间，四季往复变化而能长久创生万物，圣人法天道，长久保持正道与美德，就能教化天下而大有成就。观察自然万物的恒久之道，就能从中发现天地万物的情实状态。

《象传》说：上卦震为雷，下卦巽为风，雷鸣风行，风雷交加，雷风相伴，迅雷风烈必变是大自然恒久不变的现象，这就是恒卦，君子从中得到启示，立身于恒久不变的天人大道。

◎ 解读

恒是永恒持久之意。《序卦传》说"夫妇之道不可不久也"，是针对恒卦紧接着男女之间的快速感应的咸卦，而恒卦是结婚后夫妇之间的永久结合，持之以恒。所以，《杂卦传》说："咸，速也。恒，久也。"恒卦上卦阳下卦阴，三阳三阴，六爻皆应，有女顺男之象，如家庭初建，夫妇同心，阴阳同心和谐，长久恒固。

卦变中刚上而柔下，象征着自然界阴阳交流生生不息、永恒不变的基本状态，如日月在天地间为恒体，而四时之变化为恒动。但这种状态要想维持恒久，除了双方持续感应之外，还需要双方都尽量不犯过错，才能够保持共同持守正道的有利状态，才能够继续一起前行。可见，恒卦的持久不是单方面的，而是双方共同维系的，好比雷与风之间相与的关系，也就是雷动风起，雷息风止，雷行风速，雷迅风烈，雷舒风和。

君子看见雷与风之间这样的相应关系，用一种方正的方式来维系这种规律、道义和原则，上卦为国政，雷厉风行，下卦为民众，得令而从，上下同心，天下之情，如此相应，自然恒久。天人大道正是通过居正位、行正道，以方正而持久永恒的方式体现出来的。事物都是在变化运动中才能保持恒久，如果没有变化运动，也就僵死了。一切变化运动都遵守日月和四时那种周期性的运动规律，离开这种运动的恒定状态，一切自然到人间的运动都无法持续。

初六：浚①恒，贞凶，无攸利。
《象》曰："浚恒"之"凶"，始求深也。

◎ 注释

①〔浚（jùn）〕深。一说迅速，一开始就想很快，结果欲速则不达。

◎ 大意

初六：深深地希望能够恒久，过分坚持会有凶险，没有好处。

《象传》说：深深地希望能够恒久地持守，但过分坚持会有凶险，这是因为初六从一开始就这样期待恒久不变的状态，将来一定会失望的。

◎ 解读

初六以阴居阳位，为巽之主，所以有躁动之意，急于动而应于九四，是急于求成，结果上面阳爻阻隔，欲速则不达。由泰变恒，初六从四位下来，一下子扎到全卦最下位，好像往最深处去挖。上兑（泽）下巽（股），股入泽下，是水漫大腿之象，就是因为九四追求恒久太深、太过而有危险。

恒卦要持久，更要讲究恒久的分寸，首先要把内心调整到恒定状态。但是，从刚一开始就不可过于执着，也就是说，内心意念对身外之物事的期待不可过度强求，否则，如果只顾追求恒久的深度，就一定事与愿违。信念持定不动，而世事变幻无常，过分静守恒定状态的人，往往失望。可见，恒久也是相对的动态平衡，从两情相悦的咸卦过来，一开始就要保持好分寸，起心动念都要留有余地。

九二：悔亡①。

《象》曰：九二"悔亡"，能久中也。

◎ 注释

①〔亡〕读如无，一说消亡，意为因消亡而无。

◎ 大意

九二：忧悔消亡。

《象传》说：忧悔消亡，是因为能够持久保持中正之道。

◎ 解读

九二阳居阴不正，可谓以非常之道居于非常之位，自然有悔，但九二能够持久地行于中道，自身刚柔并济，又能随机应变，又与六五相应，持续以刚辅柔而消除忧悔。在卦变当中，九二没有动，是持久保持中正之道。引申为在变动的时局当中，内心意识的状态保持了恒定，忧虑和后悔也会因为恒定的心念而消亡。当然，这种恒定是有条件的，就是所在的位置也相对安全稳固，不会因为时局的变化对其造成冲击，否则内心很难持守恒定。

九二爻辞非常简单，但其他注解讲法还是不如卦变讲起来清晰有理。

九三：不恒其德①，或②承③之羞，贞吝④。

《象》曰："不恒其德"，无所容也。

◎ 注释

①〔德〕仁德，道德的一致性、标准、准则。②〔或〕或许，或者，可能。③〔承〕对上承受。④〔贞吝〕正固不改变，会有灾难。

◎ 大意

九三：不能恒久持守自己的仁德，就有可能要承受羞辱，正固（不好的德行）不改，会有灾难。

《象传》说：不能恒久持守自己的仁德，最后就没有容身之地了。

◎ 解读

九三阳爻居于阳位，过刚不中，又因在下巽（进退、不果、决躁）之极，是犹豫而没有节操之象。卦变之后，形势扭转，但九三仍然固守自己的本位不动，从道德上来讲九三放弃了自己恒守的仁德，为了能够保持原位，结果很有可能在新的位置上蒙受羞辱，而如果继续持守原来的位置和状态，很可能会有灾难。可见，九三代表没有节操的无耻小人，最后会没有容身之地。九二刚柔相济能悔亡，能久居于中，九三过刚，无德无能，还不加悔改，固执己见，最后只能流浪四方。

"吝"译成为"遗憾"太弱，一个人到了不被众人收容的地步，就不仅仅是遗憾，而是灾难。为了谋取自己身外的地位和利禄而放弃自己恒定的操守，这是缺乏节操的，没有好下场。例如东汉末年的吕布，没有忠心，见异思迁，随意拜义父杀义父，对朋友不讲诚信，背信弃义，最终丧命，纵使身怀绝技，但没有节操，只是逞匹夫之勇，这是致命的弱点。

九四：田①无禽②。

《象》曰：久非其位，安得"禽"也？

◎ 注释

①〔田〕田猎。②〔禽〕禽兽。

◎ 大意

九四：赶到打猎的田野，禽兽都跑光了。

《象传》说：（形势已经大变，九四还想）长久地守着不合适打猎的位置，这样怎么可能捕捉到禽兽呢？

◎ 解读

前人很少把田野里为什么没有禽兽解释清楚，象辞的解释更是扑朔迷离。解释此爻当讲卦变和爻的推移，"坤"为田猎之象，只有从爻的推移入手，才能解释清楚。初九阳爻来到四位的同时，六四阴爻下到初位，坤象消失，初六虚，等于扑空了，不可能捕捉到禽兽，可是九四还念念不忘刚才田里尚有禽兽的状态，而没有意识到自己来到四位就是赶走禽兽的根本原因，长久地守着四位，犹如守株待兔，必将错过有利形势，怎么可能捕捉到禽兽呢？

传统的说法，刚爻从初位来到四位，不柔不中，在四位待不久，意思尚可，但这样解释无法说明田猎之象如何而来。所以，田猎之象当从卦变入手加以解释。

六五：恒其德，贞①。妇人吉，夫子凶。

《象》曰："妇人贞吉"，从一而终也。"夫子"制义，从妇凶也。

◎ 注释

① 〔贞〕坚守正道。此处讲成占卜也通。

◎ 大意

六五：恒守自己的仁德，坚守正道。对女人来说，可以获得吉祥，但对男人来说，就会有凶险。

《象传》说：女人坚守正道可以获得吉祥，因为女人应该从一而终。男人要受到道义的制约和引导，如果一味跟从女人就凶险。

◎ 解读

六五在上卦中位，下有九二阴阳正应，在卦变中两爻都没有变动，所以有恒守自己的仁德，坚守正道之象，意思是能始终如一地持守自己的德行并正固不变。但六五是柔爻为女，女子顺应主静，正固不变就吉祥。然而五位是刚位，本应由刚爻占据，如今由柔爻（女）恒守，刚爻（男）却长期处于从属地位，所以对男人来说，会有凶险。

象辞指出，女子属阴性，要顺阳性而动，要从动不要主动，从一而终是女性的人生幸福。但如果男性不能够受到道义的制约和引导，根据时宜，随机应变，只是一味顺从女人，放弃自己恒守的仁德就会遇到凶险。

上六：振恒，凶。

《象》曰："振恒"在上，大无功也。

◎ 大意

上六：恒守心意的状态受到震动而动摇，将有凶险。

《象传》说：上六恒守心意的状态受到震动而动摇，还高居在上做事必然徒劳无功。

◎ 解读

上六位在全卦最高处，高处不胜寒，本身处在震（动）里，又是恒卦，有长久震动之象，所以会有凶险。一解上六恒守心意的状态不断受到振动，信念动摇，也就不再能持守恒久之道，加上身处穷困的高位却摇摆不定，行动半途而废，言辞出尔反尔，那就不可能做成任何事情，甚至会遇到凶险。

◎ 思考辨析题

1. 请说明咸卦与恒卦的伦理意义。

2. 恒卦象征永恒长久，永远不变，大象辞说"立不易方"，可为什么彖辞却说"四时变化而能久成"，恒卦到底是指不易之道还是变易之道？

3. 为什么六五爻辞说"恒其德，贞。妇人吉，夫子凶"？

☰ 天山遯（卦三十三）（艮下乾上）

遯①：亨。小利贞。

《彖》曰："遯，亨"，遯而亨也。刚当位而应，与时行也。"小利贞"，浸②而长也。遯之时义大矣哉！

《象》曰：天下有山，遯。君子以远小人，不恶③而严④。

◎ 注释

①〔遯〕读 tùn：《说文解字》"徒困切"，王弼注"徒巽反"。同"遁"，逃遁，退避。②〔浸〕同"寖"，浸渐，慢慢渗入，逐渐。③〔恶〕招惹。④〔严〕严格，严厉。

◎ 大意

遯卦象征退隐躲避，亨通，持守正道对于柔小的事情有利。

《彖传》说：遯卦退隐躲避而亨通，是先退隐躲避之后才能够亨通。刚爻九五在尊位，与代表柔爻上长的六二阴阳正应，说明刚爻还执令当权，六二还愿意应合九五，全卦四个刚爻还占据多数，形势还没到急转直下的地步，刚爻只是顺应时势后退，还不是败退。持守正道对于柔小的事情有利，是因为柔爻代表的阴气正在渐渐生长壮大。遯卦的时势体现出的时机化意义实在太重大了！

《象传》说：上卦乾为天，下卦艮为山，天下有山就是遯卦。君子看到山在天的下面，好像山在上升，逼天退让之象，要远远地躲避小人，不必表现出厌恶小人的脸色，但又要严肃矜庄，严格持守正道。

◎ 解读

卦辞说明本卦正当柔进之时，是隐遁躲避的大形势，持守正道对于柔小的事情有利。

彖辞说明，柔爻正在上长，刚爻应该后退，君子看到这种小人得势的时势，知道要退却方能通顺，也就是应该伴随着时势而后退。遯卦由乾变来，乾下生一阴为姤，姤下再生出一阴为遯，是阴爻不断上长的发展趋势，应当在早期就有所警觉，努力控制柔爻的发展势头，让小的柔爻持守正固之道才会吉利。君子从遯卦看出，进与退不能僵化地看，事物和事情的发展，都是有进有退的，很多时候主动退却是为了更好地前进。如果只知进而不知退，可能最后会有大灾。前人对卦象的理解，如"天高远，山幽深""高天下有大山"等，都没有讲清楚为什么山进天退。其实，遯卦的卦象应该是"山在上升，逼天退让"的意象，是山在逼退天，之前很少有这样理解的。

初六：遯尾，厉。勿用有攸往。

《象》曰："遯尾"之"厉"，不往何灾也？

◎ **大意**

初六：退避不及落在了末尾，非常危险，这时候还不如干脆不要向前跑了。

《象传》说：初六退避不及落在了末尾，非常危险，还不如干脆不向前跑了，哪还会有什么灾害呢？

◎ **解读**

爻由下向上推移运动，因此《周易》例以上爻为头，初爻为尾。初六在遯卦初位，"遯尾"是说退在尾后，退在最后之意。形势到了不得不退的地步，可退的时候落在最后，发现已经很晚了，所以非常危险。因为是柔爻上长剥蚀刚爻，象征小人逼退君子，所以对君子来说，既然已经退得太迟了，就不如干脆不向前逃跑，免得别人注意，反而更加安全。本爻有两方面卦象，一方面是逃跑太晚，落在了逃跑者的尾巴后面，或尾巴被人看到了的卦象；另一方面是已经退到最末端了，很危险，再往前走就没有地方了，已经到悬崖边上，还不如在尾巴上待着的卦象。

初六阴柔，又在艮（止）之中，跑不快，尾随别人落在后面比较正常，但如果随意乱动，就会有危险。这一爻宁可不动了，不要再继续尾随别人，自己要有主心骨，安分自守，虽然危险，但可以避开灾难。

六二：执之用黄牛之革①，莫之胜②说③。

《象》曰："执用黄牛"，固志也。

◎ **注释**

①〔黄牛之革〕用黄牛皮拧成的绳子。古人把皮子拉成条，称皮韦，再用皮韦拧成绳子，比一般绳子结实，牛皮是皮子当中最结实的，黄牛之革是最结

实的绳子。②〔胜〕能够。③〔说（tuō）〕同"脱"，脱开，脱落。

◎ **大意**

六二：用黄牛皮拧成的绳子把自己跟九五牢牢拴缚在一起，谁都没有办法解脱得开。

《象传》说：用黄牛皮拧成的绳子把自己跟九五牢牢拴缚在一起，因为六二要心志坚定地跟九五捆绑在一起，不想后退。

◎ **解读**

六二想通过与九五相应的方式进一步升进，但九五当令，对六二应和，六二采用跟九五捆绑的方式，坚决不退。六二代表柔爻升进的主要力量，要逼退刚爻，采用的方式就是跟刚爻抱成一团，绝不分开。

下卦艮（皮，手），互卦巽（绳），是用手用绳捆绑之象。黄牛之象来自坤，六二为坤之中爻。六二在逼退阳爻的前锋，表现得非常强劲，发出九牛二虎之力，毫不客气，而且用跟九五死死捆绑的策略，非要逼迫阳爻后退不可。

九三：系①遯，有疾，厉。畜臣妾吉。

《象》曰："系遯"之"厉"，有疾惫②也。"畜臣妾吉"，不可大事也。

◎ **注释**

①〔系〕心有所系。②〔惫（bèi）〕疲惫。

◎ **大意**

九三：心怀系恋，不及时退避，将有严重的疾病和危险，（形势已经不退不行了），回家去畜养奴仆和婢妾，还是吉祥的。

《象传》说：有心还想挽回退势并加以努力，这样做非常危险而且困难，会把人累得生出疾病，最后折磨得疲惫不堪。不如退避回到家里畜养奴仆婢妾，干点这类小事还是吉祥的，干大事就不要指望了。

◎ **解读**

九三眼看后退的大势已无法挽回，不能做大事了，不如回去养家过小日子。九三紧邻下面上长的两个柔爻，地处刚爻守住阵地的位置，下卦艮（止），是能够止住柔爻进逼的势头，在艮（手）互巽（绳）里，有要把颓势挽救回来之象。但柔长刚退已不可更改，九三虽一夫当关，但实在顶不住了，即使勉力支撑，也难挽大势，不及时退避，将有严重的疾病和危险。艮为少男，也为僮仆臣妾，九三是下卦艮的主爻，看到形势已经不退不行了，如果回家去畜养奴仆和婢妾，还是吉祥的。从取义上说，九三这一爻是有意要把对方步步进逼的势力克制住，以挽回退让的大势，但毕竟阴爻上升，自己退却的大势已不可逆转，如果回去养老婆抱孩子还是吉祥的。臣是男奴，妾是女奴，这里指的是自己家里人，可以说是赶紧躲回家去。

之前的一些解释不够通畅，因为对这一爻代表非退不可的形势缺乏深刻体会，也就不能理解爻辞前后的关联。只要把形势领会清楚，就能够前后一贯，逻辑清晰了。

> 九四：好①遯，君子吉，小人否。
> 《象》曰："君子好遯"，"小人否"也。

◎ **注释**

①〔好〕从容，心态平和之意。有不同读音。"好（hǎo）遁"是好好地、从容地退避。当是"人好"或"情况尚好"。"好（hào）遁"可以理解为喜欢，也有两个倾向：或者喜欢退隐，或者喜欢外物。

◎ **大意**

九四：从容退避，君子会吉祥，小人做不到就会否塞不通。

《象传》说：君子能够舍得放下，该退的时候从容退让，小人不主动退让，所以会否塞不通。

◎ **解读**

九四之所以能好好退避，是因为有初六阴阳正应，又有九三顶住退势，不是直接被逼着退，说明能够主动退让，退得心甘情愿，退的心安理得。因此，九四刚爻为君子，是识时务能主动从容退让的君子，所以君子吉祥。柔爻为小人，如果柔爻再向上发展一位，逼近九四，全卦就变成否卦，小人一心想要得到却做不到，就会否塞不通。

"从容退避"比"好好退让"更好些，其他译法如"喜好退避""心怀恋情而身已退避"等都不太合适。这里突出的是君子在退避的形势下能够断舍离，而小人患得患失，因放不下而容易招致厄运。

> 九五：嘉①遁，贞吉。
> 《象》曰："嘉遁，贞吉"，以②正志也。

◎ **注释**

①〔嘉〕美好的。②〔以〕因为。

◎ **大意**

九五：退让得尽善尽美，继续持守正道，自然吉祥。

《象传》说：退让得尽善尽美，继续持守正道，自然吉祥，这是因为九五心意端正，退得心安理得。

◎ **解读**

"嘉"比九四爻的"好"还要强。九五正是象辞讲的刚爻还执令当权，六二又愿意应合九五，所以应该最善退道，达到了以退为进的境界。九五退让得体，且有美誉。位在九五之尊，四个刚爻为朋，下有六二正应，既然六二绑得太近，九五也只有顺势退让，为完美的隐退创造了条件。退之后继续持守正道，自然吉祥。

象辞把"贞"讲成心意端正，志向坚定。九五在上卦，阳居阳位，得位处中。应爻六二在下卦，也得位处中。九五与六二中正应合，说明退得顺时从容，虽然是退，但也是圣人有道之退。说明到了该退的时候，不但要退，而且能够退让地尽善尽美，不但自己心安理得，而且继任者的心志也安宁安定。

> 上九：肥①遁，无不利。
> 《象》曰："肥遁，无不利"，无所疑也。

注释

① 〔肥〕假借为飞。一说肥胖，宽裕，如心广体胖，不取。

◎ 大意

上九：高飞远退，逍遥自在，自然没有什么不利。

《象传》说：高飞远退，逍遥自在，自然没有什么不利，因为上九心里没有疑虑，别人对自己也就没有什么可以怀疑的。

◎ 解读

应该是飞快地隐遁，如飞鸟一样飞向天上，迅速离开，离开了就没有什么忧虑和不利的了，突破红尘。上九在全卦最上位，柔爻只要再上长一位，就会退出卦外。又在上卦乾（天）里，它要向天外飞去，远远退隐，所以是高飞远退，飞到了天涯海角，逍遥自在，无所挂碍，符合遁卦之道，自然没有什么不利。

◎ 思考辨析题

1. 为什么"天下有山"有遁象？

2. 为什么九四爻辞说"好遁，君子吉，小人否"？

3. 遁卦六二"固志"和九五"正志"有何区别与联系？

䷡ 雷天大壮（卦三十四）（乾下震上）

> 大壮：利贞①。
>
> 《彖》曰：大壮，大者壮也。刚以动，故壮。"大壮，利贞"，大者正也。正大，而天地之情可见矣。
>
> 《象》曰：雷在天上，大壮。君子以非礼弗履②。

◎ 注释

① 〔贞〕正，持守正道去干事情。② 〔履〕履行。

◎ 大意

大壮卦象征强壮旺盛，有利于持守正道去做事。

《彖传》说：大壮卦全卦四刚二柔，是刚大者强壮旺盛的状态，所以卦名叫大壮。下卦乾为刚健，上卦震为动，刚健有力地行动，所以被称作强壮。大壮卦有利于持守正道去做事，是因为刚健强大者必然要守正不阿。盛大又能保持正直，就可以感通天地的情理。

《象传》说：上卦震为雷，下卦乾为天，雷声响彻天下就是大壮卦。君子从雷在天上隆隆作响的卦象里发现，雷声壮大好比上天发威不容邪念，所以要常保壮盛，不干非礼之事。

◎ 解读

在十二消息卦里，大壮是刚爻上长到四位，是坤卦由于阴气消退阳气息长，经复、临、泰三个阶段发展而成大壮，阳刚之气显出壮盛之势，对应于卯月春夏之时，但过了帝旺阶段就要衰弱了。乾主大生，震为仲春，帝出乎震，是开始即亨通之天道，卦辞强调要保持大壮，就要持守正道，干正事。大正既可大壮，又能保壮。《易》以阳刚为大，所以称大壮。《杂卦传》说："大壮则止。"壮大旺盛后应制止它向衰老发展。卦辞是说要正固，控制发展。

《易》以刚爻为大、为君子、为正，以柔爻为小人、为邪，大壮卦是刚爻占据优势，故有利于正的一方。天地无不覆载，所以具有大的特性。天地又普利万物，无所偏私，所以具有正的特性。正大光明是天地事物发展的主要性情。人要体会天地之大道阳刚正能量的上行，知道保持正大光明才能顺乎此天地正道。

象辞以雷在天上发威说明阳刚壮盛的形势，也说明想要常保壮盛之境必须念念不出偏才行，从儒家的角度，礼是壮盛的根本，言行不可偏离礼，正所谓"不学礼，无以立。"

初九：壮于趾①，征凶，有孚。
《象》曰："壮于趾"，其孚穷也。

◎ 注释

①〔趾〕从"止"，意为立。

◎ 大意

初九：把刚猛强健的力道用在脚趾上，如此征进必然遇到凶险，虽然走路的人内心还保持着信心诚实。

《象传》说：把刚猛强健的力道用在脚趾上，如果具有信实的刚爻初九自以为强盛，还想再向上猛进，就会走向穷途末路。

◎ 解读

《易》例以初爻为趾，对应人体最下的脚趾部位，趾为立身之基，人无趾难行。人之刚健，先要脚趾刚健。所以说把刚猛强健的力道用在脚趾上。但是如果把力道都用于脚趾上，以此征进必然会遇到凶险。初九刚爻为实，象征内心还保持着信心和诚实，说明即使有强大实力，但如果一开始用功的力道不对，反而会闯下大祸。人用功要有勇气，但运用勇气的分寸、力道和时机都有讲究，不可轻易使用勇力。

象辞从初九上应九四来看，刚爻敌应，孚信穷困，说明脚趾再壮也难以走远。大壮与中孚皆四阳二阴，故有"孚"信的关联。大壮取长角公羊争斗之象，公羊发力，从脚趾开始，所以要从脚趾处合适用力，但是脚趾用力不可太过，才能稳住底盘。

爻辞如果译成"强壮在脚趾上""足趾强壮"等，意思都不清楚。"其孚穷也"如果译成"有诚信会受到穷困"，在逻辑上有问题，因为有诚信一般不穷困才对，当然这里需要界定一下，是因为自以为强盛，还不到趾高气扬的时候，那么此时自然没有到征服他人的地步。

> 九二：贞吉。
>
> 《象》曰：九二"贞吉"，以中也。

◎ 大意

九二：坚守正道去做事，就会吉祥。

《象传》说：九二坚守正道去做事，就会吉祥，因为在下卦中位，能行中道。

◎ **解读**

九二刚爻处中，刚而能柔，在下卦中位，与六五阴阳正应，是能行中道，又得到中道之应，所以能坚守正道地去应对大壮的时局，以中道来保持大壮。

象辞强调"中"，但此爻之吉，主要是刚柔相济。而爻辞有"贞""正"意。既坚守正道，又不偏不倚、不卑不亢。

九三：小人用壮，君子用罔①，贞厉。羝羊②触藩③，羸④其角。
《象》曰："小人用壮"，"君子罔"也。

◎ **注释**

①〔罔（wǎng）〕不，枉，屈，否，一解为不用具体的网。②〔羝（dī）羊〕长着强壮大角的公羊，喜触。③〔藩（fān）〕篱笆，篱栅，阻隔之意。④〔羸（léi）〕借为缧，缠挂住，困扰。

◎ **大意**

九三：小人妄用自己的强壮盲目行动，君子不会这样蛮干，会持守正道以防止危险，否则就会像发狠的公羊冲撞藩篱，犄角被卡在篱笆里面，动弹不得。

《象传》说：小人肆无忌惮，任意妄动，而君子知道居安思危，时刻戒惧。

◎ **解读**

九三（君子）有正应在上六（小人）。小人指体力劳动者，要靠强壮的体力去劳动；君子是脑力劳动者，小人妄用自己的强壮盲目行动，往往自投罗网而不自知，君子不会这样蛮干。从取义上说，"用壮"是依靠自己的强壮，恃强凌弱。"用罔"是对这种做法的否定。君子在危险情境当中不会这样蛮干，会保持正固。

九三在互兑（羊）里，上卦震（蕃鲜，借为藩）为篱笆，即关羊的栅子，是羊角被栅子挂住，卡在那里动不了之象。因为九三上下都是刚爻，撞不动，好像发狠的公羊冲撞藩篱，犄角被卡在篱笆里面，动弹不得。所以要持守正道以防危险。

这一爻是强强相遇，要有策略，不能硬拼。君子用智慧，不用武力，用柔道，不意气用事。君子用天网，心网，跟没用网一样。君子心志有天，大道无形，自然天成。商汤捕鸟，网开一面，表现仁慈，天下归心。小人心中有网，目光短浅，有勇无谋，一定要冲，鲁莽草率的行事，肆无忌惮，自投罗网，动弹不得。小人守正于厉，必有危险。

九四：贞吉，悔亡。藩决①不羸，壮于大舆之輹②。

《象》曰："藩决不羸③"，尚④往也。

◎ 注释

①〔决〕决开，冲决，溃决，突破。②〔輹〕用来将车厢和车轴安装在一起的零件，近车轴，一解辐条。③〔羸〕挂住，冲破藩篱。④〔尚〕即"上"。

◎ 大意

九四：坚守正道去做事自然吉祥，没有什么忧虑和悔恨。这就像公羊冲破藩篱的拘束，把角解脱出来，好像大车因为有强壮的车輹可以跑得更远。

《象传》说：公羊冲破藩篱的拘束，把角解脱出来，象征九四还要继续往前顶，一直前行向上（上面两个柔爻已无力抵御九四的上长趋势）。

◎ 解读

九四是全卦主爻，处在羊身上最能发力的部位，代表刚爻壮大上长的势头，锐不可当，也是逼临阴爻的前锋。如果能遵循大壮的止道就会吉祥，坚守正道去做事，没有什么忧虑和悔恨。刚爻再上长一爻就是夬（决）卦。在上震（藩）里，就像公羊冲破藩篱的拘束，好不容易把角解脱出来，想要震撼世界一般。九四不会像九三那样，被羊圈的栅子把羊角挂住，因为九四已突过上震，前临被逼退败走的柔爻。震是坤（大舆）下出了一个刚爻，故震取象为车厢底下的横木，为车辕，辕是把车厢安装在车轴上的零件，车脱辕就不能走，车辕壮相当于车底盘稳固，可以飞奔无碍。九四是震（车底）的主爻，又是大壮的主爻，好像大车因为有强壮的车辕（底盘），可以横冲直撞，无往不胜。这一爻是冲决藩篱，势如破竹，好像坦克如履平地一般，具有摧枯拉朽的威力。

> 六五：丧①羊于易②，无③悔。
> 《象》曰："丧羊于易"，位不当也。

◎ **注释**

①〔丧〕丧失，无意丢失，无心之失，按历史故事是被抢而丧失。②〔易〕边界，阴阳交易之边界。一用如"场"，一说易国。③〔无〕通"勿"，解为不要后悔了。

◎ **大意**

六五：在（阴阳交易的）边界丧失阳刚（羊），无须怨悔。

《象传》说：在（阴阳交）易的地方丧失阳刚（羊），因为六五所处的位置不合适（虽以柔爻占据尊位，但在刚位又处在刚爻上长的前沿）。

◎ **解读**

大壮由泰发展而来，泰的上卦是坤（地），变大壮，坤的下界四位已被刚爻占去，六五柔爻与上长的刚爻相接，是阴阳交战之际，故有丢失东西之象。互兑（羊），所以六四在阴阳交界的边界，即阴阳力量冲突的前沿，丧失自身的阳刚之气，以配合其他阳刚继续上升的大势。但六五在上卦中位，与九二正应，所以虽然自身阳刚受损，可以不用悔恨，因为这一爻肯定有损失，但时势尚可，所以更是没有必要忧悔。

象辞说"无悔"，如果用历史故事来解，不应该简单地理解为"没有必要忧虑悔恨"，或是"忧虑悔恨都已经来不及了"。夏朝时王亥赶着牛羊到河北的有易部落去做贸易，结果被那里的人杀害，牛羊被抢走。顾颉刚在其《周易卦爻辞中的故事》一文中曾指出，此爻辞反映的是王亥在易地牧羊的故事。但如果纯以故事来读卦爻辞，反而会把《周易》给读死了，李学勤等已指出，郭沫若、钱玄同、高亨等"古史辨"派有"疑古过勇"之嫌。这种爻辞和象辞的不一致有多处，可能是写成于不同时代和对问题的看法不同所致。如果是文王写爻辞，会觉得后悔已经来不及了，因为后悔根本就没用，对于已经铸成丧失生命和财物的大错，悔恨于事无补，徒增悲伤，这样的悔恨已经过于轻微和苍白了。如果象辞是周公所传，孔子述之，可能都觉得还是因为六五位置不当才有祸患，丢物失命，也就是王亥离开自己国家的安稳之位，到边远危险的外国去做生意，当然就可能会有无法测度的危险发生。

> 上六：羝羊触藩，不能退，不能遂①，无攸利。艰则吉。
>
> 《象》曰："不能退，不能遂"，不详②也。"艰则吉"，咎不长也。

◎ **注释**

①〔遂〕顺，遂意，一说相对于退，有进之意。②〔详〕审详，详细，仔细考虑，一般作吉祥。但后面有吉，所以不用祥而用详，应该意思有别更好。

◎ **大意**

上六：公羊顶撞藩篱，角被卡住了，不能后退，也无法前进遂心如意，一点好处都没有。在艰难处境当中，坚守下去就会转而吉祥。

《象传》说：不能后退，也无法前进遂心如意，陷入进退两难的处境是上六自己没有很好审详。在艰难处境当中，坚守下去就会转而吉祥，因为上六到了极位，物极必反，否极泰来，艰难的处境不会持续太久了。

◎ **解读**

上六处在全卦最上一位，已经穷极靠边，壮到顶端，有羊角之象了。在上卦震（藩篱）里和大互兑（羊）里，有公羊用大角顶撞藩篱，本想突破僵局，大角却被卡住了之象。努力挣扎还是没法解脱，因为下面四个刚爻锐不可当，把上六逼进角落，使其无路可走之后，仍不放过，导致上六就像大角挂在篱笆上的公羊，进也不是，退也不得。既然无法前进，不能遂心如意，当然就没有任何有利的形势。幸好上六柔爻柔位位正，加上下有九三阴阳正应，意念较为稳定，能够安然处之，所以在艰难处境当中，坚守下去就会转而吉祥。

象辞很明确，上位被陷入穷途末路，不能前进也无法后退，是没有很好地审视自身处境导致的。既然已经处在艰难的处境当中，只要心态平和，坚守下去就会转而吉祥。因为按照物极必反、否极泰来的变化趋势，这么艰难的处境用不了多久，就会转危为安了。上六已是壮盛的极点，不可能更加壮盛，而要退也没有自由，好像羊一味要长得更壮，觉得够壮才利于摆脱藩篱的束缚，结果太壮了可能被宰，那时想弱下来已经不可能了。到底还是一开始计划得不够周密导致的。

◎ 思考辨析题

1. 如何理解"正大而天地之情可见矣"？

2. 如何理解九三爻辞"小人用壮，君子用罔，贞厉。羝羊触藩，羸其角"？

3. 试分析大有卦、大畜卦、大壮卦三卦之间的区别与联系。

䷢ 火地晋（卦三十五）（坤下离上）

晋：康侯①用锡②马蕃庶，昼日三接。

《彖》曰：晋，进也。明出地上，顺而丽乎大明，柔进而上行，是以"康侯用锡马蕃庶，昼日三接"也。

《象》曰："明出地上"，晋。君子以自昭③明德。

◎ 注释

①〔康侯〕诸侯名。一说周初卫康叔，武王、周公的少弟，最初受封于卫之康。一说康为美、康泰、尊贵。②〔锡（cì）〕通"赐"。③〔昭（zhāo）〕光明，昭明，昭朗，昭著，彰显。人德本明，自己昭明。

◎ 大意

晋卦象征精进晋升，好比尊贵的康侯用天子赏赐的良马繁殖得很好，结果一日之内被天子三次召见。

《彖传》说：卦名晋是精进晋升的意思。上卦离为明，下卦坤为地，如同光明的太阳从大地上冉冉升起。下卦坤为地，特性是柔顺，上卦离为日，特性是附丽、光明，犹如大地上的万物柔顺地依附在美丽盛大的太阳光明之上。晋卦由观卦变来，即观的六四柔爻向上升进到五位，这是柔顺地向上升进。因此就好比尊贵的康侯用天子赏赐的良马繁殖得很好，结果一日之内被天子三次召见。

《象传》说：下坤为地，上离为明，组合出光明出现在大地之上的卦象，这就是象征精进晋升的晋卦。君子看到阳光普照，万物欣欣向荣的卦象，要彰明自己光明的道德。

◎ 解读

按照《序卦传》，大壮之后，如果一味前进，不会有长进；如果进而光明，才是上升了一个层面，进入到更高的境界。可见，只有一个方向的进还不行，要两方面都有进展，才称得上晋。例如物质文明和精神文明同时前进，能力与品德同时前进，身体素质与思想境界同时前进。进是简单的增加，而晋是有境界的。晋卦一方面是明出地上，另一方面是又能够顺而附丽，如太阳升起，柔顺附丽在光明天空上，普照大地，暖洋洋柔顺惬意的大境界。昼日取离（火）、日之象。蕃庶来自互艮互综震（蕃）。庶为众，取坤象繁多。用天子赐给的良种马去畜养繁殖，为国家培养出大量的良种马，这在古代是很大的功勋。秦国的祖先柏翳就是为此受到大舜的奖励而裂土封侯。古代诸侯朝见天子，天子要接见三次，第一次见面，第二次设宴款待，第三次慰劳，不是一天之内，如果一天之内就接见三次，就是一种殊荣，足见康侯在天子心目中，地位极其重要，应该要加官晋级。

彖辞中如果解为蒙受天子赏赐众多车马，或赏赐很多马匹，都讲不清楚，也跟晋卦的关系不明。"柔进而上行"是观六四升进到五位，不讲卦变不行。

象辞说，人要模仿阳光普照，万物欣欣向荣的卦象，把自己光明的道德彰明起来。太阳从地面升起，自然而然，君子彰显自己的光明道德，也要顺从天地自然。而且晋取，不是一味竞争索取，是靠自身的努力，不断加强道德修养，天道酬勤。还有晋取是需要有资本的，自己能力不足，储备不精，那就是索取，而不是晋取了。

初六：晋如，摧如①，贞吉。罔孚，裕②，无咎。
《象》曰："晋如，摧如"，独行正也。"裕无咎"，未受命也。

◎ **注释**

①〔摧如〕晋升拥挤，受到摧折抑制，不得不后退的样子。②〔裕〕从容，宽裕，宽慰。

◎ **大意**

初六：升进之初容易遭受摧折压制，坚守正道，可获吉祥。即使暂时不能见信于人，也要从容应对，宽慰自己，也就不会有什么问题。

《象传》说：升进之初容易遭受摧折压制，因为初六在孤独中坚守正道行进（合乎晋卦"柔进而上行"的正道，又有九四为正应）。从容应对，放宽心态，也就不会有什么祸患，是初九还未接到正式任命。

◎ **解读**

晋卦初六与九四相应，初六前临互艮（止），有前行受阻之象，所以从后面往前面挤，升进之初容易遭受摧折压制。这里可指推挤全卦四阴爻，好像四个姐妹，三位姐妹落后，初爻在最末，有点着急。一解摧毁，意为压制追求上进的晋升者，是正常的情况，需要正确应对。"罔孚"是个人的信实还没有被认识，也就是还未受到充分信任，还没有准备充分。一开始就要升进，还没人信得过。"裕"是宽裕从容。排在最后，时间宽裕从容，慢慢等待，会有升进的机会。

六五居尊位，三柔爻都要上行，如同排起队向上走，正应才有正道，心念要正，否则正道就出不来。有正应晋升才能步入正轨，没有正应就难以走上正道。初六在晋升梯队里，就像一个害羞的小姑娘，排在最后，一时挤不上去，但不可乱挤，只有在后边老老实实排队才吉祥。

从卦变来看信任问题，九四虽然与初六正应，但卦变中九四把尊位让给了六五，初六并没有得到九四的信任。初六排在最下面，还有宽裕时间，应该从容等待，不会有什么问题。这时候必须"坚守"，持守不够，宽裕待时，等待不顺的境遇慢慢过去。也就是说，该忍的时候要忍，该等的时候要等，而且要以宽裕的心态等待，才不会自取灾祸。可见急事缓来，心态平静，悠然从容才行。

象辞强调独自行守正道。许多人在不断地遭遇挫折以后，往往会意志消沉，能够坚持到最后的往往是少数。《象传》作者大概想要强调坚持之难，所以用了个"独"字。淡然处之是对未被委以职务这件事淡然处之。为什么象辞说初爻"未受命"？因为初爻尚处于最底层，相当于一介草民。王弼说"初上无位"，相比来说，二爻处下卦中位，已脱离平民阶层，且是五爻之应爻，就有朝廷命官之象。初六虽然进入了晋升的梯队，但还得耐心等待。

> 六二：晋如，愁如，贞吉。受兹①介福②，于其王母③。
> 《象》曰："受兹介福"，以中正也。

◎ **注释**

①〔兹（zī）〕此，这。②〔介福〕介，大。福，福泽，一说慰藉。介福就是大福。一解小福，亦通。③〔王母〕一般理解为祖母，一说母后。《尔雅》："父之妣为王母。"《周易》里"妣"多指祖母。

◎ **大意**

六二：精进晋升之际，愁容满面，坚守正道，可获吉祥。因为他将要从尊贵的王母那里，接受如此宏大的福泽。

《象传》说：六二将要承接如此宏大的福泽，是因为六二居中能够持守正道（六二在下卦中位，柔居柔位，位正）。

◎ **解读**

六二前临互坎（危险，加忧）、互艮（山，止），好像准备精进晋升之际，如临深渊，担心前有陷阱，感到阻力重重，所以愁容满面。六二居内卦之正位，与六五敌应，两柔相对，加剧忧愁，内外难济，即便处于中正之位，一时也有心无力。好在下卦为坤，柔顺能忍耐。用"如"说明初六一进一止，一升一落。虽然步履维艰，但还算是脚踏实地，一步一个脚印。六二则且行且止，或快或忧，描述着晋升路上喜忧参半、得失各半的现实和心理状态。

观卦变晋，六二在卦变中居中守正不动，所以说坚守正道，可获吉祥。六五柔爻占据天子位，阴爻得尊，指代尊贵的王母。如坤卦六五为"黄裳元吉"。全卦柔爻升进而向上推行，六五代表柔爻先升到尊位，六二也会随着上升。晋是加官晋级，所以说，他将要从尊贵的王母那里，接受如此宏大的福泽。"王母"指六五之君，有女王之象。离（日）有"王"象，离又为中女，所以是母王、女后。六二居坤之中，也是大母。有学者把六五女后与六二坤位大母合称为"王母"，或一后一母。不过，汉代字书《释名》对"王母"只有一解，即祖母。六二之所以能够贞吉，因正位、中行，能够受到祖母的福佑，相当于或多或少受到有权势上级的福佑。象辞进一步交代"受兹介福"的根据和原因：六二善于居中正之位，守中正之德，如果没有六二的贞吉，就不能接受六五的大福，看来福报是由自身的道德修养来实现的，而不是等待天上掉馅饼，做白日大梦。所以九五赐福是因为自己有坤福，能够保持中正。当然，六二心里其实还发愁，但上级没有看出来。按照卦气运行的趋势，相比之下，六二要比初六幸运，上面有人，能得福泽。

一说"受兹介福"指敌应于六五之大明之君，因为其同阴之德而获得任用，加以宠禄，所以为大福利。如此与《易》例不合，不取。

六三：众①允②，悔亡③。
《象》曰："众允"之志，上行也。

◎ **注释**

①〔众〕群众，众人，下属，各方面人士，包括领导在内。②〔允〕信任、拥护、信允、信服，《集解》引虞翻："允，信也。"信任、信服了，自然就会拥护、拥戴。一说升进。③〔悔亡〕悔事消亡。

◎ **大意**

六三：众人都服从并愿意追随一起升进，忧虑悔恨都跟着消除了。

《象传》说：众人的心志都信任和拥护，愿意跟随六三走正道前进，是因为六三有上进之心，而众人也愿意向上依附行动。

◎ **解读**

六三在下卦坤（众）里，全卦是柔爻升进而且向上行，下坤三个柔爻都要升进，所以是众人都服从并愿意追随一起升进。六三前临上离（光明），前途和见地一片光明，所以说忧虑悔恨都跟着消除了。

六三得众人信任，能借众人之势。六三居坤之尽，具有坤卦厚德载物的品行，上接离（日），德性昭明，光明磊落，恩惠广布，顺而丽于大明，故能得到上司的信任；能够与初六、六二众志成城，诚实守信，取信于民，所以赢得人心。所以，六三的可贵之处就在于能够携六二上济，又能够连接九四一起升达，顾人而不独食，有相对广泛的群众基础。

爻象上看，三阴爻皆柔，容易抱团，承载离（日）之大光明。三四乃人爻，赞天地之化育。正因为六三能够沟通天地，所以才能够有一定的凝聚力。在为人处世上是能够顾及手足之情，相互帮扶，共同前进。众人都信任、拥护、顺服，忧虑悔恨也就消除了。

象辞认为六三有积极进取的心志。"上行"指六三能够携手六二，以共同求得上孚于六五之君，并承蒙其恩泽。心里有"志"，心到就好，即便最终没成功，下属也不会埋怨。六三自身能学习六二的格物致知，正心修身。"志"的可靠解释还必须联系九四。六三、九四，阴阳相合，三承四，柔从刚，志不向上不行。

象辞有断句为："众允之，志上行也。""众允之志"是众人的心志都信任和拥护，"众允之，志上行也"是大家都信任和拥护，他的志向上行，心志的主语不一样，结构和意义也就不同了。因此《周易》原文句读需要谨慎，不可断章取义、望文生义，句读合理与否应以是否符合天地大义为标准。

九四：晋如鼫鼠①，贞厉。

《象》曰："鼫鼠，贞厉"，位不当也。

◎ 注释

①〔鼫（shí）鼠〕田鼠，一说蝼蛄。《本草纲目》说："鼫小居田，而鼫大居山也。"《说文》说它会飞，飞不过房子高；会攀援，爬不过树那么高；会游水，游不过河谷；会挖穴，掩不住身子；会跑，还没人走得快；五能不成一技。因此也被称为"五技鼠""大飞鼠"，象征能力有限而缩手缩脚地前进。

◎ 大意

九四：晋升的时候，像身无一技之长的鼫鼠那样，居然还固守不动，就会有危险。

《象传》说：像身无一技之长的鼫鼠那样，居然还固守不动，就会有危险，因为九四居位不适当（九四在柔爻上进的路上，有可能被凌轹而过）。

◎ 解读

全卦运动趋向是柔进而上行，四个柔爻中，六五已超过九四，升进到它的上边去了，下面三个柔爻正追上来。九四在观卦变晋卦的过程中，已向下移了一位，接着还要被下面三个柔爻越过，因为在互艮（鼠）里，好像"鼫鼠"一样，本身升进无能，却挡住柔爻上行的路，真是鼠目寸光，如果还继续固守挡路，就会有危险（互坎）。上卦离为日，鼠是夜动物，白天不宜，正固不动也有危厉。

象辞说九四不仅仅像鼫鼠，没有专长，难以成事，而且位置不好，还守着贞固不动，没有远见卓识，那就麻烦了。可见，九四在柔爻上升的大势中，迫于形势动弹不得，但不动就更没有希望了。

如果译成即使守正道也有危险，语气就有点重了，好像守正道都不行，应该是固守失策，加上能力差，当然危险。一说老鼠贪婪，即使行为正当，最后也有危险。但这是一种矛盾的解说，本性贪婪，行为就难以正当，容易犯错，所以不取。

六五：悔亡，失得勿恤①。往②吉，无不利。

《象》曰："失得勿恤"，往有庆也。

◎ **注释**

①〔恤〕体恤，忧恤，怜悯，忧虑。②〔往〕卦变中从四位升到五位。

◎ **大意**

六五：忧虑悔恨消除了，不必劳神费心计较得失，不管如何前进，都是吉祥的，没有什么不利。

《象传》说：不必劳神费心计较得失，因为六五前往升进，大有喜庆。

◎ **解读**

观卦变晋卦，六五从四位升到尊位，在互坎（加忧）里，表示忧虑悔恨终于到头了，不必再继续劳神费心计较得失。四个柔爻里，六五是唯一升上去的一爻，所以说不管如何前进，都吉祥，没有什么不利。

六五是实现了"自昭明德"的晋升主题，从黑暗的坤（夜）里谋求晋升，一路上来很不容易，主要靠的是内在的光明品德。晋级到了尊位，也就是自我实现到了高峰的状态。天道酬勤，有德就可得天下，不必忧虑，不需要患得患失，没有得失，没有私念，只有天下，可以大明于天下。

象辞也说，六五在卦变中升到尊位，相当于实现了晋升，可以说前往有喜庆。

此爻用卦变解，六五从坤（暗）升到互坎之上，基本上离开了长久黑暗无光、漫长等待，升到上离（光明）之中，忧悔已经消失大半，离为坎（忧悔）之反，所以"悔亡"。这是光明之下尚有隐忧之象，也就是说不可能完全没有隐忧，毕竟晋升之路本身就是一条充满忧悔之路，忧悔不可能完全消失，此时只是黎明前的黑暗，忧悔之路前方一片光明。通过卦变看爻辞和象辞"往"的方向也就非常明确了，晋升了，可以放松，庆祝一下。

上九：晋其角，维①用伐邑。厉吉，无咎，贞吝。

《象》曰："维用伐邑"，道未光也。

◎ **注释**

① 〔维〕维系，因应六三而系。一说无义。

◎ **大意**

上九：晋升到最高的极点了，宛如高居兽角的尖端，（这时虽然退无可退，但）还可以联合出兵征伐逆乱的属国，如果放手一搏就可能转危为吉，不会有什么问题；但如果正固不动，那就只会更加被动了。

《象传》说：（形势逼人的时候）还可以（维系六三一起）出兵征伐逆乱的属国（初六和六二），因为上九虽然在上卦离（光）里，但可惜位置困穷，不能远照，所以不够光大。

◎ **解读**

本卦四阴晋升迫阳，上九阳刚已到极点，有全卦之巅，头角峥嵘之象，宛如高居兽角的尖端，也相当于强弩之末，说明阳刚已经被逼退到角落里去了，到了非常危险的时刻，不得已奋起反击，置之死地而后生。如果放手一搏就可能转危为吉，不会有什么问题，阳刚在正义方，所以早就该如此了，但如果正固不动，坐以待毙，那就只会更加被动了。下坤（众），上离（戈兵），此爻变震，是众人持戈兵震动，所以有"伐邑"之象。

象辞说上九心有所系，只能是系恋六三，所以说心意不够光明远大。上九处于大明之上，本应该看开一切，明了终始，处在天位，正是乐天知命的坦然时刻，正可以意念坚定，重整旗鼓，犹如牛角一般，作最后的殊死搏斗，偏偏上九力不从心，系恋于下，儿女情长，优柔寡断，是妇人之仁，正如秦末项羽那样。

一说上九不可能再向外攻，只能转向攻伐内心了。上九爻位于晋卦之极，是已晋升到了极致，从事情发展来看，相当于前进到了最高点，登峰造极，无可再进，当此之时，只能改变策略，理应向内用功，反身自切，调整心态，不能一味追求前进效果，而应当树立有进有退、有升有降的正确认识。

一说上九在离（文明）中，代表文明上升发展到了极点，或被不文明的阴暗势力逼退到角上去了。这时上九应该意识到，自己反正已被逼到死角，如不放手一搏，文明就更没有希望，所以上九面对下面阴爻升进的形势，被迫应战。于是只得维系三爻，发兵于国内（坤为国邑），希望最后压住全体阴爻晋升的势头。可见，阴阳之势力交战到了极致之点，向外无力，必将返回，只能向内压制征伐，逼迫阴爻尊重阳爻，尽管阳爻是并不强大的力量。这也正是《周易》循环往复的法则。

◎ **思考辨析题**

1. "柔进而上行"是什么意思？

2. "明出地上，晋，君子以自昭明德"如何理解？与"大学之道，在明明德"是否有相通之处？

3. 晋卦"康侯"的"侯"与屯卦"利建侯"、豫卦"利建侯"的"侯"有什么不同？

☷☲ 地火明夷（卦三十六）（离下坤上）

明夷①：利艰贞。

《彖》曰：明入地中，"明夷"。内文明而外柔顺，以蒙大难，文王以②之。"利艰贞"，晦其明也，内难③而能正其志，箕子④以之。

《象》曰：明入地中，明夷。君子以莅众⑤用晦⑥而明。

◎ **注释**

①〔夷〕受伤。一说明夷为鸟，不取。②〔以〕用，以此。③〔内难〕内心极度艰难，一说在内难发生的时候。④〔箕（jī）子〕商朝宗室大臣，商纣王的叔父。⑤〔莅（lì）众〕临众，也就是治理百姓。⑥〔用晦〕自晦其明。

◎ **大意**

明夷卦象征光明隐陷，利于在艰难困苦中持守正道。

《象传》说：上卦坤为地，下卦离为日为明，太阳落入地下，光明隐伏地中，这是象征光明隐陷的明夷卦，代表黑暗无光的时势。内卦（下卦）离为文明，外卦（上卦）坤为柔顺，合在一起是内心有光明的仁德，外表为了适应黑暗时世表现极为柔顺。周文王就是用这种方法渡过蒙受大难的逆境，躲过劫难，保存自身。在艰难困苦中持守正道，这是要隐藏聪明才智，等待时机。在内心极度艰难痛苦的时候，还能够坚守自己刚强正直的心志，只有箕子能够做到。

《象传》说：上卦坤为地，下卦离为明，光明隐陷入大地之下就是明夷卦。君子看到光明受阻而不得彰显的卦象，就知道治理众人的事情之时，要隐藏自己的察微之明，这样才能使自己愈显圣洁光明。

◎ 解读

明夷是光明受伤而失明之意。晋卦颠倒过来成明夷卦，晋卦有太阳升出地面之象，明夷则是光明隐陷入地下之象，太阳落山入地，大地黑暗无光，如同内心光明的君子遭遇黑暗的乱世，只得隐忍顺受而不能发挥作用，要在艰难中守住自己的正道。

明夷从临卦经小过变来，即临的两个刚爻升进到全卦中段变为小过，再由小过九四与初六换位，变为明夷。前人讲明夷多提及历史故事。周文王原是商纣王治下的一个诸侯，被商纣王关在羑里狱里。周文王把自己的光明道德掩藏起来，其臣下散宜生搜寻美女、奇物、名马献给纣王，文王才躲过杀身之祸。箕子是商纣王叔父，与微子、比干都是商朝的宗室大臣。微子劝谏纣王无效，隐身而去；比干死谏，被纣王挖心。箕子无可奈何，自晦其明，披发装疯，被纣王当奴隶关起来，直到商朝灭亡，才被周武王放出来。

象辞告诉人们，在暗世蒙难时，要像文王那样韬光养晦，远害避祸，或像箕子那样用自晦其明的方式保持自己的正道。在治理百姓时，不可处处显示自己的精明，要无为而治，大智若愚，蒙以养正，否则众人的智慧就会被压抑，会影响自己对他人正确意见的听从。

初九：明夷于飞①，垂其翼。君子于行，三日不食。有攸往，主人有言②。

《象》曰："君子于行"，义③不食也。

◎ **注释**

①〔于飞〕往飞，向外飞翔。②〔言〕责言，责备之言。③〔义〕道义，宜，最合适的状态。

◎ **大意**

初九：光明隐陷的时候，要像鸟儿那样赶紧飞走，且要低垂掩抑着翅膀，免得被发现。君子在退避的途中，忍饥挨饿，三天都没有吃东西，才得以顺利逃脱，主事的人不能够理解，出言责备。

《象传》说：君子在远险退避的途中，既出于道义也为了保全自身，匆匆忙忙连饭都顾不上吃。

◎ **解读**

小过卦有飞鸟之象，上下为翅膀，中间为鸟身。小过卦变为明夷，九四（鸟的上翼）下到初位成为初九，好像翅膀下垂一般；如以小过初六为鸟翼，卦变后到四位，好像翅膀收拢到腹部一般，所以说，光明隐陷的时候，要像鸟儿那样赶紧飞走，而且飞的时候，要尽量低垂掩抑着翅膀，免得被发现。这是非常形象而富有智慧的举动，足能见《周易》之美，《周易》就是通过五彩缤纷的卦变，运用大自然的现象，来阐述宇宙的运行法则和人类文化发展的规律。卦变从四位下到初位经过三爻，下卦变成离（日，大腹）。离中虚，大腹即空腹，所以君子在退避的途中，忍饥挨饿，三天都没有吃东西。小过卦六五居尊位，是主人，互兑（言）是主人不理解而出言责备。黑暗的时势下，君子出于道义而保而退避，匆忙之间都顾不上吃饭了。

"垂其翼"一说鸟儿归巢，不再飞翔，但不符合后面君子离开逃遁的意思。"三日不食"有说"离开前三天不吃"，但这样解释，不如解释为"在逃遁的途中不吃饭"更合理。"不食"有多种解释，一说不吃主人的饭，一说不食俸禄，爻辞明显是为了解释"君子于行"的状态，还是应该解释为忍饥挨饿，三天都没有吃东西。象辞强调"义"，从道义角度解，跟前主人有关，为了要逃遁就不该吃前主人的饭，如果还吃，就是违背江湖道义，不讲道义，不厚道，这个道义跟前主人有关；从适宜的角度理解，或者从当时处境的时宜下来解，那就是逃遁的路上顾不上吃饭了。区别在于把全句理解为在主人家逃走之前的状态，还是逃离主人家之后路上的状态。

按照形势大坏，君子必须低调逃跑赶路的句意，如把"有攸往"只是一般译成"有所前往"，意思就不明。因为君子一旦决定退避，就要及时而快速地采取行动，在这样退避逃命的特殊情况下，千万不要因为吃口饭而暴露自己的行踪，所以君子为了安全退避，逃命的路上连饭都尽量不吃。至于原来的主人不能理解（君子为何逃跑），出言责备，那就根本顾不上了。"主人"有"主事的人""投靠的主人"等解释。按照卦变，六五没有动，所以"主人"既可以是原来的主人，也可以是后来投靠的主人。取原来的主人之意是因为他不是好人，君子看到形势不对，出于道义离开原主。如果理解为（卦变后）投靠的主人，那就是君子在黑暗的形势当中，一路逃跑，后来投奔的主人也不能理解他，所以责备他，甚至还有怀疑他的可能。因为，新来的人，一般都要经过试探考验才能让大家放心。

> 六二：明夷，夷于左股，用拯马[1]壮，吉。
> 《象》曰：六二之"吉"，顺以则也。

◎ 注释

①〔拯马〕拯，拯救，援助，陆德明《周易音义》里的说法有拯救、举、承等。也有人将拯马解释为"去势之马"。

◎ 大意

六二：光明隐陷，就好像左腿受了伤，这时用比较强壮的马来救命代步，可以转危为安。

《象传》说：六二之所以能够转危为安，是因为柔爻既中又正，能够柔顺地顺从事物发展之道。

◎ **解读**

整个明夷卦是明入地中，不见天日，容易受伤，环境恶劣，都要早做打算，韬光养晦，不可迟缓，也不可意气用事。初爻插翅难飞；二爻举步维艰，大腿受伤，在凶险中期待救兵之象。小过变明夷，上震（左）的九四下到初位，六二未动，原在小过的互巽（股）里，卦变中震（左）巽（腿）都有变化，所以说左腿受了伤。六二在互坎（伤，美脊马）里，用比较强壮的马来救命代步，六二在下卦中位，以柔居柔位正本分，可以转危为安。

象辞说六二居下卦之中，以阴居阴，居中得正，以柔顺为德，顺时自处，是居柔顺而能够顺从事物发展之道。王注和孔疏在六二里面讲顺则，都提到不见疑或不为暗主所疑，可存一说。被怀疑而逃难，所以既然备马跑路就不用管暗主是否怀疑。总的说来，六二就是君子应该顺则而行，骑上壮马继续远遁。"则"有译为原则，可以理解为顺从心里坚持的原则。

初九君子虽见几远遁，但暗主在上之局已不可改，六二较初九已更近暗主，在危机之下难免受伤，幸好只是伤于左股，仍然可能逃脱。至于说六二装疯卖傻，自伤左腿，再去找匹马逃跑，逻辑上不通顺。

"吉"按王弼注和《程传》，并不都代表吉祥，在受伤或遇到灾患的情境下出现的吉，只是意味着得免于危难而已。或者是应该去这样做，有一种期待、劝导的意味。

> 九三：明夷于南狩①，得其大首②，不可疾③，贞。
> 《象》曰："南狩"之志，乃大得也。

注释

①〔狩〕冬季围猎为狩。古代常以狩猎喻战争，有除害之意。一说通"守"，意为通过狩猎巡视自己所守的地方。②〔大首〕大头目，首恶，元首，首领，元凶。③〔疾〕快，急，疾速。

◎ **大意**

九三：光明隐陷的时候，利用去南方狩猎和征伐的机会，诛灭元凶首恶，但不可操之过急，应当采取正当手段，谨慎从事。

《象传》说：向南狩猎征伐的心志（如果成功）将有巨大收获（九三志在阴阳正应的上六，向上推移可能会获得成功）。

◎ **解读**

九三在下卦离（南）里，从二至上爻为缩小的师卦，师为军队，有动兵打仗之象，所以是在光明隐陷的时候，利用去南方狩猎和征伐的机会发动战争。古代狩猎有军事意味，常引申为征伐。九三向上推移，正应在上六，上位是全卦之首，诛灭元凶首恶。九三在互坎（疾）里，从三位到上位要突破上坤三爻，不是一下子能升上去，不可操之过急。九三刚爻居刚位位正，心中坚定，胸有成竹，所以能够采取正当手段，谨慎从事。

九三在离卦最上面，光明至极，而且以刚位于阳位，胸怀大志，可堪当大任，要继续前进；上六在坤卦最上，已昏暗至极。可见，此卦是光明至极但屈居下位，昏暗至极却处最上位，于是，至明的刚爻肯定要升上去克除至暗的阴爻。正好九三与上六相应，引申为至明克至暗之象，所以九三欲上往而除害，擒得上六这个罪魁祸首。此为传统注家解释。但以正应为克，多少有点问题，因为应一般都吉（当然夬卦应也可解为克），九三以阳爻居刚位，上下皆阴，可谓阳爻是在黑暗形势下，要实现其征伐之志，当前二爻成功避难后，如果陷入温柔情网，但也不可坚持不改，则属于难中有幸。

明夷在南征过程中，虽然得到了南国之大首领，但却不能够为了正义急于采取行动。因为天下动荡不安，今天下初定，需要与民休息，何况前朝风俗已定，不可急于整顿。言下之意，操之过急，则难免己方遭受损失。在南狩时虽有得，却因此而受重伤，这样解释更为通顺。

六四：入于左腹①，获明夷之心，于出门庭。

《象》曰："入于左腹"，获心意也。

◎ **注释**

① 〔左腹〕左方腹地，也指心腹。

◎ **大意**

六四：进入近臣内侧，深刻领会光明隐陷的原因是因为暴君的邪恶，于是赶紧跨出门庭远走高飞，躲避时难。

《象传》说：六四进入到近臣内侧，于是深入获知光明隐陷来自上主的邪恶。

◎ **解读**

四爻已入于暗地（坤），离暗主近，情势危急，在这种情况下，入用柔（左），理解为以柔顺之术与暗主相交，这个柔用的非常明智，就是不可意气用事，否则必中奸计。应是进入，不是退入，进入才显示出是一种积极的应对，早有准备，因六四是卦变中从小过的初位升上来的一爻，在互震（后天八卦为左）互坎（心）里，与下离（大腹）里的初九正应，所以说"入于左腹"，引申为进入近臣内侧，应该是通过阴柔的手段，基本上快成为暗主的心腹了，但发现暗主是个无恶不作的小人，把他的心意都了解透了，知道暗无天日的日子还要持续很久，不愿意继续同流合污，于是还是决定远走高飞。"获明夷之心"是深刻领会光明隐陷是因为暴君的邪恶。六四卦变当中从小过的下艮（门庭）里出来，相当于赶紧跨出门庭远走高飞，躲避时难。

可见，象辞强调入左腹可获心意，要从卦变上才能准确理解。从原下卦艮变到四位，是入于左（震）腹而获心（坎）。从取义上说，成为暗主的心腹之后看到暗主邪恶到完全不可挽救，或者即使有明也是刚愎自用自以为是之人，只有走出门庭去躲避时难，此爻是逃离昏暗之主，隐遁起来，避免灭顶之灾。全卦明夷，但五爻不是自己不明，所以如果说暗主，应该是上六更合适。

六五：箕子之明夷，利贞。

《象》曰："箕子"之"贞"，明不可息①也。

◎ **注释**

①〔息〕同"熄"。

◎ **大意**

六五：箕子装疯卖傻，隐陷自己的光明，有利于像箕子一样坚守正道。

《象传》说：像箕子一般坚守正道，使内心光明的力量不被熄灭。

◎ **解读**

六五位于熄灭光明（离）的大地（坤）之中，柔爻为夜，故坤又为黑夜，是在暗夜之中守正，有处暗而能守中之象，犹如箕子一般通过装疯卖傻来隐陷自己的光明，把自己的明德隐藏起来，用晦而明，并不改变正道，这样才有利。这爻说明，不可以因为世道昏暗就改变正道。只要内心光明不被熄灭，就可以流传久远，虽然受到伤害，但心意之丹可能如文天祥之心汗青，可以永不磨灭。六五爻辞既表明了伟大的不变气节和永不停息的志向，同时又提供了行动策略。那就是为了大明于天下，目前就必须暗度陈仓、韬光养晦、卧薪尝胆。大丈夫能屈能伸，"知进退存亡，而不失其正者，其唯圣人乎！"

前几爻讲暗主，但六五中正，是内心光明但处于黑暗时势当中，所以六五应该不是暗主。

上六：不明，晦，初登于天，后入于地。

《象》曰："初登于天"，照四国也。"后入于地"，失则也。

◎ **大意**

上六：光明隐陷的时候，要隐藏自己的察微之明，韬光养晦，否则的话，开始的时候大家把你捧升上天，后来又把你坠落地下。

《象传》说：开初升上天，是（本来应该）光明照耀四方〔上六在上卦坤（国）里〕。后来入于地，是上六处事违背了事物发展之道。

◎ **解读**

上六在上卦坤（暗夜）里，说明光明隐陷的时候，要隐藏自己的察微之明，韬光养晦。五和上位为天位，所以开始的时候大家把你捧升上天。全卦刚爻上行，柔爻下行，上六位在终极，物极必反，又在坤（地）里，所以是后来又把你坠落地下之象。可见上六这一爻大起大落，反差很大。上六这种风云变幻莫测、飘摇不定的局面，一方面是由于自身日积月累造成的；另一方面，也是积重难返，动荡的形势也不由自己掌控了。上六在全卦终极之位，意味着王朝覆灭，暗主身亡，是非常凶险的爻位。

如果把前几爻的不同情况理解为：废寝忘食（初九），等待壮士助一臂之力（六二），力量强壮之时征伐暗主（九三），远走高飞（六四），藏晦而明（六五），那么前几爻的暗主，应该是上六最为合适。可以把上六看成暗主或一个不知道韬光养晦的人，虽短时间取得成功，但很快因为锋芒毕露而被暗势力打垮，进入隐伏状态。

◎ 思考辨析题

1. 如何理解"明入地中"的卦象？

2. 明夷卦象辞同时提到文王和箕子，二者所代表的含义有何不同？

3. 如何理解大象辞"莅众用晦而明"？

䷤ 风火家人（卦三十七）（离下巽上）

> 家人：利女贞。
>
> 《彖》曰：家人，女正位乎内，男正位乎外。男女正，天地之大义也。家人有严君焉，父母之谓也。父父，子子，兄兄，弟弟，夫夫，妇妇，而家道正。正家而天下定矣。
>
> 《象》曰：风自火出，家人。君子以言有物而行有恒。

◎ 大意

家人卦象征家庭男女，利于女子持守正道。

《彖传》说：家人男女，妻子持守正道位于家庭之内，丈夫持守正道位于家庭之外；丈夫和妻子都持守正道处于合适的位置上，合理定位，这是天经地义的大道理。一个家庭有严正的君长，指的是父母。父亲要尽责做个好父亲，儿子要尽心尽孝做个好儿子，兄长要作表率像个好兄长，弟弟要像个好弟弟，丈夫要守义持家做个好丈夫，妻子要相夫教子做个好妻子，这样家道才能端正合宜，端正了家道就能够安定天下了。

《象传》说：上卦巽为风，下卦离为火，风是在火燃烧时从内往外生出，风火互长就是家人卦，象征男女感通融合，组成家庭。君子从卦中得到启示，日常言语要合情适物，说话算话，居家行事要持常守恒。

◎ 解读

家人卦是关于家人男女之卦，从家庭成员延伸到家庭与社会的关系，家族与国家天下的关系。

家人卦由遯卦变来，即遯九四与初六互换位置变家人，下卦为内卦称家，以初九爻辞来看，卦变中刚爻九四下到初位，有把家内做好了防闲，治家有方之象，故称家人。女子在家里是主妇，主妇好坏对家庭作用至关重大，六二在"大夫有家"的家位，所以利于女子持守正道，即正固、正经地持守贞操。

六二柔爻为女居于正位，九五刚爻为男居于正位，男女皆在天地之正位，也都是天地之间合宜的位置。家里需要一个家长严格管理，才能把家里的秩序理顺。只有每个家庭的秩序都理顺了，国家和天下才能安定。可见，本卦讲的是如何端正家道，而不是讨论家道安定之后的状态。

"正家而天下定矣"应该是端正了家道就能够安定天下了，这说明，家里人的关系会关涉社会风化，所以家道要正，能够正家，才可能端正社会风俗。

初九：闲①有②家，悔亡。
《象》曰："闲有家"，志未变也。

◎ 注释

①〔闲〕从"门"从"木"，门内加木是为了防备外面，训释为防，防闲，防范，防止；一说闲习，心志安定；一说为娴。家门口横拦一木，隔开

内外，有所防闲。远古时代房屋虽简，却有院落，院门关上后插上一根横木，防止外人进来，这横木就叫"闲"。家人平时懂得用横木把门插好，就不会有悔恨的事情发生，闲也有无事的含义，也就是闲暇时间不要无事生非。《文言传》说"闲邪存其诚"，指闲防邪念，慎防耽于邪僻之事。②〔有〕名词词头。

◎ 大意

初九：防止邪念滋生才能保有家庭，防患于未然消除了忧虑悔恨。

《象传》说：防止邪念滋生才能保有家庭，就要在初九心志还没有偏邪改变的时候用心防范。

◎ 解读

治家之道，首要在防范于未然，防止邪念蔓延，败坏家风，酿成坏事。要在心志还没有生出邪念的时候就加以预先防范，努力用心防止邪念出偏而导致家道乱了。如果邪念一出，家道一乱，就很难防范阻挡了，忧虑悔恨接踵而来，悔之晚矣。

在遁卦变家人卦时，初九从四位推移到初位，内卦是家内，初九好像下来守住自己家庭一样，所以说防止邪念滋生才能保有家庭。初九之位在卦的开始阶段，说明从一开始就做好防闲，能够防患于未然，就会消除忧虑悔恨。在初九心志还没有偏邪改变的时候用心防范，是用家规家教维护家庭正常秩序，尽量避免不幸事情发生。要是未作防范，让孩子、女人等家庭成员接受外界不良影响，心思变坏了再去防范，那就太晚了。所以，《颜氏家训》说："教妇初来，教儿婴孩。"

初九阳居阳位，闲适外动，但又是下离（依附）之始，所以其心意不离六四家事也。持家之道不可懈怠轻忽，不论忙闲都要严谨自律。古时农耕生活顺应天时，春耕、夏耘、秋收、冬藏，四季有忙有闲。农闲之时不能一心玩乐，要修理农具，准备生产生活资料，有备无患。不可贪山恋水，要心系父母妻儿，才能家庭和睦。闲有防止避开之义，要存养一心之诚，家道之正。闲有家是一有闲暇就要精勤于家事，善持家者其心无闲暇，其心不离家事。

初九潜龙勿用，相当于官场失意赋闲在家之时，更要知道修身齐家才能更好从事政务，赋闲在家，闲邪存诚，修身养性，齐家修德，穷则独善其身，闲则努力齐家，这样闲而有为，不会有忧悔和遗憾，然后可以由修身治家，达到九五的治国平天下了。可见，无位的时候在家闲习家事，这跟做官磨炼应事是一样的。

处家应事的家道从家门是否严谨开始做起，家门是否关牢，是否有人掌管，对全家人命运都有影响。齐家之始，慎重防范，如防火防盗、防长幼无序、防男女违礼等等，把一切邪言妄思挡在门（心）外，才能塑造良好家风。

六二：无攸遂①，在中馈②，贞吉。
《象》曰：六二之"吉"，顺以巽③也。

◎ **注释**

①〔遂〕成，遂心所欲，无所管束。②〔中馈（kuì）〕家中的饮食事宜，古代还包括祭祀所用的供品。③〔巽〕随顺，温逊。

◎ **大意**

六二：不自作主张，也无所成就，只管家中饮食之事，坚持正道可获吉祥。

《象传》说：六二可获吉祥，因为家庭主妇既柔顺又随顺。

◎ **解读**

六二本身柔顺（互坎水），犹如家里的母亲、主妇，在家里持守正道（阴爻柔位），下有初九小子，上能附丽（离卦主爻）于应爻九五，九五在巽（随顺）之中，是相夫教子之象。从义上讲，六二顺应九五，不随心所欲，不自作主张，也不想刻意做成什么，能尊重丈夫的意见，是能很好配合丈夫主持家政的贤妻良母。

象辞说明，六二在下离（火、锅炉）互坎（水）里，水下烧火，前有风箱（应爻九五在巽中，巽为风扇）产生风力，帮助燃烧，正是烧水做饭之象，所以是主持一家饮食之事之象。妻子操持家中饮食之事也是大事，是丈夫应对世事、安心工作、胸怀大志、成就事业的基石所在。主妇在家之中能够持守正道，自然吉祥。

本爻如果解释成"到了中午开始吃饭"则讲不通。

> 九三：家人嗃嗃①，悔厉，吉；妇子嘻嘻②，终吝。
> 《象》曰："家人嗃嗃"，未失也。"妇子嘻嘻"，失家节也。

◎ **注释**

①〔嗃嗃（hè）〕严厉怒斥的象声词，形容严酷的样子，也有愁怨叫嚷之意。②〔嘻嘻〕嘻嘻哈哈、笑嘻嘻，调笑的象声词。

◎ **大意**

九三：治家严厉，家人愁怨叫嚷，虽然有悔恨危险之事，有所遗憾，但最终吉祥；妇人和孩子一起嘻嘻哈哈，打打闹闹，最终会有吝难。

《象传》说：家人愁怨叫嚷，但没有失掉家规。妇女和孩子一起嘻嘻哈哈，打打闹闹，有失家教礼节，不成体统。

◎ **解读**

九三刚爻居刚位，有过分刚严之象，在下离（目）互坎（水）里，目中出水为啼哭之象。刚严又让家人啼哭，是治家严厉，家人愁怨叫嚷而啼哭之象。家长高声斥责家庭成员，虽然有悔恨危险之事，有所遗憾，但总比不管要好，所以最后吉祥。九三在上（外）下（内）卦体之际，是家里家外交接之位，从初爻到五爻，一刚一柔相互交错，有阴阳混杂，男女不分，内外无别，妇人和孩子嘻哈打闹过头之象，治家混乱，没大没小，没个正经，最终会有吝难。

治家严厉，家人可能怨声载道，以至于可能出现悔恨危险的事情，矛盾冲突爆发，看似走向了家人和乐之道的反面，但从长远来看，对整个家应该是吉利的。如果掩饰矛盾，一团和气，嘻嘻闹闹，没个正经，失去家法的节制，最后闹出问题，不可收拾，这都是经验之谈，更是深刻的历史教训。在生活中，由于家道伦理失常，兄弟阋墙、父子不睦等事情时有发生。因此，家道的治理不可小觑。

这一爻是两种极端治家方式的比较，从简单粗暴的家长作风，到缺少家教，放任自流而出事，都不是治家合适方法，只是比较起来，管严一点不容易出事，要比不管强些。

> 六四：富家，大吉。
>
> 《象》曰："富家大吉"，顺在位也。

◎ **大意**

六四：发家致富，大吉大利。

《象传》说：六四能够发家致富，大吉大利，是因为本身柔顺，又处在合适的位置上。

◎ **解读**

家事宜静，主妇谨言慎行，自律谦和，诸事打理得井井有条，和顺慈善，守位本分，正是六四阴居阴位之象。卦变中六四由初位升上来，进入上卦巽（腿，代行走，又有近利市三倍，风顺），发家致富之象，人顺家安，和气生财。六四顺承九五，前解多讲是因为顺承在位者，有理，但《象传》应该主要强调柔顺和在合适的位置，而合适位置正好在九五之下。六四为巽卦的主爻，巽主柔顺，阴爻正位，上承九五，是得丈夫关爱支持之象；下有初应，受下人拥戴之象；另六四为互离（目）主爻，代表内心光明，眼光锐利，对发家致富有利。同时，再放大了讲，不仅仅是主妇需要顺在位，就是一家之主也要顺在位，夫妻配合恰当，家庭和睦，家和万事兴，方可富贵吉祥。这样就可以实现《礼记·礼运·大同篇》中说到的"男有分，女有归"的大境界了。

> 九五：王假①有②家，勿恤③，吉。
>
> 《象》曰："王假有家"，交相爱也。

◎ **注释**

①〔假（gé）〕通格，感格。"假"，《释文》："更白反，至也。"意

思是读格，至的意思。假在古代常用为敬诚感化而至的意义。"假"是会意字，古字上方一人拿石头，砸向下方另一手，会意为治丧时自残自虐，但未必真的砍去手脚，有作假之意，治丧时削发，禁乐舞、女色、体面的衣裳，以致殉葬等，都带着念念保持感通而至先人的强烈意识境界。②〔有〕保有。③〔恤〕忧虑。

◎ **大意**

九五：君王用自己的诚意感格众人然后保有其家，不必忧虑，吉祥。

《象传》说：君王用自己的诚意感格众人然后保有其家，大家相亲相爱，和睦相处。

◎ **解读**

九五为天子位，有君王之象，又如一家之长，与六二阴阳正应，另初九与六四阴阳正应，代表上下和睦亲爱，刚爻位有实有诚意，又得位，处于中正，是君王能正心诚意，用诚意感格众人，然后保有其家之象。君王具备诚心诚意，上通天地鬼神，下化家人子弟，在这个基础上保有家庭就容易了，如果君王得罪众人，就会连小家都保不了。可见对于君王来说，诚意是感动众人和保有家族之本。

对于象辞主语，本书认为"大家"比"人人"和"家人"合适一些，此处意在家人和众人之间。古人认为君王当先诚其意而后修身齐家治国平天下，把治家之道推广到社会，治家就是治国平天下的基础和开始，是把家庭里的至诚亲爱，推广到治国平天下。

上九：有孚①威如②，终吉。

《象》曰："威如"之"吉"，反身③之谓也。

◎ **注释**

①〔有孚〕有诚信，让家人对家长有孚信，能信实。②〔如〕然，……的样子。③〔反身〕反观反省自身，反身自律。

◎ **大意**

上九：让家人心悦诚服，治家就要始终维持威严庄重的姿态，最终可以获得吉祥。

《象传》说：在治家的时候始终维持威严庄重的姿态最终能够收获吉祥，是因为上九时常反躬自省、严格自律的缘故。

◎ **解读**

上九在全卦最上位，代表全家地位最高的人，如同有位有实的老太爷，放到整个宗族，就是族长，有信实又有威望，德高望重。在全卦之终，代表受到包括家长在内的全家人顶戴尊尚，众望所归，所以最终还是吉祥的。同时也就是要求家里人怎样做，他自己能够先做到，就是那个以身作则的家长。

爻辞的主语是家长，所以爻辞从家长的角度来理解比较合适。家长面对家人的时候，需要心怀诚信，仪态需要威严持重；面对自己的时候，需要时常自我检讨，严于律己，这样内外一致，言行一致，才能端正家道，不负众望。

◎ **思考辨析题**

1. 大象辞"风自火出"如何得出"言有物而行有恒"的道理？

2. 象辞说"女正位乎内，男正位乎外"，请与《礼记·礼运·大同篇》"男有分，女有归"思想比较，并说明其在当下的意义。

䷥ 火泽睽（卦三十八）（兑下离上）

> 睽（kuí）：小事吉。
>
> 《彖》曰：睽，火动而上，泽动而下。二女同居，其志不同行。说①而丽乎明，柔进而上行，得中而应乎刚，是以"小事吉"。天地睽而其事同也。男女睽而其志通也。万物睽而其事类也，睽之时用②大矣哉！
>
> 《象》曰：上火下泽，睽。君子以同而异。

◎ **注释**

①〔说（yuè）〕喜悦。②〔时用〕因时而用。

◎ **大意**

睽卦象征乖异背离，做小事情还是可以吉利的。

《彖传》说：睽卦，上卦离为火，为中女，下卦兑为泽，为少女，火焰燃动向上，泽水流动润下。犹如两个女子同居一室，但她们因志向不同而行为乖异背离。下卦兑为喜悦，上卦离为光明，是喜悦地附丽于光明之上，阴爻柔顺地升进，向上运行，得到上卦中位，并与下卦的刚爻九二相应，所以能够柔和小心地成就小事还是吉祥的。天地上下阴阳的性质乖异背离，但它们创生化育万物的事功却是相同的；男女体态各异，生理特征差别很大，但他们交感求合的心志却相通；天下万物形态各异，特性千差万别，但它们秉受阴阳之气而生的过程却是类似的。由此看来，乖异背离之道因其时仍然能够有非常巨大的作用啊！

《象传》说：上卦离为火，下卦兑为泽，水火不相容，上下不相同，就是象征乖异背离的睽卦，君子从这样的现象中得到启示，要善于求和同而容小异（以异求同，求同存异）。

◎ **解读**

睽卦是离异乖离之象，犹如两个女人在一起，因为要嫁给不同的丈夫而心志不同。柔爻小心升进跟刚爻有应援，还是可以成就一点小事情的。要理解"柔进而上行，得中而应乎刚"，不依靠卦变很难清晰理解，前人多把"得中"理解为阴爻居中，而不能够理解"得到中位"这样的内在意思。其实，卦变中中孚的柔爻六四升进到五位，得到中位，跟下卦刚爻九二正应。

彖辞认为，火炎向上，水流向下，方向正好相反，完全相悖而行；也可以理解为，大泽当中有熊熊烈火向上燃烧，把本来要向下流进大地的泽水都烤干了，水火二者完全是相克背离的景象。君子因此知道，天下之事不可能强求一同，应该求同存异，大同也要有小异，有了小异，更能大同。

象辞和彖辞不应该分开来理解，彖辞强调同和通，象辞也可从类似的通、和的一面来理解。关于象辞"以同而异"，有理同事异，和而不流两大诠释路向。事物同中必然有异，不可能没有，否则无法生化演变创新，可以说因为同才异。东汉荀爽说，"大归虽同，小事当异"，但分开说同异并不合适，应该是一体之同异，是事物因比较而有区别。王弼"同于通理，异于职事"和程颐"同于人理之常，异于世俗之失"都是理与事分说，是从事理、人事之理相通的角度，认为存在具体的区别。《程传》强调"异"，强调特立独行，群而不党，可以理解为不必标新立异，也不要陷入异端。因为求同存异是避免激化矛盾，所以特立独行还是有点过，应该是在分背异化的大势之中，要尽量挽回分离的心向，不要去强化分离倾向，否则会加剧分离的状态。

> 初九：悔亡。丧马勿逐，自复。见恶人，无咎。
> 《象》曰："见恶人"，以辟①咎也。

◎ **注释**

①〔辟（bì）〕通"避"，避开。

◎ **大意**

初九：不要忧悔，不要去追赶丢失的马匹，静候它自己回来。以这样的态度面对偷马的盗贼，不会有什么灾患。

《象传》说：（以静候失马的态度）面见坏人，也就能够自觉地避开灾患（因为初九在乖异背离的形势下从心里知道如何去躲避）。

◎ **解读**

爻辞义理一贯，但前解很少有通畅的。首先为什么"悔亡"，也就是忧悔会消除呢？因为根本就不要去忧悔，那样忧虑和悔恨也就自然消除了。举例来说，类似于马匹丢失了，不要去追赶，因为越追越悔恨，追悔莫及，不如不追，等着它自己回来。如果用这种洒脱的态度处世的话，即使碰到坏人，也知道躲避，而不会自惹灾害祸患上身。因此，心里不存忧悔，心里没有芥蒂，便能包容一切，淡然处事，恬然无为，就像可以爱屋及乌，那又何来悔恨呢？象辞强调了这一点，也就是见到坏人而知道如何去躲避，也可以理解为初九在乖异背离的大势下，知道自己能力薄弱，不足以跟恶人对抗，不应该激化矛盾，所以提早采取躲避的姿态来避祸。

至于为什么以马取象，就必须了解卦变，从中孚到睽卦的卦变当中，初九正应在六四，卦变后失去六四所在的互震（善鸣马象），出来互坎（美脊马象），这当然就是马匹失而复得，自己会走回来的卦象。四位由原来的柔爻变成刚爻，正应变成敌应，互坎为盗贼，等于是初九在卦变之后，就必须面对坏人了。这个坏人可以说就是偷他马的人，初九平静地跟他交往。可见，不知卦变，就无法理解爻辞取象和义理生发的根据。

> 九二：遇主于巷，无咎。
> 《象》曰："遇主于巷"，未失道也。

◎ 大意

九二：在小巷中不期然地偶遇主人，当然没有咎害。

《象传》说：在小巷中不期然地偶遇主人（六五），是九二在乖异背离的大势中并没有迷失正道。

◎ 解读

睽卦指代的时势是世道背弃乖离，类似兵荒马乱、世态炎凉、人心背离的状态。中孚变睽之前，九二的应爻九五在全卦尊位，所以是"主"，变睽之后，九五下到四位，与九二互离（相见），有与旧主相见之象。从象上看，卦变前后，中孚像个大的离卦，相对于变出的睽卦的小小互离卦来说，好像本来通天的大路变成小巷，相当于误打误撞钻进了一条小巷，不期而遇往日的主人，在世事沧桑的感慨之中，两个人可以重温往日情怀、旧日温馨，当然不会有什么咎害了。

> 六三：见舆曳①，其牛掣②。其人天③且劓④，无初有终。
> 《象》曰："见舆曳"，位不当也。"无初有终"，遇刚也。

◎ 注释

①〔曳（yè）〕拉（着向前），牵引，拖曳。②〔掣（chè）〕向后拉，受牵制，控制。③〔天〕额上刺字的黥刑，《集韵》："天，刑名。剕凿其额曰天。"一说剃发。④〔劓（yì）〕古代割掉鼻子的刑罚。

◎ 大意

六三：看见大车被拉着向前，拉车的牛被牵制，拽着向后，好比赶车人先被剃发，受了黥刑，后被割鼻，受了劓刑，刚开始时困难重重，但最终会有好结果。

《象传》说：看见车被拉着向前，是六三位置不适当。开初不好，最终有好结果，是因为六三前行要跟刚爻上九遇合。

◎ 解读

在卦变中九四跟六五换位，对六三来说，九四从上面下来，就是从前退后，六五从下往上，就是从后往前进，前拉后扯力量相抵，力量也使不到一起，好像大车被吃力地拖拽着，驾车的牛被牵制住了难以前行。六三面对它们相互抵消的蛮力，可谓进退不由自己，犹如先被剃发，后被割鼻（卦变中互艮象消失），进退维谷，血泪辛酸，苦难连连，好在前有上九正应，最后还能克服困难，得到好的结果。

这一爻是从六三的角度看待九四跟六五换位，取象和相应的义理都非常形象，但如果不从卦变的角度，就无法理解两种拉扯的力量和六三面对这种力量分散所带来的痛苦处境。在乖异背离的大势中间，本来六三在上下卦中间，难以进退，身不由己，加上前面有两种力量打架，形势可谓雪上加霜，极度艰难，还好能够雨过天晴，云开雾散，因为上九的应和与关照，六三最后的结局还不错。

九四：睽孤，遇元夫①。交孚，厉，无咎。
《象》曰："交孚，无咎"，志行也。

◎ 注释

①〔元夫〕大丈夫。

◎ **大意**

九四：乖异背离的时运使得九四孑（jié）然孤独，这时遇到刚强的大丈夫，二人心志交融，彼此信任，虽然情境尚有危险，但不会有过失。

《象传》说：二人心志交融，彼此信任，这样就不会有过错，这是因为双方异中求同的心志彼此相通，都可以得到推行的缘故。

◎ **解读**

中孚卦变睽卦，九四从五位下到四位，在中孚里九五与上九比邻，下到四位与朋类（刚爻）分开，所以跟上九一样，都是乖异背离的时运使自己孑然孤独。四位与初位是相应的位置，九四刚爻卦变后遇到初九刚爻，即遇到初爻（元始）的位置上的刚强大丈夫。九四与六五交换位置，犹如心志交融，心心相印，彼此信任。交流之后，九四进入互坎（忧），所以是情境当中尚有危险，但心志刚稳，诚信又加以辅助，所以不会有过失。

九四跟初九同病相怜，所以心志相通，惺惺相惜，共同处在睽散的大环境下，患难见真情，两人携手共进，最后心志都得到推行，在分离背弃的大势中杀出一条没有过失的血路，很不容易。从卦变来说，九四是自己下来的，是按照自己的心意来行动的。同时其心志没有被睽异的处境给扼杀，反而获得了巨大的生机。

六五：悔亡。厥①宗噬肤②，往何咎？
《象》曰："厥宗噬肤，往"有庆也。

◎ **注释**

①〔厥（jué）〕其。②〔噬肤〕咬食带皮的肉。

◎ **大意**

六五：消除悔恨，结成亲密宗亲好比彼此能够噬咬对方的皮肤，如此一来，前行还有什么困难呢？

《象传》说：结成亲密宗亲好比彼此能够噬咬对方的皮肤，如此意志坚决、精诚团结，即使在分悖离弃的大势下前往，也会有喜庆。

◎ 解读

中孚卦变睽卦，中孚卦九五本在尊位，为六四宗主，六四与九五换位，九五从互艮（肤）进入缩小的噬嗑卦（二爻到上九），犹如咬进艮（肤）里，所以好比彼此能够噬咬对方的皮肤，引申为结成亲密宗亲之象。

此爻前人讲清楚的少。宗是家族和同类的意思，在分离背异的艰难时世当中，如果能够结成亲密宗亲，志同道合，众志成城，当然是共同抵抗风雨的最佳状态，有利于克服一切困难。因为分崩离析缺乏的是信任、团结和亲情。如果只是讲成吃肉的话，跟前往的关系不明，比较牵强。

上九：睽孤，见豕负涂①，载鬼一车，先张之弧②，后说③之弧。匪寇，婚媾。往遇雨则吉。

《象》曰："遇雨"之"吉"，群疑亡也。

◎ 注释

①〔负涂〕背上沾满泥巴。②〔弧（hú）〕弓。③〔说（tuō）〕同"脱"。

◎ 大意

上九：乖弃背离到了极点，孤独狐疑，恍惚中似乎看见猪背着浑身的污泥，又仿佛看见一辆大车满载鬼怪奔驰。惊疑之中，先张开弓，准备放箭，发现情况不对，又把弓放下来，原来发现来的不是强盗，而是来提亲的。如果前往，遇到下雨就会吉祥。

《象传》说：如果前往，遇到下雨就会吉祥，是因为在雨中，经过雨水洗礼，上九所有的疑虑都会被打消，烟消云散。

◎ 解读

睽卦由中孚卦变来，九五下到四位与上九分开，所以两爻都因分离而孤独（"睽孤"）。上九正应原在六三，两爻之间隔着互艮（背），卦变后九四进入两个柔爻之中，成互坎（豕、水），有水入坤土成泥之象，上卦离（见），所以是似乎看见猪背着浑身的污泥。坎（多眚舆）又是"正北方之卦"，乃"万物之所归"，古人认为鬼就是人之所归，所以坎可为鬼，因此又说仿佛看见一辆大车满载鬼怪奔驰。

从爻位上说，上前下后，上九正应六三，六三前互坎（弓），下在兑（说通脱）里，所以惊疑之中，先张开弓，准备放箭；后来发现情况不对，发现来的不是强盗（坎），而是来提亲的（六三来正应），又把弓放下来。而且六三在下兑（泽）里，大泽蒸发为雨（坎），所以如果六三前往，就正好遇到下雨，（看清了情况）自然吉祥。

上爻在自明（离）的状态当中，却很孤独，容易误解他人，误判世事。上爻说明一个人太过自明，愤世嫉俗，到处猜疑，有时反而不容易看清世事真相。这里差点把一帮浑身上下污泥浊水的人看成强盗，还好一场大雨冲刷了他们身上的污泥，才知道他们是来提亲的，差点搭弓射箭，把他们误伤了。

◎ 思考辨析题

1. 如何理解"柔进而上行，得中而应乎刚"？

2. 如何理解"以同而异"，这对于当下全球化大同世界的时代有何指导意义？

3. 请比较屯卦六二、贲卦六四、睽卦上九"匪寇婚媾"的同异。

䷦ 水山蹇（卦三十九）（艮下坎上）

> 蹇（jiǎn）：利西南，不利东北。利见大人。贞吉。
>
> 《彖》曰：蹇，难也，险在前也。见险而能止，知矣哉！"蹇，利西南"，往得中也。"不利东北"，其道穷也。"利见大人"，往有功也。当位"贞吉"，以正邦也。蹇之时用大矣哉！
>
> 《象》曰：山上有水，蹇。君子以反身修德。

◎ 大意

蹇卦象征举步维艰，向西南方走有利，向东北方走不利。宜于依靠贤明的领袖，持守正道，渡过难关，获得吉祥。

《彖传》说：蹇是难的意思，险阻在前面（上卦坎险为前）。遇到险难懂得停止不前，真是明智啊〔见险（坎）而止（艮）〕！蹇卦向西南方〔西南坤（平，不险）〕走有利，是前往取得上卦中位（蹇卦从小过变来，卦变中主爻九五从四位升上来，其行为中正，既不冒险，又没有停止不前）。向东北方走不利是因为道路困阻（艮）不通。宜于依靠贤明的领袖，因为在危难的时候出现大人就可以建功立业（主爻九五升进取得尊贵的五位，成为大人）。九五身当其位，名正言顺，正固吉祥，能够以正道治理自己的邦国。蹇卦所代表的时势的时机化功用实在太重大了！

《象传》说：下卦艮为山，上卦坎为水，山上有水就组合为蹇卦。君子看到高山上蓄聚着水，因为不能流动而显得举步维艰的象，就要反躬自省，修正错误，培养仁德（山上之水按本性反身下流滋润大山，而有反身自润之象，象征人遇险难而能反省自查）。

◎ **解读**

蹇卦下卦为艮（阻），互卦、上卦都是坎（险），所以说遇险而止，不应该冒险前进，这才是明智之举。九五刚爻居刚位，刚正且适当，有天子用正道治理邦国之象。蹇是险难，但险难有磨炼人的作用，能促使人成功。古今中外的载入史册的伟人们，都经历过艰难险阻的磨炼。"盖文王拘而演《周易》；仲尼厄而作《春秋》；屈原放逐，乃赋《离骚》；左丘失明，厥有《国语》；孙子膑脚，《兵法》修列；不韦迁蜀，世传《吕览》；韩非囚秦，《说难》《孤愤》；《诗》三百篇，大抵圣贤发愤之所为作也。"（《报任安书》）人遇到险难要善于反躬自省，增强心志能量以转化时势。

前人有把"利见大人"解为利于出现大人，从卦变上讲，五爻从四爻升上来，有一定道理。

初六：往蹇来誉。
《象》曰："往蹇来誉"，宜待也。

◎ 大意

初六：往前行走会遇到艰难，返身退回来反而得到人们的赞誉。

《象传》说：前往则遇塞难，回来则受赞誉，（因为初六在一卦之初，位置太低，还未到行动的时候），尚须待时而动。

◎ 解读

在小过卦里，初六正应在九四，九四在互兑（口、悦）里，有嘴里说着喜悦、赞赏的话之象，引申为好名声。卦变后，正应九四往上推移，初六由有应变成无应，进入塞卦，还不如回到小过卦里，所以说初六往前行走会遇到艰难，返身退回来就会得到人们的赞誉，所以适宜守时待命。

六二：王臣蹇蹇①，匪躬②之故。

《象》曰："王臣蹇蹇"，终无尤③也。

◎ 注释

①〔王臣蹇蹇〕君王（九五）的臣属积极做事，为君王分忧解难，是会主动承担塞难的忠臣。②〔躬〕亲身，亲自，自身。③〔尤〕怨尤。

◎ 大意

六二：君王的臣属们艰难来往，劳苦做事，但他们不是为了自己的私事。

《象传》说：君王的臣属们艰难来往，劳苦做事，能任劳任怨，始终没有抱怨忧虑（六二与九五阴阳正应，忠心向主）。

◎ 解读

六二在臣位为人臣，正应九五为君王，六二是个勤于王事的忠臣，忠心耿耿，埋头苦干，任劳任怨。六二虽然能力有限，但忠心向主，自己软弱阴柔，有德无位（居下卦二位），但在险难的局势当中，还是尽力去解救九五，赴汤蹈火（上卦为坎水，互离火），其心可鉴，而且给九五"朋来"局面以最大支持。六二上有两坎（二三四，四五六爻皆互坎），是险中之险，难上加难之象，代表君王的臣属们来往艰难，做事劳碌困苦。"匪躬之故"除不是为了自己的私事之意，还有不是因他自己内在原因的缘故，也有不是因局势本身造成自己被动没有选择之意。怨尤是塞难的来源，人们行事艰难，是因为抱怨忧虑，所以爻辞有即使处于艰难的处境当中，也不应该抱怨忧虑，所谓"不怨天，不尤人"，才是正道。

> 九三：往蹇，来反。
> 《象》曰："往蹇来反"，内喜之也。

◎ **大意**

九三：往前进会遇到艰难险阻，不如退回原地。

《象传》说：前往会遇到艰难险阻，不如退回原地，因为内人（内卦两个阴爻）喜欢它返回来（给家遮风挡雨）。

◎ **解读**

九三正应在上六，中间隔着坎（险），有往前进必遭艰难险阻之象。三位在上下卦之际，可上可不上，但上会有危险，则不如不上，所以不如退回原地。九三是下卦艮的主爻，艮有"畜臣妾吉"（遇九三）之意，是家里人欢喜开心之象。

> 六四：往蹇，来连[①]。
> 《象》曰："往蹇来连"，当位实也。

◎ **注释**

① 〔连〕《说文》："连，负车也。"段注："连即古文辇也"。

◎ **大意**

六四：往前走会遇到艰难险阻，最好返回来联合其他力量。

《象传》说：往前走会遇到艰难险阻，最好返回来联合（艮山之）实力，这样本身当位，同时也把两个当位的健实之爻连起来了。

◎ 解读

马融、郑玄、王弼都认为六四上下皆难，进退失据。宋代之后，胡瑗质疑王注孔疏，认为连为相连，是六四连接下三爻，而不是艰难；君子知道前面有险，知止不前，理解为相连而止。下三爻为艮（山），有止于山石之象。可以说连是连成一体，如磐石之坚。"实"是九五与九三两个刚（实）爻居于刚位，都当位，而六四本身当位，也可以称"实"。从卦变角度看，小过变蹇，九四上升，与九三分开，六四下来，又把刚爻连在一起。所以说六四能够作为团结实力人物的纽带，知道前往艰难，回来作为有实力的连接，起到稳固的作用，化不利的处境为有利的处境。传统解法，六四进退两难，不知如何是好，不取此解，仅认为六四阴爻当位为实是不够的。

> 九五：大①蹇，朋来。
> 《象》曰："大蹇朋来"，以中节也。

◎ 注释

①〔大〕重大，严重，也指君王与国家。

◎ 大意

九五：遭遇极度危险艰难的情况，朋友们纷纷前来相助。

《象传》说：君王遭遇大难，朋友皆来应助，因为（九五处在上卦中位，又在两个柔爻之中，刚柔互济），险难之中处事仍然能够以中正之道行节制之权。

◎ 解读

"大"形容的是非常危险艰难的情况，同时因为九五居于尊位，所以王之难也可以说是国家之大难，非同小可。卦变中九五刚爻进入上坤之中，刚柔并济，刚柔得中，卦有利于西南得朋，九五与六二正应，加上九五有六四相比，好像九三连接众阴爻一起向九五聚拢，所以有"朋来"之象。九五在两个柔爻之中，所以能刚柔互相节制，象征险难之中处事仍然中正合乎节度，也可以理解为九五能够以中位行节制之权，从而节制诸爻，形成朋友们都来相助的局面。当然，形成朋来的关键是六二，虽然柔弱，但危险的局势当中还是舍身救九五。卦变前小过卦里九三与九四相邻，可以算是老友，卦变后九四上升成为九五，等于老友上升到尊位，从朋友义气角度，九三自然继续支持九五。九三看上下都是九五的朋友，九三本来觉得外有难（坎）应该回家安居了，但看到自己上下的六二、六四都跟九五好，九三上下都是九五的朋友，九三自然也就带着六二和初六一起成为九五的朋友了，这样就形成了"朋来"的局面。

上六：往蹇来硕①，吉。利见大人。

《象》曰："往蹇来硕"，志在内也。"利见大人"，以从贵也。

◎ **注释**

①〔硕〕本义头大，引申为大，硕大，一说宽裕。

◎ **大意**

上六：继续前行十分艰难，回过头来则能够建立丰硕功业，这样做是吉祥的，有利于依靠和帮助贤明的君主。

《象传》说：继续前行十分艰难，回过头来则能够建立丰硕功业，因为心意向内（九三、九五）。有利于帮助贤明的君主，因为随从贵人（九五）。

◎ **解读**

上六已到极致之位，不能继续往前走了，可以反身帮助九五，所以说有利于帮助尊贵的大人九五。同时正应九三是内卦艮（硕果）的主爻，所以上六的心志只要放在九五和九三之后，形势就可能从艰难转而化为吉祥了。

◎ **思考辨析题**

1. 如何理解"见险而能止，知矣哉"？

2. 如何理解"利西南，往得中也。……利见大人，往有功也"的"往"？

䷧ 雷水解（卦四十）（坎下震上）

解：利西南。无所往，其来复吉。有攸往，夙（sù）吉。

《彖》曰：解，险以动，动而免乎险，解。"解，利西南"，往得众也。"无所往，其来复吉"，乃得中也。"有攸往，夙吉"，往有功也。天地解而雷雨作，雷雨作而百果草木皆甲坼（chè）。解之时大矣哉！

《象》曰：雷雨作，解。君子以赦（shè）过宥①罪。

◎ **注释**

① 〔宥（yòu）〕宽容，宽恕，饶恕。

◎ **大意**

解卦象征舒缓宽松，有利于到西南方去，没有危险情况发生，不需要去解救的时候，回来做好原来的事情就吉祥。如果有地方出现了灾难，那就越早赶去解救越好，早行动才能吉祥。

《彖传》说：解卦象征解放舒松，下坎是险，上震是动，因为有险难，所以行动，在行动中脱离险难（行动才可以脱离险难，至少缓解险难的程度）这就是解卦。解卦有利于到西南方去，因为前往可以得到群众。没有危险情况需要去解救的时候，回来做好原来的事情就吉祥，就可以得到中位（解卦从小过变来，刚爻没有往上推移，这是无所前往；刚爻而是返回向下而来，进入下卦中位，所以返回来吉祥，因为得到中位）。如果有地方出现了灾难，那就越早赶去救越好，早去才能获得吉祥，也因为早去才能真正帮人舒解险难，才会有贡献和功劳。天地舒缓解冻才会有雷雨（上卦震雷，下卦坎雨，春天雷雨兴作之象）。雷雨兴起，百果草木的种子就会破壳萌芽，破土生出。解卦代表的舒缓宽松的时势之时机化意义实在太重大了！

《象传》说：上卦震为雷，下卦坎为雨，雷雨兴作的卦就是解卦。君子看到雷雨交加，严寒消解，万物解冻复苏的现象，就要赦免过错，解放宽恕有罪之人。

◎ **解读**

春雷响了，雷雨交加，大地苏醒，万物复苏，这时候要及时出门做事，有所行动，解决事情，危险就会减小，这就是适时而解：天"解"为"雷雨"，地"解"为"甲坼"，人"解"为"赦过宥罪"。"解"是把塞难"化解""解散"并使之"解体"，运用的是生机"解放"。万物解放的状态下，连罪犯也要宽恕。

解是舒缓解松之意。解卦由临卦经小过变来，即小过九三与六二换位变解卦。卦辞认为有利于到西南方去，如果有地方出现了灾难，那就越早赶去解救越好，早行动才能吉祥。小过刚爻九四向上推移到五位变塞卦，塞卦也是去西南方有利，但要前往行动，就应该越早行动越好。小过的另一个刚爻九三向下推移到二位变解卦，爻向下推移称来，也称复，没有危险情况，不需要去解救的时候，回来做好原来的事情就吉祥。

解卦象征时势宽松，困难解散，万事解放，万物解救，在季节和气候上对应雷雨交加，严寒消解，万物复苏的自然现象，在人事上对应可以赦免过错，宽恕有罪之人的宽松的历史时期。

初六：无咎。

《象》曰：刚柔之际①，义②无咎也。

◎ **注释**

①〔际〕交界，接近，交会，交接之处。②〔义〕自然，按理说，从道义上说，即"宜"，应该。

◎ **大意**

初六：没有什么咎害。

《象传》说：初六在刚柔交接之际，柔顺地承接九二刚爻，按道理讲不应该有什么咎害。

◎ **解读**

初六在坎（险）之中，上遇震（动），是因为在险难（坎）之中而动（震），力求解脱，离开险境之象。初六跟九四相应，前景不错，有利于脱险，所以没有问题，不过身在坎（险）之中，危险并未远离，只是按道理说应该没有什么问题，也就不会有什么祸患。

解卦从小过卦变来，小过刚爻九二下来二位，分开刚爻和柔爻，初六以柔承刚，又有九四正应，即使自己能力有限，比较柔弱，但从一开始就全力配合，帮助九二、九四阳爻脱困解难，符合解卦的大势，所以本来就应该没有问题。

九二：田①获②三狐③，得黄④矢⑤，贞吉。
《象》曰：九二"贞吉"，得中道也。

◎ **注释**

①〔田〕古同"畋"，打猎。田野。在爻里，二位为田地，或取坤象。②〔获〕猎获，捕获。一说消灭，降服。③〔狐〕取坎象（见未济卦）。④〔黄〕黄色，坤土之色。卦变前小过卦下为艮土。⑤〔矢〕箭。互离之象。

◎ **大意**

九二：打猎的时候捕获三只狐狸，得到金黄色的箭矢，守持正道，可以吉祥。

《象传》说：九二守持正道，可以吉祥，因为在下卦中位，上应六五，做事遵从中正之道。

◎ **解读**

九二在卦变中从小过三位来到下卦中位，下卦变坎，坤卦三阴，如田无禽，坎是坤得乾中爻，故九二有下到田里狩猎之象，下卦三爻为九二所得，因此打猎的时候捕获了三只狐狸。九二推移变出互离（矢）坎（弓），因此得到金黄色的箭矢。也说坎为狐，黄取自坤象。

时隐时现的多种祸患，形势变幻莫测，需要坚贞的德性，敏锐的目光，适中的位置，适宜的条件和锐利的武器才能彻底根除隐患。而在这个过程中，如何切合"中道"才是关键。由此可见，"修行"如田猎，需要把狐媚疑虑一一去除。

六三：负且乘，致寇①至，贞吝。
《象》曰："负且乘"，亦可丑也。自我致戎②，又谁咎③也？

◎ **注释**

①〔寇〕强盗，取坎象。②〔戎〕征伐，兵戎之戕害。③〔咎〕怨，怪罪。

◎ **大意**

六三：身子坐在大车上，背上却还背着贵重的财物，这样就会招来寇盗抢劫，如果还坐着不动，就一定会有危难。

《象传》说：坐在车上仍旧把东西背在背上，不放下来，可见他没坐过车，形象太丑陋了，一看就不像个好人。所以是自己招致寇盗来抢劫，哪能怨别人呢？

◎ **解读**

身子坐在大车上，背上却还背着贵重的财物，一看就不像是经济条件比较好的正人君子，而像一个刚刚抢劫完还在逃命的强盗，跟他坐车的身份很不相符，以致连其他强盗看到都想来抢劫，所以说六三是自己招来强盗，不能怪别人，象征自己做得不好，还不知悔改，当然会麻烦不断。

六三原在小过下卦艮（背）里，背上是九三，在卦变中与九二换位，变解后从二位升到三位，乘凌在九二之上，下卦成坎（多眚舆），所以是身子坐在大车上，背上却还背着贵重的财物。换言之，六三是自己推移，使得下卦成坎（寇盗），所以是六三自己招惹寇盗来抢劫。六三即使正固不动，努力守住三位也会有危难，因为六三以柔居刚，位不正，下乘凌九二，以柔乘刚，于理难通，不正不顺，想避免危险也难。

九四：解而^①拇^②，朋至斯^③孚。

《象》曰："解而拇"，未当位也。

◎ **注释**

①〔而〕古同"尔"，你。一说为虚指。②〔拇〕脚拇趾。③〔斯〕指示代词，这，这个，相当于这样才能。

◎ **大意**

九四：像舒解自己脚拇趾的隐患那样摆脱小人的纠缠，然后朋友们就会诚心前来相助。

《象传》说：像舒解自己脚拇趾的隐患那样摆脱小人的纠缠，因为九四所处的位置还不恰当（刚爻居柔位）。

◎ **解读**

从卦变中看，上一卦蹇卦是小过九四升进到五位，蹇九五爻辞"大蹇朋来"，象辞说九五"当位贞吉""往得中也"。可是解卦九四没有上往，卦辞说它"无所往"，象辞说它如果像蹇卦那样上往就会"往得众""往有功"。这表明九四在小过卦变解卦时守住四位没有动，它本来可以上往但没有动。

九四处在上卦震（足，拇）之初，震卦好动，有刚从脚下拇趾开始缓解之意，取义像舒解自己脚拇趾的隐患那样摆脱小人的纠缠。九四如果上到九五，就会像"大蹇"九五一样"朋来"，所以有朋友来聚之意。

卦由小过卦变来，中孚卦两个柔爻孚于四个刚爻，小过是中孚的变卦，两个刚爻孚于四个柔爻，所以小过也有孚象，所以说这样才能相互了解，彼此理解。如果朋友来了，这种孚信就可以表现出来，自己的真心实意才能得到理解。

九四有点舍小家、摆脱小人才有朋友之意，可是不当位，朋友还不多。

六五：君子维^①有^②解，吉，有孚于小人。

《象》曰："君子有解"，小人退也。

◎ **注释**

①〔维〕只、仅，表条件。②〔有〕词头，例如有庙即是指宗庙，有字可以虚化。

◎ **大意**

六五：君子只有舒缓解难，才能吉祥，只有让小人心服口服，才能真正解脱险难。

《象传》说：君子只有舒缓解难，这样小人（六五）才会愿意把尊位让给九四，主动退出去。

◎ **解读**

按《象传》的意思，九四应该升进到五位才当位，这样就以刚居阳位；六五应该下降到四位才当位，这样就能以柔居阴位。可实际上卦变中两爻都没有动，所以才变成解卦。九四刚爻为君子，六五柔爻为小人。对九四君子来说，没有上往居成九五以逼退六五，只是让它变成解卦来慢慢缓解，所以说君子只是舒缓解难，是君子来缓解，当然吉祥。九四有孚信于六五，所以是让小人心服口服，是君子有诚信，连小人都能信得过。因为两者有比邻的关系，阴阳互喜，所以甘心退去。

上六：公①用射②隼③于高④墉⑤之上，获之，无不利。

《象》曰："公用射隼"，以解悖⑥也。

◎ **注释**

①〔公〕王公，诸侯，取震象。②〔射〕坎弓离矢为射箭之象。③〔隼（sǔn）〕一种猛禽，俗称鹗鹞。取象是卦变前的小过（大鸟之象）。④〔高〕上处高位。⑤〔墉〕高墙，巽为城墙，取小过二三四互巽。⑥〔悖（bèi）〕悖乱，祸乱，情势和境遇背离到了极点。

◎ **大意**

上六：王公用箭射下栖落在高墙之上凶恶的鹰鹞，一举把它擒获，这样做是无所不利的。

《象传》说：王公用箭一举射杀恶隼，为民除害，不得已而为之，只有这样才能彻底消灭作乱的小人，舒解悖逆者造成的祸乱。

◎ **解读**

此爻难解，从王弼开始，到黄寿祺、马恒君都是"王公射下高墙上的鹰鹞"，或"在高墙上射鹰"，是为了解除悖乱（悖理昏乱）的局面。其实解卦是蹇卦倒过来。如果蹇是见险知止，那么解是遇险而离。上六在远处，远观九四心动远行，六五来缓解之形势的变化，看到内坎（险）形成，对局势变化了然于胸，于是出手把形成危难的关键因素解决掉。这是一种射杀小人的象征，只有把作恶的小人直接杀掉，才能解除困局，免除后患。这时，小人就不可能高飞在苍天，而应该栖落在城墙上，这是一种象征性的指代，把罪恶的头目一举射杀。

小过卦变解卦，小过有飞鸟之象，下有互巽，好像隼在高墉之上。变为解卦，出现了上震（公）和下坎（险）互离（弓箭），所以说王公用箭射下栖落在高墙之上凶恶的鹰鹞，一举把它擒获，等于擒贼先擒王，打蛇先打头（上卦震为蛇），无所不利，可以一举灭除小人之患。

◎ **思考辨析题**

1. 如何理解"无所往，其来复吉，乃得中也"？

2. 坤卦"西南得朋，东北丧朋"，蹇卦"利西南，不利东北"，解卦"利西南，往得众也"，为什么这几卦认为西南方有利，而东北方不利？

䷨ 山泽损（卦四十一）（兑下艮上）

损：有孚，元吉，无咎。可贞。利有攸往。曷①之用？二簋②可用享。

《彖》曰：损，损下益上，其道上行。损而③"有孚，元吉，无咎，可贞。利有攸往。曷之用？二簋可用享"。二簋应有时④。损刚益柔有时，损益盈虚，与时偕行⑤。

《象》曰：山下有泽，损。君子以惩忿窒欲。

◎ **注释**

①〔曷（hé）〕何，怎么，为什么。②〔簋（guǐ）〕古代祭食器，由青铜或陶瓷制作而成的盛食物的容器。③〔而〕如果。④〔时〕四季。⑤〔与时偕行〕一切流变都在时间之中，这是古人对于存在事物与时间之关系的时机化领会。

◎ **大意**

损卦象征减损衰退，心中保持诚信，就能大吉大利，没有过错，可以守持正道，有利于前往做事。减损衰退之道在人伦日常生活之间如何体现出来呢？用两簋淡薄的食物来祭祀就足够表达内心的诚敬了。

《彖传》说：损卦从泰卦变来，在卦变当中，泰卦的初九上升到最上位，减损下面的刚实，增益上面的柔虚，阳爻的运行之道是往上走（而不是九三跟上六换位）。即使在减损衰退的过程之中，心中仍然充满诚信，所以能够大吉大利，没有过错，可以守持正道，有利于前往做事。减损衰退之道在人伦日常生活中如何体现出来呢？用两簋淡薄的食物来祭祀就足够表达内心的诚敬了。用两簋淡薄食物的祭祀要合于时令，减损阳刚来增益阴柔也要讲究合适的时机：一切事物的减损、增益、盈满、亏虚都在时间之中，随着时间流变，通过不同的时机体现出来。

《象传》说：上卦艮为山，下卦兑为泽，山下有泽就是损卦，山中的泽水不断下流，淘空山体，可能导致山崩地坼，与此同时，泽也在减损衰退，越来越深，水面不断下降，显得山越来越高。君子看到这样的卦象要抑制忿怒，窒塞邪欲。

◎ 解读

卦名损的基本含义是减损的意思。减损既可造成损失，又会造成衰退。所以《序卦传》把损讲成损失，《杂卦传》把损讲成衰退。通过减损而顺应自然生生不息之道是损卦的核心。"二簋"本应该减损成为简单祭祀，但诚信反而增益了。意即如果欲望减少了，诚信自然增加。

减损下来的食物虽然简单，但只要心诚，一样足以祭祀天地祖先。孔子即主张祭祀最重要的是情感真诚。《论语·八佾》："祭如在，祭神如神在。子曰：'吾不与祭，如不祭。'"孔子祭祀祖先的时候，（他的心意真诚纯净，）就好像祖先真在自己面前；祭祀神灵的时候，就好像神灵真在自己面前。孔子说："我如果没有亲自参加祭祀，（就算别人已经举行祭祀了，可是对我来说，）就跟没有举行祭祀一样。"二至上爻组成正反震（祭器），正震和反震是摆在对称位置上的一对祭器，"二簋"相当于两盘祭品，是非常简单的祭祀，但祭祀主要看主祭人的诚意，祭品的丰俭并不重要，所以说减损出这么简单的食物会有什么用？东西虽然不多，但只要有诚心，照样可以用来祭祀天地祖先。

象辞认为，君子要不断减损低级趣味的邪念，使之少了再少，好比大泽的水面一样，低了再低；同时保持意念处于高尚的状态，不断提升自己的道德品质，使之像山一样，高了再高。

初九：已①事遄②往，无咎。酌（zhuó）损之。

《象》曰："已事遄往"，尚③合志也。

◎ 注释

①〔已〕已经，一说祭祀之祀。②〔遄（chuán）〕快速。③〔尚〕通"上"。

◎ **大意**

初九：已经具备损下益上的条件，就要迅速前往，这样才没有过失。这说明可以酌情减损自己的阳刚之质。

《象传》说：已经具备损下益上的条件，就要迅速前往，向上跟六四心志相合。

◎ **解读**

损卦的卦变是泰卦初九上升到全卦顶端，完成卦变之后，泰卦九二被推下降成为损卦初九。初九虽然还具备减损的条件，也暗示了可以继续减损，但需要注意分寸，防止过犹不及。虽然可以酌情减损自己的阳刚之质，但不应该损减太过。因为泰卦下面三个刚爻已经减去一个，初九在损卦又得急速损减，这样就可能损减太过。爻辞提醒初九要适可而止，不应该奋不顾身。初九一开始奋不顾身地去上应六四，有点迫不得已，因为处在损的大形势下，不得不损。

象辞说初九跟六四应合，初九最后要上升。因为初九与六四心意相通，初九在损的大势里面，肯定要损己利人。当然，即使六四心里非常盼望初九放下手里的事情，尽快过来，初九也不应该把自己损得元气大伤。

> 九二：利贞。征凶，弗损益之。
> 《象》曰：九二"利贞"，中以为志也。

◎ **大意**

九二：利于持守正道，盲目征进会有凶险，既不过分减损自身，也不去增益上边。

《象传》说：九二利于持守正道，是居于中位，谨守本分，以持守中道作为自己的心意志向。

◎ **解读**

在损卦大局里，上九已损下益上，初九是酌量损减，九二不能再继续损下益上，否则必然损减太过。还好九二在下卦中位，正应六五在上卦中位，双方都能行中道，守中道就无过无不及，在损下益上的局势中能适量合度，能正固不动，所以利于持守正道。九二知道盲目征进会有凶险，向上征进超过限度就不好了，所以既不过分减损自身，也不去增益上边。

"弗损益之"有解为"不用减损就能获得增益""不减损自己而增益别人""不用自我减损就可以施益于上""不要过分减损自身，这样才能真正帮助他人"等。爻辞"利贞"结合象辞"中以为志也"说明九二应该持守中道不损不益，而理解为不减损就能增益上边，从逻辑和卦象上讲都有问题。而且九二在中位，上应六五也在中位，既能以持守中道作为自己的心意志向，又是得到六五肯定之象。在减损的大势当中，卦变时自动退下，属于不损下不益上的状态，所以当解为"不损不益"，爻辞和象辞才融贯一致。

如果不以象辞为本，爻辞容易随意断句、通假，作任意解释。此爻是以传解经的典型，说明传统《易传》的解释有其内在合理性。

> 六三：三人行则损一人，一人行则得其友①。
>
> 《象》曰："一人行"，"三"则疑也。

◎ **注释**

① 〔友〕异性（爻）为友，同性（爻）为朋。《说文》："同志为友。"

◎ **大意**

六三：三个人一起前行会损失一个人，一个人单独前行则会得到朋友。

《象传》说：一个人单独前行可以得到朋友，而三个人一起前行难免相互猜疑。

◎ **解读**

损卦从泰卦变来，泰卦最下方的阳爻初九上升到最上方，下面三个阳爻失去一个，到了最上方，得到上卦的两个阴爻为友。损卦六三从泰卦三个阴爻里退下一位，三个阴爻失去一个，下来得到下卦两个阳爻为友。象传继续解释说，一个人独行可以得到两个异性朋友，而三个同性一起前行就会相互猜疑，导致其中一个离开。

此爻如果不是从卦变上来理解，意思就不太清楚。《系辞下》引这句话，说是"言致一也"，也就是天地之间异性相感而趋同一致的发展规律不可改变。因为双方关系当中，如果加入第三者，则其同一性就会被破坏。阴阳和合为《周易》本旨，如果阴阳致一的同一性被破坏，就会对第三者起疑心。

六四：损其疾①，使遄②有喜，无咎。
《象》曰："损其疾"，亦可"喜"也。

◎ **注释**

①〔疾〕疾病，弊病，缺点，取震象。②〔遄〕快，迅速。

◎ **大意**

六四：减损自己的疾病，使得自己很快就欢欣喜悦，当然没有什么过错。
《象传》说：减损自己的疾病，这件事本身就可喜可贺。

◎ **解读**

疾的讲法很多，有"疾病""思恋初九的疾患""缺陷"等等说法。从象辞来说，减损他自己的疾病有喜，可通。面对众多解释，所以还要从象上说，六四在互震（疾病）中，卦变推移时，三个柔爻最下面的一个下来成为下卦的一个柔爻，也就是由六四下来到了六三的位置，变成损卦，所以说是减损自己的疾病。柔爻下来进入下兑（喜悦）中称喜。因为下来立即喜悦，所以使得自己很快就欢欣喜悦。

象辞是说减损疾病本身就是可喜可贺的事情，不要等到进入兑卦才喜悦，有心力调整自身以期使自己进入喜悦的状态本身就是一件令人喜悦的事。

六五：或①益之十朋之龟②，弗克违③，元吉。
《象》曰：六五"元吉"，自上佑也。

◎ **注释**

①〔或〕有的人。②〔十朋之龟〕价值十朋的大龟。"十朋"是价值珍贵。古人以龟占卜，十朋之龟是国宝级灵龟。③〔违〕违背，古代称占卜结果

合乎心愿为从，占卜结果不合心愿为违。

◎ **大意**

六五：有的人送来价值"十朋"的大宝龟，并不违背自己的心意，不必推辞，大吉大利。

《象传》说：六五大吉大利，因为有上天佑助。

◎ **解读**

大宝龟是国宝，古时定与占卜有关，所以是占卜结果合乎自己的心意，大吉大利，如同得到上天的保佑，是非常幸运吉利之象。龟象来自九二到上九的大离卦，是阳爻到泰卦最上方之后变出的，就在六五的上方，所以对六五来说，是从天而降的大龟，好像是受到上天保佑送来的礼物一般，中间互坤为数十，六五在互坤当中，所以是十朋宝龟，合起来就是价值十朋的大宝龟。因为占卜结果并不违背自己的心意，所以不可以推辞违拗，应该接受。上九是从下面的乾卦最下方升上来的，所以犹若带着天命，到最上方从天而降。这一爻如果不从卦变上理解，对于爻辞的取象很难讲清楚。

> 上九：弗损，益之，无咎。贞吉。利有攸往，得臣无家①。
>
> 《象》曰："弗损，益之"，大得志也②。

◎ **注释**

①〔得臣无家〕大夫升为诸侯，成为一国之君，而不再有小家。"无家"是失去大夫的采邑，大夫以采邑为家。②〔大得志也〕志向得到实现。

◎ **大意**

上九：没有受到减损，反而得到增益，当然没有过错。持守正道可获吉祥。利于有所前往，得到广大臣民的拥护，就不必在乎自己的小家了。

《象传》说：没有受到减损，反而得到增益，是因为上九完成了心意志向。

◎ **解读**

上九从泰卦的内卦（为家）推移出来，升到上位，下有三个阴爻（坤臣），所以是离开家得到了很多国臣之象。上九没有得到减损，反而得到一个国家，当然增益很多，心志完全得到实现，功成名就。

如果不讲卦变，上九如何"得臣"，为什么"无家"，是很难讲清楚的。

◎ **思考辨析题**

1. 如何理解"损下益上，其道上行"？

2. 如何理解大象辞"山下有泽，损。君子以惩忿窒欲"？

3. 如何理解六三爻辞"三人行则损一人，一人行则得其友"？

☳☴ 风雷益（卦四十二）（震下巽上）

益：利有攸往。利涉大川。

《彖》曰：益，损上益下，民说无疆①。自上下下②，其道大光。"利有攸往"，中正有庆。"利涉大川"，木道乃行。益动而巽，日进无疆。天施③地生，其益无方④。凡益之道，与时偕行。

《象》曰：风雷，益。君子以见善则迁，有过则改。

◎ **注释**

①〔无疆〕永无止境，无限。互坤，坤地无疆。②〔下下〕第一个"下"是动词，指下来；第二个"下"是名词，指下位。③〔施〕施予，恩惠。一本作"旋"。④〔无方〕不拘方式，没有固定的方式。这样就会广大无限，无穷无尽。如果说成"有方"就会受到限制。

◎ **大意**

益卦象征增益，利于有所前往，利于涉越大河。

《象传》说：益卦，减损上面的来增益下面的（初九从否卦最上方来到益卦最下方），老百姓欢欣喜悦无可限量。从上面降到下面，其心意之道正大光明，心地光明。有利于前往，是九五中正而有喜庆。有利于涉越大河，是因为木船能够通畅渡河。益卦下面震动（震），上面随顺（巽），日复一日前进没有止境。上天施予阳光雨露，大地生养万物一视同仁，天地生养增益万物没有固定的方式。大凡事物当要增益时所体现的道理，都随时间一起流变，按照一定的时机展现出来。

《象传》说：上卦巽为风，下卦震为雷，雷风呼应，相得益彰，这就是益卦，君子从中得到启示，见到善美的行为就要一心向往，择善而从，有错就迅速改正。

◎ 解读

上巽（木）下震（行），显示出用木作舟，虚心宜于在水上行走，可以涉越大河之象。上巽（风顺）下震（动），是能乘顺风行动之象，不会遇到障碍，所以日复一日前进，前途无限广阔。可见，虚心和随顺便可得益，海纳百川，博采众长。益与损一样，都是天道运行的规律，要伴随时序的变化而运行，不可也不会以人为的意识来做作。只要天道时序不变，损益规律就不会变。人要根据时势，当损则损，当益则益。

从象上看，风助雷势，雷助风威，风雷相得益彰。人与人之间要想相互受益，就要互相学习对方的优点，克服自身缺点，从而能够互相不断地增益，提升各自的道德修养和能力。

初九：利用为大作①，元吉，无咎。
《象》曰："元吉无咎"，下不厚事②也。

◎ 注释

①〔大作〕原指大规模耕作，引申为大的兴作，如大工程、大项目等，总之是开发大事业之意。风雷激荡、天旋地生之时，正是大展身手的天赐良机。

《周易正义》："兴作大事。"②〔厚事〕厚劳，即沉重的劳役。厚指丰厚、多。事指侍奉、供奉、交纳。

◎ **大意**

初九：有利于大有作为，建功立业，一开始就大吉大利，没有过错。

《象传》说：大吉大利，没有过错，因为天下民众不需要付出太多来奉养统治者。

◎ **解读**

初九从否卦的最上方来到益卦的最下方，损上益下，表示在上位的统治者让利于民，给予民众很大的优惠和利益，使老百姓可以休养生息。换言之，初九不需要承担很重的赋税和劳役，可以放手去做自己的事情，所以初九处于一个有利于大有作为，建功立业的好时候。下震代表出生、蕃鲜、稼穑和春天，象征万物生长的好时机，所以一开始就什么都好。

如果把象辞解释为"本来不能胜任大事，因为是益的时候才可以"则跟爻辞的意思不一致。

六二：或益之十①朋之龟②，弗克违。永贞吉。王用享于帝，吉。
《象》曰："或益之"，自外来也。

◎ **注释**

①〔十〕坤象。②〔龟〕离象。

◎ **大意**

六二：有人送来价值"十朋"的大宝龟，并不违背自己的心意，不必推辞，永久保持正道就吉利。君王向天帝祭享，吉利。

《象传》说：有人送来大宝龟，说明六二的增益是从外面不招自来的。

◎ **解读**

初九到九五象一个大的离卦（大龟），对六二来说，这个离卦是因为初九从否卦的外卦下来才能够形成的，所以是从外面不招自来的，大离中间有互坤（地、十、朋），所以是"十朋"，价值连城。而且初九还是从乾（天、帝）

下来到初位，取义是大宝龟从天而降，得到天帝的庇佑。

六二在下卦中位，位正，与上卦居中得正的九五相应，所以有利于永久保持正道吉利。大离还可以看作正反相对的一组震卦（祭器），象征对称摆列的祭器"簋"，所以说君王向天帝祭享，是吉利的。

> 六三：益之用凶①事，无咎。有孚，中行，告公用圭②。
> 《象》曰："益用凶事"，固③有之也。

◎ **注释**

①〔凶〕不吉祥的事，凶年饥岁，卦变中下卦坤地损失一爻进入上卦，田地受损，相当于有灾荒的凶事。②〔圭（guī）〕乾象。天子征召诸侯或派使者赈灾的（作为凭证的）玉器。一说古代帝王或诸侯参加典礼时用的一种玉器。一说古代测日影的工具。③〔固〕本当，本来，原来。

◎ **大意**

六三：把所得的增益运用于拯凶救难、赈灾平险当中，没有过错。心怀诚信，行动中正平和，手持玉圭向王公禀报告急。

《象传》说：把所得的增益运用于拯凶救难、赈灾平险当中，这是本当如此的事情。

◎ **解读**

六三在上下卦的交接之处，卦变中否卦的下坤失去一个柔爻进入上卦，相当于坤（地）有所损失，田地受损，老百姓颗粒无收，发生灾荒，全卦为益，所以用益来赈灾救荒。六三在中间行走。乾（玉）到下边成为震（诸侯），而且六三在互坤（土）互艮（土）中，所以有拿着玉圭到王公那里去告急、汇报之象。

> 六四：中行，告公从，利用为依①迁国②。
> 《象》曰："告公从"，以益志也。

◎ **注释**

①〔依〕靠，依附。②〔迁国〕迁移国都。

◎ **大意**

六四：以中正之意行乎中道，禀告王公自己有顺从之意，王公依从，就会有利于依附君王（九五）做出迁都这样的大事。

《象传》说：禀告王公（初九）自己有顺从之意，王公依从，这增益了六四的意志。

◎ **解读**

六四在卦变当中从三位推进到四位，都在卦的中位推移，六四以阴爻居阴位，位置得正，是以中正之意行乎中道。王公为在互震（诸侯）中的初九，向王公告急，因为正应，王公依从。六四从下卦坤（顺）推进到上卦巽（随顺）当中，所以有顺从之心。坤为国邑，卦变当中向上推移，依附于九五，所以是依附于国君迁都，或许试图依附于某个强大友邦而得到庇护。

象辞强调六四与初九正应，上下呼应，初九依从六四，增强了六四的意志。此爻讲卦变对于"迁国"的理解较为直观，而不讲卦变，对"迁"的理解则难以落实。

九五：有孚惠①心，勿问，元吉。有孚，惠我德。

《象》曰："有孚惠心"，勿问之矣。"惠我德"，大得志也。

◎ **注释**

①〔惠〕此字在爻辞中施受一体，前一"惠"字是施惠，后一"惠"字是怀惠。

◎ **大意**

九五：真诚地怀着施惠于民的心意，不需占问就是非常吉利的，天下人都会真诚地感念我的恩德。

《象传》说：真诚地怀着施惠于民的心意，就不必再去占问了。天下人都会感念我的恩德，说明九五"损上益下"的心志得到完美的实现。

◎ 解读

否变益是损上益下，九五在全卦尊位，贵为天子，天子真诚地怀有施惠于民的心意，才能损上益下。九五在大离（宝龟）中，与占问有关，大离成形来自乾（天），代表天意，天子惠民的诚心，感动天地，所以不需占问就非常吉利。九五下为互坤（臣民），有百姓拥戴之象，九五是受百姓拥戴的圣明天子，天下人都会真诚地感念我（九五）的恩德。可见，九五达到了心志通天的圣人之境。"孚"指九五与六二上下正应，代表百姓真心实意，"惠"说明百姓感激、怀念九五的恩惠。

> 上九：莫益之，或击之。立心勿恒，凶。
>
> 《象》曰："莫益之"，偏①辞也。"或击之"，自外来也。

◎ 注释

① 〔偏〕普遍，为"偏"之讹。

◎ 大意

上九：没有人来增益他，反而有人来攻击他，不能坚定地持守人天之意，会有凶险。

《象传》说：没有人来增益他，对上九来说是通常的情况。反而有人来攻击他，因为阳爻从外卦下来，（不招自来而生成了危险的境遇）。

◎ 解读

卦变当中否卦上九下到最下方，上九从五位被推到六位，离开了中位，不但没有人来增益上九，反而处于穷困的危地，随时可能被攻击。上九离开中位，位置变坏，处境极端，忐忑不安，心意没有定准，所以凶险。

否卦上九下来到益卦初九，使得九五莫名其妙移动到了上九，上九在外卦待着不舒服，急着要下来，或者因为否卦的上九下来，导致由九五升上去的上九处于高亢之地，被暴露在危险境地，即使有公益之心也不能完成、实现，所以感觉很不舒服。可见，公益的发心实施出来也需要很多条件，做好事也需要天时地利与人和，一心想要做好事，但如果条件不成熟，也会适得其反，害人害己，所以增加公共利益并不容易。即使君王做公益也需要先让人安身安心订交，否则公益也做不成，如《系辞下》中，子曰："君子安其身而后动，易其心而后语，定其交而后求。君子修此三者，故全也。危以动，则民不与也；惧以语，则民不应也；无交而求，则民不与也；莫之与，则伤之者至矣。《易》曰：'莫益之，或击之，立心勿恒，凶。'"说明君王做事也要先让民众心安。

◎ **思考辨析题**

1. 如何理解"损上益下，民说无疆。自上下下，其道大光"？

2. 益卦与损卦互为综卦，益六二爻与损六五爻都有"或益之十朋之龟，弗克违"这句爻辞，但意思有什么不同？

䷪ 泽天夬（卦四十三）（乾下兑上）

夬（guài）：扬于王庭，孚号有厉；告自邑，不利即戎，利有攸往。

《彖》曰：夬，决也，刚决柔也。健而说，决而和。"扬于王庭"，柔乘五刚也。"孚号有厉"，其危乃光也。"告自邑，不利即戎"，所尚乃穷也。"利有攸往"，刚长乃终也。

《象》曰：泽上于天，夬。君子以施禄及下，居德则忌①。

◎ **注释**

① 〔忌〕禁忌，忌讳，一说忌恨。

◎ **大意**

夬卦象征除恶决断，可以在君王朝廷之上公布张扬小人的罪恶，予以制裁，并怀着诚信号令众人戒备危险。此时应该颁布政令于城邑上下，告知大家现在还不利于动用武力发兵作战，但有利于积极主动地做一些事情加以防备。

《彖传》说：夬是决断、决去的意思，是刚爻决去柔爻。下卦乾为刚健，上卦兑为悦，刚健而喜悦，刚健能断，果决又不失和悦，是决绝斩断仍能协和众人。在君王朝廷之上公布张扬小人的罪恶予以制裁，因为上六柔爻肆意凌驾于五刚之上，必须决去。怀着诚信号令众人戒备危险，说明让人们时刻处于危惧戒备之中才能够把除恶决断的形势发扬光大。此时应该颁布政令于城邑上下，告知大家现在还不利于动用武力发兵作战，是因为如果滥用武力，穷兵黩武，反而会使除恶决断之道马上走到穷途末路，带向极端。但有利于积极主动地做一些事情加以防备，是让大家相信形势的发展，阳刚之力还在生长，最终一定能够彻底制服阴柔小人，只要积极应对准备就可以了（刚爻再上长一点就将完全克服阴爻）。

《象传》说：下卦乾为天，上卦兑为泽，泽水蒸发到了天上，聚集越来越多，决而为雨就是夬卦。君子看到天上的泽水一定会化为云雨施布到下民身上的卦象，就要主动把利禄施布给百姓，但不能认为这是自己给予别人恩赐，如果以有恩德于人自居，这是君子的大忌。

◎ 解读

"夬"意味着决断、除去，引申为选择（抉）、抉择，即将结束（快）等。《杂卦传》"刚决柔也。君子道长，小人道忧也"指夬卦下边五个刚爻（君子）上长，要把最上的柔爻决除出去，相当于君子之道喜得生长，小人之道忧愁退去。正义最终压倒邪恶。夬卦是刚爻从坤卦阴爻升长渐次变来，刚爻长到五爻，卦变为夬，之前的一卦是大壮，所以卦里多次提到"壮"。上六为主爻，是关键目标，乘登在五个刚爻之上，也位在天子九五之上，可以看作是君王在朝廷之上公布小人的罪恶予以制裁。上六要被除去，当然感到有危险。上卦兑（口）代表怀着诚信号令，坤（邑）快消退完了，所以可以颁布政令于城邑上下。阴阳消息盈虚的自然规律不可抗拒，柔爻即使退出去，将来还会从下生出来，所以是不利于动用武力发兵作战的时候，但有利于积极主动地做一些事情加以防备。

主爻上六处在兑（和悦）卦，有既要决去又要和悦的意思，这是夬卦的特点。上六处在全卦最高位，自然有危险，如能居安思危，或能平安过渡。本卦五刚爻有五个男子大声呼号（兑）之象，提醒人们，小人（上六）非常危险，要时刻戒备，除恶务尽，才能达到真正的光大之境。犹如在占据绝对优势的前提下，大声发布（兑）公告，给对方（上六）以和谈（兑）的一线生机。上六到了穷极之处，象征位到终点，君子如果自居有恩德则应有所禁忌，不能摆出一副有恩于人的救世主架子。处理必须决断的事情，太过刚健就很难令人喜悦，刚健决去就一定会伤感情，令人难堪，要既刚健又令人喜悦（兑），非常和气地除去小人，是一种难能可贵的艺术。小人虽然处于必然会被决去的位置，但还是显扬到了极点，好像被推崇备至，尤其似乎受到九五之尊崇尚，显得无上光荣。"扬于王庭"一说阴爻即使在劣势形势下，仍高扬在上，不肯低头，有顽抗到底之象。

> 初九：壮于前趾，往不胜为咎。
>
> 《象》曰："不胜"而"往"，"咎"也。

◎ **大意**

初九：把刚壮的力道都使在前脚趾上了，难以胜任地贸然前进，一定会有灾祸。

《象传》说：不能胜任，自不量力，凭一时之勇蛮冲硬闯，必然会闯祸。

◎ **解读**

初爻为趾，从坤长出一位刚爻为复，初九在复卦下震（足）里，刚爻长到四位成大壮，有羊（阳）象，又上长一位成夬，趾为羊或人向前猛冲的最前端，所以从象上看五个刚爻齐心协力，一同发力，初九最为用力，有力主决战之象，好像把刚壮的力道都使在前脚趾上了，但这样是用力太过，脚趾不胜蛮力，最后难以胜任，会有灾祸。

象辞意思是说，从复卦到夬卦，刚爻不停上长，初九也不停地往前冲，但由壮及老，力量逐渐耗竭，前趾已不堪重负，再继续负重用力必将带来咎害，既然初九之趾已难以胜任，处在全卦还要继续贸然前进的夬卦的大局面下，灾祸将不可避免。

强调盲动冒进比较通顺，有如好战分子过分刚强而逞一时之勇。其他解释如壮健、受伤、动起来等，都不够到位。

> 九二：惕号①，莫②夜有戎③，勿恤。
>
> 《象》曰："有戎勿恤"，得中道也。

◎ **注释**

①〔号〕取上兑（口）象。②〔莫（mù）〕古同"暮"。③〔有戎〕兵戎相见，取象于刚爻与柔爻的对抗相推。

◎ **大意**

九二：发布号令警惕民众，提防敌人深夜来袭，已经准备好要兵戎相见，大家不要过分忧虑担心。

《象传》说：已经准备好要兵戎相见，不必过分忧虑担心，因为九二能守中正之道，应事沉着冷静。

◎ **解读**

九二爻失正无应，地位又低，难有作为。九二唯一能做的就是提前防范，及早进入战备状态，坚守中正之道，冷静备战。如果说初爻是鲁莽的士兵，九二就是基层军官，在初九盲目冲动之时，九二当戒惧警惕，告知众人，要警惕提防夜战或偷袭，一方面要大家警惕小心，另一方面又告诉大家，既然已经做了充分的准备，就不需要过分担心害怕。

刚爻长到二位是临卦，再上长一爻下卦成乾，参照乾卦九三爻辞"夕惕若厉，无咎"。"惕"取象于乾九三，"莫夜"取自九三的"夕"，"勿恤"是九三的"无咎"。"戎"取离象，二爻变为离（戈兵）。

> 九三：壮于頄①，有凶。君子夬夬②，独行，遇雨若濡③，有愠④，无咎。
>
> 《象》曰："君子夬夬"，终无咎也。

◎ **注释**

①〔烦（qiú）〕面颧骨。②〔夬夬〕果决，果断，一定要，即当决断的时候要决断。③〔濡〕润泽，衣服沾湿。④〔愠〕生气，发怒。

◎ **大意**

九三：强势表现在高突的颧骨上，怒形于色，必有凶险。（面对必须除掉的小人），君子应当刚毅果决，当断则断，好比独自前行，遇到大雨，淋湿衣服，面带怒气，但最后不会有祸患。

《象传》说：君子应当刚毅果决，当断则断，最终不会有什么咎害（因为有上六正应）。

◎ **解读**

九三在下卦乾（头）上，强势表现在高突的颧骨上。颧骨壮不如角壮，用颧骨去顶撞必有凶险。全卦五个刚爻，只有九三与上六正应，二者应合其实违背了刚爻决去柔爻的大势，所以君子应当刚毅果决，当断则断。正应的上六在上兑（泽）里，泽水上天，下雨之象，好比独自前行，遇到大雨，淋湿衣服（下乾），不太高兴，所以面有气色，不过小事一桩，因此最后不会有祸患。

与小人有应，对九三来说，不是什么好事。而象辞"夬夬"是指当断则断，能断方可没有过失（无咎）。所以"夬夬"是全爻的核心。此时，问题的核心在于，到底是独自上去救助上六，还是当断则断去制裁上六？按照语义，君子在决断的大势当中，要当断则断，但九三与其他众阳的表现方式不同，那就是表面九三与上六正应，而上六以阴居阴，明显是阴险小人，九三君子以刚居刚，刚强过度，以致小人忌恨，但因为是唯一与上六正应之爻，所以表面阴阳协调，九三很难辩解，面对众人的误解，刚强的九三只能以行动消灭上六，那就会对上六小人有更加严厉的表现才合于形势，让大家知道自己仍然顺从阳刚的大势，不可能真正配合上六小人维持局面。为了付诸行动，九三独自上去制裁上六，清除危险小人，之前就因为颧骨太高，使大家认识到其果敢刚决的性格，关键时刻一到，就会独自冒雨前去制裁上六。也可以把"相应"理解为表面不动声色，应付得当，伺机一举歼灭，虽然表面上不快活，但骨子里刚毅果决还是没有什么问题的。所以九三想独自上去制裁上六，但刚想上去，就被雨水打湿（兑），要冒雨才能制裁上六，泽水还不小，脸色不快（本来就凶，现在被暴雨淋到，就更加难看了）。然而，九三虽然被大雨打湿，一脸愠怒，但因为看清了大势，站在生长的阳爻一边，所以没有过错。

> 九四：臀无肤^①，其行次且^②。牵羊悔亡，闻言不信。
>
> 《象》曰："其行次且"，位不当也。"闻言不信"，聪^③不明^④也。

◎ 注释

①〔臀无肤〕臀部受了笞刑，皮开肉绽。②〔次且（zī jū）〕即趑趄，义同踟蹰、踌躇、彳亍等，表示行走困难、犹豫不进的双声联绵词。③〔聪〕耳朵灵敏。《尚书》："听曰聪。"《庄子》："耳彻为聪。"④〔明〕看得明白清楚。

◎ 大意

九四：臀部已经皮开肉绽，走路举步维艰。像被牵的羊一样顺从，就可以消除忧虑悔恨，可惜他听到这话却不相信。

《象传》说：走路举步维艰，是因为九四位置不当。他听到这话却不相信，是因为他耳不聪目不明，糊里糊涂。

◎ 解读

如果按照爻位来说，四爻为公侯有位之人，此处九四刚爻占据柔位，不中不正，位置不当，坐立不安，如臀无肤，难以安稳之象。闻取坎（耳，听闻），言取兑（言），不信来自坎（加忧、心痛）之象。按爻位对应人的体位，四爻为臀部。刚爻上长，没有艮（皮肤）之象，可见臀部已经皮开肉绽。在上卦兑（羊）里，四五皆阳，五爻牵，四爻随，为羊之臀（后）。爻在推移，好像被牵的羊一样顺从，这样就可以消除忧虑悔恨，兑（口）在上位是"滕口说也"（见咸卦上六），即信口开河地说，或是说得云山雾罩，只可惜他听到这话却不相信。

> 九五：苋陆①夬夬，中行无咎。
>
> 《象》曰："中行无咎"，中未光也。

◎ **注释**

①〔苋（xiàn）陆〕一说细角山羊，一说生命力极强的马齿苋，只有连根拔起才能根除。综合起来可以说是力大无穷的细角山羊咬吃根壮命硬之草。

◎ **大意**

九五：如细角山羊那样，刚毅果决地清除小人，居于中位，行于正道，没有什么灾祸。

《象传》说：九五居于中位，行于正道，没有什么灾祸，虽然能行中道，但志向还没彻底实现，不算光大。

◎ **解读**

夬卦上兑（小羊）应是细角山羊。九五在上兑里，与全卦唯一的柔爻上六比邻，所以是处在决断柔爻的关键时刻，既然大势是"刚决柔"，那么即使有比邻关系也要忍痛割爱，当决要决，就要像细角山羊那样刚猛果断，刚毅果决地清除小人。九五居于中位，行于正道，没有什么灾祸。九五除去上六，全卦变乾（白昼），就光大了。因为上六柔爻为小人之道，不彻底清除小人之道，就不算光大。

如果取草象，因五爻变而为震（木，植物），震之卦形，正是刚下而柔上，下面坚硬，上面柔软，所以决阴到最后阶段，就会像羊吃草一样容易。上兑为泽，五爻有尽享泽禄之象。决阴虽已成，但心意还是不够光大，因为象辞认为"君子当思施禄及下"。九四变坎（马），上兑（口，齿），九五变震（草），所以有马齿草之象。

综合来看，九五可以理解为力大无穷之细角山羊高扬起犄角，为咬吃根壮命硬之草，作出迅猛一击之象。从羊群来看，九五是领头羊，君子之领袖。另外，上阴爻与上升的阳爻比邻，看出阳爻有要灭己的趋势，但因兑为少女，有极具魅惑力之象，代表言辞欢快，笑容灿烂，而且看起来天真无邪，所以在灭阴的大势所趋之中，考验九五的关键时刻来了。

上六：无号①，终有凶。

《象》曰："无号"之"凶"，终不可长也。

◎ **注释**

①〔号〕取兑象，上六在上兑（口、号叫）里。

◎ **大意**

上六：号啕大哭也没用，凶险终究难逃。

《象传》说：号啕大哭也没用，小人终究难逃凶险，因为小人大势已去，无论如何无法延长行将灭亡的时间。

◎ **解读**

全卦五刚决去一柔，上六已到了穷极终了之时位，即使号啕大哭也没用，大势已去，上六迟早要被刚爻取代，能够持续的时间已不可能长久，因为天道无情，进退存亡实属自然规律，上六被决去的命运不可逆转，所以凶险终究难逃。

◎ **思考辨析题**

1. 为什么大壮卦和夬卦都用羊来取象？

2. 夬卦五刚决去一柔，五阳大势所趋，一阴大势已去，本该势如破竹，但是为什么从卦辞到爻辞都提出警告，充满很多危险？

3. 夬卦卦辞是"孚号"，九二是"惕号"，上六是"无号"，分别代表了什么意思？有什么特点？

䷫ 天风姤（卦四十四）（巽下乾上）

姤：女壮，勿用取女。

《彖》曰：姤，遇也，柔遇刚也。"勿用取女"，不可与长也。天地相遇，品物咸章①也。刚遇中正，天下大行也。姤之时义大矣哉！

《象》曰：天下有风，姤。后以施命诰②四方。

◎ **注释**

①〔章〕昭彰显明。②〔诰（gào）〕诏告。

◎ **大意**

姤卦象征邂逅相遇，女的越来越强壮，则不宜娶之为妻。

《彖传》说：姤是阴阳相遇，是柔爻从下生出来与五个刚爻相遇，如一个阴柔女子对付五位阳刚男子。不宜娶此女为妻，这是因为不能与失位不正的女子在一起，无法长相厮守。天的阳气与地的阴气相遇才能化育万物，各种各样的事物才会昭彰显明表现出来。刚健应当遇合中正的地位，这样阳气才会大行于天下，象征着君子之道大为畅行。邂逅相遇之时势的时机化意义实在太重大了！

《象传》说：上卦乾为天，下卦巽为风，天下刮起了风就是姤卦。君王看到上天传递号令之象，发号施令，诏告四方。

◎ **解读**

初六柔爻是阴气上升，上面五个刚爻说明阳气仍然旺盛。十二消息卦中姤卦对应阴历五月，阳极阴生，夏至之时，一阴始生，正是万物欣欣向荣之时。此时阴气虽尚在初生阶段，但发展势头越来越壮盛。阳气现在虽还壮盛，可发展趋势是步步衰退。

卦中刚爻九五和九二都中正，说明目前代表君子之道的阳气仍大行于天下。姤有遇合和机遇的意思。"品物咸章"有天地阴阳交流让万物丰收盛大之象。阴阳相遇好比君臣风云际会，贤臣遇圣主才能让道行天下，一展身手。古人把风看作传递上天号令的使者，认为天体运行造成的变化通过风来传送，让大地出现相应变化。君王看到上天传递号令之象，就要主动效法天地之道，把政策法令传送四方，让老百姓随顺君王的号令去行动。

> 初六：系于金柅①，贞吉。有攸往，见凶。羸②豕孚蹢躅③。
> 《象》曰："系于金柅"，柔道牵也。

◎ **注释**

①〔柅（nǐ）〕古称络丝跗，络丝的木架，挡住不让车轮转动的木块，也是缫车上用以稳定和止动的部件，引申为车闸，刹车器，车的制动装置。一说金属短棍，用于缠绕丝线。②〔羸（léi）〕同"缧"，困住，缠缚，猪被绑住乱动，心浮气躁。一说弱，但弱未必心乱，不取。③〔蹢躅（zhí zhú）〕行动不便状。

◎ **大意**

初六：紧紧系缚在刚硬灵敏的"车闸"上，安守正道，就会获得吉祥。盲行冒进，必有凶灾，可别像被捆绑的母猪那样轻浮躁动。

《象传》说：紧紧系缚在刚硬灵敏的"刹车器"上，说明初六的柔道必须要有所牵制（初六柔爻还会上长，象征小人道长，应当加以牵制）。

◎ **解读**

巽（木，绳）可取丝象，与乾（金）一起有用来系丝的金木属器之象，是缫车上用以稳定和止动的部件，在车上就是车闸。《易》例常以阳爻为羊，阴爻为猪，所以柔爻为豚、为豕。巽为股、为进退，有轻浮躁动之象。在阴力尚弱小的时候加以制止，好像用绳子捆住小猪，小猪虽弱，但也要挣扎，从小就未雨绸缪。

初六柔爻上升，有小人灭君子之象，所以要拴缚住。九二刚爻要顶住初六的上长，好比缫丝的时候，丝要缠绕起来，不然就会向上延伸得很长，所以要紧紧系缚在刚硬灵敏的"车闸"（九二为金柅）上。初六应该正固不动，不再向前发展，安守正道，安分守己，就会获得吉祥。如果继续盲行冒进，那就一定会有凶灾。可是，初六到底心浮气躁，即使被限制也一定会轻浮躁动，像那被捆绑的母猪一样，挣扎着前进。

阳要防止阴的生长，初六是被动的，被牵制的，如果初六能够主动制心，控制自己不盲目升进，是最好的。

> 九二：包有①鱼，无咎，不利宾。
> 《象》曰："包有鱼"，义不及②宾也。

◎ **注释**

①〔有〕此处为虚词，无实义。②〔及〕到。

◎ **大意**

九二：包住初六这条鱼，不会有什么害处，只是不利于其他宾客（其他刚爻）。

《象传》说：包住初六这条鱼，按理说也不能够再让给其他宾客（五个刚爻都要限制初六上长，九二一见到就把初六挡住是应该的，不能让它去上应九四）。

◎ **解读**

全卦各爻都要控制柔爻上长，九二与主爻初六相邻，直面相接，控制局面，也就必须勇于担当顶住柔爻上升的任务。初六柔爻为鱼，又巽卦为鳏鱼，九二把鱼包起来，所以包住初六这条鱼，不会有什么害处。

初六与九四正应，在相遇的姤卦中，相应不见得能够相遇，反而是比邻的九二跟初六可以相遇，也就是说，初六按理说属于九四，但没有跟正应九四相遇，反而被相邻的九二所得，被九二据为己有，这样当然对其他宾客不利。所以，九四没有包住鱼。"宾"主要指九四，也可泛指其他刚爻。

象辞认为，九二挺身而出，制止小人，不让它去跟宾客相遇是合乎道义的做法，一旦九二不去包住此鱼，化而为阴，与初六一道，则所有阳刚君子都将离隐，导致天下大乱，九二就是这样舍身避免小人乱群，起到了中流砥柱的作用。

九三：臀无肤，其行次且[①]。厉，无大咎。

《象》曰："其行次且"，行未牵也。

◎ **注释**

①〔次且（zī jū）〕即趑趄，行动艰难。

◎ **大意**

九三：臀部皮开肉绽，步履维艰，会遇到危险，但不会有大的祸患。

《象传》说：步履维艰，但九三的行动没有受到牵制。

◎ **解读**

九二九四因为争夺初六闹得不可开交，牵连到夹在中间的九三，遭受阳爻内争之伤，既有心伤又有外伤，身心疲惫，行走艰难。一个弱小的阴爻，通过就近拉扯阳爻，激发众多阳爻相互缠斗，也就在九二九四之间造成矛盾，这种矛盾不易调和，容易搞乱阳爻的团结。可见，对阴柔小人，既要防患于未然，又要包容处之，不宜激化矛盾。

九三在下卦巽（股）之上，股上为臀。二爻如果被初六同化，下卦成艮（肤），目前下卦还没有长成艮（肤），是"无肤"之象，好像臀部（受了笞杖）皮肤打烂了，皮开肉绽，步履维艰，会遇到危险，但九三位正，独立自处，不会有大的祸患。

象辞说，九三没有正应，上九不能牵拉它，初六还没有影响到它，所以还没有受到牵制。

九四：包无鱼，起凶。

《象》曰："无鱼"之"凶"，远民也。

◎ **大意**

九四：包不到鱼了，还想奋起去争，会有凶灾。

《象传》说：包不到鱼所带来的凶灾，是因为九四远离了民众。

◎ **解读**

应爻初六柔爻为鱼为民，本来是响应九四的，但因为在姤遇的卦里，初六与邻近的九二相遇，被九二所得，九四仅仅因为离得远而失去了民众的支持。

也有说法是九四应该追而不去追，最后只得自暴自弃，应该是形势所逼，九四实在难以得到。

> 九五：以杞①包瓜，含章，有陨②自天。
>
> 《象》曰：九五"含章"，中正也。"有陨自天"，志不舍命也。

◎ **注释**

①〔杞（qǐ）〕近似柞木的大叶树，类似灌木。朱震说："大杞也，杞似樗，叶大而荫。"樗是栎木，属柞木类。一说杞柳，一说杞树叶子，一说枸杞，一说即耜，铲土的农具。②〔陨（yǔn）〕坠落，陨落，从天而降。

◎ **大意**

九五：用杞树叶包住瓜，好比内心含藏着华丽彰美的文采，可以等待可喜的遇合因缘从天而降。

《象传》说：九五内心含藏着华丽彰美的文采，因为他有中正之德（在上卦之中，位正）。可以等待可喜的遇合因缘从天而降，因为他矢志不移地遵从人天相通之意的天命。

◎ **解读**

初六柔爻如果上长到二位，下卦成艮（果蓏，瓜），六二将与九五阴阳正应。可是，初六被九二包住了，包在下卦巽（木）里面，是瓜被木包裹在内之象，所以是用杞树叶包住瓜。柔爻上长，如长出六二，在下卦之中位，柔爻在中，文采彰美之象，但美丽的文采却被九二包住了，所以说好比内心含藏着华丽彰美的文采。柔推刚是卦的大势，九五天命迟早会被柔爻推掉，注定保不住尊位，但也恰好可以阴阳遇合，还是可以等待可喜的遇合因缘从天而降。

前人多以瓜为初六，未落实到象，今不取。爻辞有宿命论的意味，但象辞则强调人为的努力，人为是因为九五不会放弃自己的责任，只要不断加强自己中正的品德修养，充实自己，内圣外王，坚持不懈地努力，迟早会天道酬勤，有志者事竟成，不会坐等好机会从天而降。

> 上九：姤其角①，吝，无咎。
> 《象》曰："姤其角"，上穷"吝"也。

◎ **注释**

①〔角〕顶角，角尖，尖角，角落。

◎ **大意**

上九：遇合到头顶的角尖，根本不可能遇到什么了，只是没有什么伤害罢了。

《象传》说：遇合到头顶的角尖那里去了，因为上九处在全卦的穷极之位，所以根本不可能遇到什么了。

◎ **解读**

上九在上卦乾（首）之上，首上为角。卦为相遇，上九就是遇合到头顶的角尖那里去了，等于说初六上长相推，都被推到很小的尖角上面，加上上九位在穷极，也就根本不可能遇到什么。还好因为卦中刚爻势众，九二、九五还在中位守着，局面暂时可以维持，也就不会对上九构成什么伤害罢了。

以前的译法，如"遇见空荡荡的角落""碰到头上的角"等都解释不清楚，此爻都遇到头顶上的尖角那里去了，达到了顶点，走到了尽头，行不通了，当然不可能再遇到什么，只是不会有什么伤害而已。

◎ **思考辨析题**

1. 大壮卦"大者壮也"，四阳渐长，卦辞只强调"利贞"，而姤卦一阴初遇五阳，却强调"女壮"，而且还要"勿用取女"，为什么？

2. 夬卦象辞说到"夬，决也，刚决柔也""'利有攸往'，刚长乃终也"，姤卦象辞说到"姤，遇也，柔遇刚也。'勿用取女'，不可与长也"，同样是一阴五阳之卦，阴爻在上位和初位为什么会有如此不同？

3. 姤卦大象辞提到"后"，其余卦的大象辞用"君子""先王""大人"，这四者分别是什么意思？

䷬ 泽地萃（卦四十五）（坤下兑上）

萃：亨，王假^①有庙。利见大人，亨，利贞。用大牲^②吉。利有攸往。

《彖》曰：萃，聚也。顺以说，刚中而应，故聚也。"王假有庙"，致孝享也。"利见大人，亨"，聚以正也。"用大牲吉，利有攸往"，顺天命也。观其所聚，而天地万物之情可见矣。

《象》曰：泽上于地，萃。君子以除^③戎器^④，戒不虞^⑤。

◎ 注释

①〔假〕音格，意为至，到，也有诚，敬，感格之意。②〔大牲〕用牛祭祀。用以祭祀的动物（牺牲）通常有牛、羊、猪三牲，牛体形庞大，为大牲。③〔除〕清除，修治。④〔戎器〕兵器。⑤〔不虞〕出乎意料，料想不到的事情。

◎ 大意

萃卦象征众心会聚，好比祭享的时候，人们在大聚会，此时君王到宗庙祭祀，感格神灵。有利于大人出现，也有利于见到大人，前景亨通而利于持守正道去做事。用大牲畜去祭祀可获吉祥，有利于带动人们前往聚合。

《彖传》说：萃是众心会聚。下卦坤为顺，上卦兑为悦，和顺又喜悦，刚健中正（主爻九五居上卦中位）又有应援（六二居下卦中位），上下阴阳正应，所以能让众心聚合。君王到宗庙里去，是为了表达对先王的孝心，并供奉祭享物品。有利于见到大人，前景亨通，是大人九五能够依从正道聚合人心。用大牲畜去祭祀可获吉祥，有利于带动人们前往聚合，这说明汇聚人心需要顺应天命。观察天下万物如何会聚的道理，就可窥见万物的真实情状。

《象传》说：上卦兑为泽，下卦坤为地，大泽高于地之上的卦象就是萃卦。君子发现有可能随时发生洪水泛滥的卦象，启示到要时常整治军备，戒备群聚发生的不测之事。

◎ **解读**

萃是众心聚合，众人聚集之意。从彖辞看，萃卦从观卦变来，即观卦六四与上九换位变萃卦。观卦有宗庙之象，由观卦变来，是先有宗庙，后汇聚天下人心。商周时代的宗教信仰主要是天地祖先崇拜，王只有接受天命，才能建立国家，成为天子。建国后首先要建立聚合人心的宗庙。卦里提到宗庙，这跟当时的信仰有关，因宗庙有助于聚合民心。萃卦初至五爻是小观卦，观有宗庙祭祀之象。下坤（牛）上兑（毁折，口），是牛遭毁折以供口享之象，所以大牲畜去祭祀可获吉祥。

萃卦九五大人居中得位，有利于大家去见作为天子的九五，各爻都向九五萃聚。又九五刚爻居刚位，六二柔爻居柔位，各自居中得正，阴阳相应。观卦变萃，让九五有维持天命之象，有利于带动人们前往聚合。万物聚合依从中正之道，要通过宗庙祭祀来感天动地。要想萃聚人心，应该像君王到太庙祭祀那样，以诚心待人聚人。

但众心聚合，犹如兑（泽）之水聚于坤（地）之上，主要依赖泥土有包围、约束的力量，但如果君王失信于民，百姓可能会聚集起来造反，好比泽水太多，随时可能泛滥崩塌，所以应该修治兵器，警戒意外事故发生。当然更要修养自己的品德诚信，修己方可安民。

萃卦九五有君王之象，三四五互巽（入），二三四互艮（庙），观卦本来有太庙之象，犹如君王入太庙行祭祀之礼。君王祭祀，如孝子祀祖，重在心诚，通过建立与天地自然之神的信任，来建立跟人间民众的信任。

> 初六：有孚不终，乃乱乃萃。若号，一握为笑，勿恤，往无咎。
> 《象》曰："乃乱乃萃"，其志乱也。

◎ 大意

初六：内心有诚信，却不能坚持至终，于是导致心神紊乱，并跟他人妄意聚合，号啕大哭之中，似乎向自己的应爻九四呼号，（得到应和）就能与之握手言欢，破涕为笑，所以不必忧虑，前往没有咎害。

《象传》说：心神紊乱并跟他人妄意聚合，这是初六心志迷乱的缘故（与九四为正应，但又得选择九五，志向混乱，没有目标）。

◎ 解读

初六在萃卦之下，相当于聚合的初期阶段，处于不断选择向谁聚合的过程当中。在观卦里，初六原与六四无应，观变萃，上九下到四位，初六得到九四阴阳正应，内心有诚信，比较稳定。初六虽跟九四正应，但受到大形势的牵制，最后还得向核心九五会聚，所以对九四的诚信不能够坚持到最后。初六选择九四，在互巽（号令）中，号啕大哭，最后不得不选择在上兑（悦，笑）中的九五，破涕为笑。

象辞说初六心志迷乱，因初六与九五间隔互艮（阻，手），是通过艮（手）相握，才终于突破阻力，归聚于九五，所以初六似乎向自己的应爻九四呼号，但最后还是要跟九五相聚，得到九五之应和，终于顺应大势，并穿越阻力来与之握手言欢。初六的选择显然要经历一番犹豫和困难，但最终选择聚合在九五周围，符合萃聚的正道，所以不必过分忧虑，前往没有咎害。可见，虽然观卦上九下到四位，让初六对九四心有所属，但在萃聚的大形势下，初六却被迫跟他人（九五）相好，导致心志迷乱，左右为难，进退维谷，方向不明，三心二意。

六二：引吉，无咎，孚乃利用禴①。

《象》曰："引吉无咎"，中未变也。

◎ 注释

①〔禴（yuè）〕春天青黄不接时，以蔬菜为主的宗庙简单祭祀。

◎ 大意

六二：受人引导来参加大家聚会，这是吉祥的，没有什么过错，只要心怀诚信，即使微薄的禴祭也有利于献享神灵。

《象传》说：受人引导来参加大家聚会，这是吉祥的，因为六二守中未变（在卦变前后始终在下卦中位）。

◎ **解读**

观卦六二与九五正应，卦变后观卦上九下到四位，成萃卦九四，六二与九五保持正应关系，九五仍是全卦的聚合中心，六二一直受人（九五）引导来参加大家聚会，当然吉祥。二三四互艮（手），三四五互巽（绳），有用手牵绳来引之象。六二在卦变中守住下卦中位，上应九五，心怀诚信，即使微薄的禴祭也有利于献享感召神灵。卦变中上九从上位下到四位，原观卦上巽（春风）变为上兑（笑）下互巽（风），有在春风中笑之象，所以有利于在春天青黄不接时对宗庙举行薄祭。

象辞说六二守中未变，因在卦变前后始终在下卦中位，但六二一直受到九五的引导，只是前人对于六二受到九五牵引来汇聚的被动意味强调不够。

六三：萃如嗟如，无攸利，往无咎，小吝①。

《象》曰："往无咎"，上巽②也。

◎ **注释**

①〔吝〕困难，遗憾。②〔巽〕六三互巽，又随顺九四。

◎ **大意**

六三：想聚又聚不起来，嗟叹连连，不管用什么办法都行不通。但是，继续前往则不会有什么过错，只是有一些小的困难罢了。

《象传》说：继续前往则不会有什么过错，因为六三与上面可互为巽卦（取义为对上面的九四顺应）。

◎ **解读**

卦变中，上九下到四位，六三原在观卦三四五互艮（堵）中，卦变之后，六三处在三四五互巽（顺）中，所以是从不通到通的境遇，所以两爻交换对六三有益，只是对六三自身来讲有点小困难，因为六三在卦变前后一直未动，卦变后虽然有巽（顺），但也出现了新的互艮（止）。六三卦变推移后进入互巽（号）里，是由不通的境地转为号哭，嗟叹连连，再想聚集人心，却不管用什么办法都行不通。

象辞明确取三四五互巽卦，这是象辞互体取象的明证，王弼反对互体，其实是不合适的。

> 九四：大吉，无咎。
> 《象》曰："大吉，无咎"，位不当也。

◎ **大意**

九四：虽然情势非常吉利，不过仅是免于灾祸而已。

《象传》说：虽然非常吉祥，但能够无灾无难就不错了，这是因为九四位置不当（四位为近臣，以阳居阴位不当，功高震主，但求保全）。

◎ **解读**

九四是观卦上九下到四位，是大吉的来源，象辞说只是位不当。九四下有坤（臣民），在聚合的时势下，象征九四招贤纳士，广蓄众民，也就是团结了很多臣民。但全卦应该要向九五聚合才合理，九五天子看到九四作为臣属拥有众多民众，威望之高甚至超过自己，难免对九四有所忌惮。从九四来说，虽然为天子聚合臣民是非常吉利（大吉）的事情，但威高震主，犯了大忌，所以仅能保住自己免于灾祸，没有实际的灾难（无咎）就已经很好了。

> 九五：萃有位，无咎。匪孚，元永贞，悔亡。
> 《象》曰："萃有位"，志未光也。

◎ **大意**

九五：聚合众人而且拥有核心尊位，这是没有过失和灾难的。可是还没有得到大众的信任，需要自始至终恒守正道，忧虑和悔恨才会消亡。

《象传》说：聚合众人而且拥有核心尊位，但聚合人心的志向还没有被广大民众彻底了解。

◎ **解读**

全卦主爻九五在卦变当中未动，一直拥有核心尊位，能够聚合众人，从可观到可聚，保持其位，而且没有过失和灾难。可是卦变后，下面九四更加亲近和拥有民众，九五还没有得到民众完全信赖。在聚合的潮流中，民众向九五靠拢，九五自始至终恒守正道，忧虑和悔恨才会消亡。

九五刚开始聚合人心，还需要有一个被臣民了解的过程，其汇集人心的心意还没完全为大众知悉。

上六：赍咨①涕洟②，无咎。

《象》曰："赍咨涕洟"，未安上也。

◎ **注释**

①〔赍咨（jī zī）〕叹息，感慨，嗟叹。②〔涕洟（tì yí）〕哭泣，鼻涕眼泪。

◎ **大意**

上六：悲痛哀叹，涕泪滂沱，但是可以免于祸患。

《象传》说：悲痛哀叹，涕泪滂沱，是由于上六居于困窘的上位又不安分守己。

◎ **解读**

上六是卦变中观卦六四上来，处在穷极之位，凌于九五之上，以柔乘刚，与下三个柔爻隔绝，有孤立之感，又无正应。三四五六爻为正反兑（泽水，口），上有眼泪，下有鼻涕，口中流水，是悲痛哀叹、涕泪滂沱之象。三四五六有大坎之象，可以理解为流泪众多。全卦萃聚，上六能与比邻的九五聚合，不会被拒而不纳，还不至于自绝于众，可以免于祸患。上六得位，与三爻相应，所以无咎。

象辞认为，上六上来，但不安于大众汇聚的全境，处境艰难，牺牲很多，内心不甘，却又无可奈何。如若还不安分守己，必然导致众叛亲离，失道寡助，后悔不堪。若能顺时守命，乐天不忧，便可超越困境，突破黎明前的黑暗，上升一个台阶。

◎ **思考辨析题**

1.如何理解"王假有庙"？

2.比是亲比，萃是萃聚，二卦都有"元永贞"，比卦是卦辞，萃卦是九五爻，用意上有何区别？

䷭ 地风升（卦四十六）（巽下坤上）

> 升：元亨。用见大人，勿恤。南征吉。
>
> 《彖》曰：柔以时升，巽而顺，刚中而应，是以大亨，"用见大人，勿恤"，有庆也。"南征吉"，志行也。
>
> 《象》曰：地中生木，升。君子以顺德，积小以高大。

◎ **大意**

升卦象征积聚升进，大为亨通，宜于去见大人并获得任用，不必忧虑，向南方进发，会获得吉祥。

《彖传》说：下卦为巽为随和，上卦为坤为柔顺，沿着柔顺之道适时地升进（卦变中小过六二柔爻上升到四位，前履二刚，需用柔顺之道，还要审时度势），随和而又柔顺，九二阳刚居中，刚健能行中道，又有六五应援，因此大亨通。宜于去见大人并获得任用，不必忧虑，会有喜庆（卦变中六四与九二换位，互兑为悦有喜庆）。向南方进发，会获得吉祥，上升的心志如愿上行。

《象传》说：上卦坤为地，下卦巽为木，草木从地下生长起来就是象征积聚升进的升卦。君子看到地里的草木顺着时节慢慢生长成形的卦象，就要顺着人天之意修养德行，积累小善事，以成就大功业。

◎ **解读**

卦名升是上升之意。升是萃的覆卦，从临卦经由小过变出，即小过九四与六二换位变升卦。全卦有蒸蒸日上、生生不已之象，所以大为亨通。卦变中刚爻从四位来到下卦中位成九二，九二是大人出世，虽未取得九五之尊，但风云际会之时，宜于去见大人并获得任用，不必忧虑。初六向南方征进，因为是在升卦的大势当中，四个柔爻有三个升到刚爻的上边，初六也会沿着柔顺之道适时升进，初六升进一位即成明夷，下卦成离（南），上互震（行），所以向南方进发，会获得吉祥。

下卦巽（随和，顺利），上卦坤（柔顺），组合成沿着柔顺之道适时地升进的卦象，九二刚爻居下卦中位，又有在上卦中位的六五阴爻阴阳正应，形成刚爻在中而有应援的格局，内心诚服敬顺，有利于升进。全卦卦象是沿着柔顺之道适时升进，即使初六还在下位，也会有上升的心志。地中生木象征树木顺着时节生长，渐次而高。人也要顺着人天之意修养德行，像树木生长那样，循序渐进，由低而高，由小而大，积少成多，比喻理想和进德修业的行动皆要柔顺升进。一切修养身心，以及成就功业的事，都是从扎实努力、步步为营开始，由小而大，由低而高升进才能成功。正如老子曰："合抱之木，生于毫末。九层之台，起于累土。千里之行，始于足下。"（《老子》第六十四章）

"升"在帛书本、上博楚竹书本都写作"登"，《礼经》等书中的"升"有登意。如取象下巽（台、阶）上坤（土），则可以理解为有阶的土台，要登上之后才能升高，所以由登而有升义，引申为下为高之基，柔小随顺终能成就久大之业。

> 初六：允^①升，大吉。
>
> 《象》曰："允升，大吉"，上合志也。

◎ **注释**

①〔允〕信，实，得当，允当，信任，应当，诚心诚意，宜于等。

◎ 大意

初六：诚心诚意进步上升，自然大为吉祥。

《象传》说：诚心诚意进步上升，自然大为吉祥，因为初六上承九二，都志在升进。

◎ 解读

全卦大势是顺着柔顺之道适时升进。全卦柔爻升进，卦变中小过六二升到四位到刚爻之上，只剩初六一个柔爻还在刚爻之下，初六上承九二，也借助卦的大势而志在升进，所以宜于诚心诚意地进步上升，而且大为吉祥。如果讲成初六无应而怀疑担心，或九二、九三阳气上升，意思都不够到位，不如卦变说得清楚。

> 九二：孚乃利用禴，无咎。
> 《象》曰：九二之"孚"，有喜也。

◎ 大意

九二：心存诚信，即使用微薄的祭品祭祀，也会有利，不会有什么祸患。

《象传》说：九二心怀孚信，即使进行薄祭也可以得到福佑之喜庆（九二与六五正应，互兑为喜庆）。

◎ 解读

九二阳刚居下位之中，是在中位，把握中道，有中庸，有分寸，所以有孚信而且诚敬，即使简单祭祀也能得到赏识而有升迁之喜。内心诚信足以感天动地，感格神灵，自然也易于取得上位者的信任。九二诚心助人，因助人而人皆助之，营造一片和顺升进之象。积累阴德而自己的德性亦能得到提升。正所谓好人好自己，坏人坏自己。

小过变升，九二与六四换位，下卦中位的刚爻与上卦中位的六五阴阳正应，所以心存诚信，进而即使用微薄的祭品祭祀，也会有利。杀牛为牲是盛大祭祀，禴是用蔬菜做祭品的祭祀，但只要有足够的诚信，即使薄祭也不会有什么祸患。

九三：升虚①邑。

《象》曰："升虚邑"，无所疑也。

◎ **注释**

①〔虚〕同"墟"，废墟，墟邑指村落，或空的地盘。

◎ **大意**

九三：升进顺利，如长驱直入空虚的村落。

《象传》说：升进顺利，如长驱直入空虚的村落，因为九三不必有所疑虑（上邻坤卦，可以毫无疑虑地升进）。

◎ **解读**

九三在互震（行）里，上邻坤（国邑、虚），所以升进顺利，如长驱直入空虚的村落，可以拥有，可以占据，也可以定居。九三升入坤（土），有拥有土地（地盘）之象，指得到一个别人不争或者不能争、争不过自己的位置。

九三阳居阳位，上升比较顺利，可长驱直入，如入无人之境，但升得太快，将可能有很多潜在的危害，很容易被四面包围，也有可能遭受暗算。之所以没有人狙击你，是因为你不重要；有人拿你当敌人，是因为你有能力。

六四：王用亨①于岐山②，吉，无咎。

《象》曰："王用亨于岐山"，顺事也。

◎ **注释**

①〔亨（xiǎng）〕即享，享祀，指敬献食物给神明。②〔岐山〕西山，指周王朝发祥地。史载周王朝先祖公刘从邰迁到豳，太王古公亶父因受到狄人侵扰，带着自己的族人又从豳迁到岐山脚下定居。九三爻找到村落定居，此爻到岐山祭祀天地山川先祖。

◎ **大意**

六四：君王来到岐山祭祀，吉祥而没有过错。

《象传》说：君王来到岐山祭享，是顺从天道，建功立事。

◎ **解读**

六四以阴居阴，柔顺得正，能够顺利升进。六四是小过变升中成为变卦的主爻，原在小过的二位属下卦艮（山），升进到四位变出升卦，六四进入互兑（西），西山即岐山。六四在互震（诸侯，祭器）中，表示君王来到岐山祭祀。

周文王祭祀，事天地山川之神，既是顺应时势，也是顺从天道，顺事天帝，顺天应人，为的是建功立业。

> 六五：贞吉，升阶①。
>
> 《象》曰："贞吉，升阶"，大得志也。

◎ **注释**

① 〔升阶〕比喻（登上台阶）步步高升。

◎ **大意**

六五：持守正道行事吉祥，如同登上台阶步步高升。

《象传》说：持守正道行事吉祥，如同登上台阶步步高升，是六五上升的心志完满实现（下有刚爻九二阴阳正应）。

◎ **解读**

六五以柔居中，处在尊位，是能够持守中道而升，心地纯正，步步升阶。六五在上卦中位，卦变中没有动，所以持守正道行事吉祥，下卦为巽（高），六五在上坤（地）里，结合起来是在台阶之上的高地，如同登上台阶步步高升。下有刚爻九二阴阳正应，象征基础扎实，地基很稳固，得道成德，步步高升，是六五上升的心志完满实现。

> 上六：冥①升，利于不息②之贞。
>
> 《象》曰："冥升"在上，消③不富也。

◎ **注释**

①〔冥〕昏冥，昏暗，一说愚昧。②〔息〕长。③〔消〕消耗，消失，消亡。

◎ **大意**

上六：在窈冥之境中昏昧地升进，有利于永不停息地持守正道来干事。

《象传》说：在窈冥之境中昏昧地升进，又处在上位，还是会消衰而无法富盛（坤为不富，为虚）。

◎ **解读**

上六能力有限，却只知进而不知退，是升进而昏了头的状态，于己不利。上六处极高之位，一味前进就走下坡路。又在上卦坤（暗夜）里，不懂得持正自守，急流勇退，看不清形势，迷失了自我，所以是在窈冥之境中昏昧地升进，有利于永不停息地持守正道干事。

◎ **思考辨析题**

1. 如何理解"柔以时升，巽而顺，刚中而应"？

2. 请将大象辞"地中生木，升。君子以顺德，积小以高大"与《老子》"合抱之木，生于毫末；九层之台，起于垒土；千里之行，始于足下"和《荀子·劝学》"不积跬步，无以至千里；不积小流，无以成江海"相比较。

3. 如何理解六五小象辞"大得志也"？

䷮ 泽水困（卦四十七）（坎下兑上）

困：亨，贞，大人吉，无咎。有言不信。

《彖》曰：困，刚掩也。险以说，困而不失其所，"亨"，其唯君子乎。"贞大人吉"，以刚中也。"有言不信"，尚①口乃穷也。

《象》曰：泽无水，困。君子以致命②遂志③。

◎ **注释**

①〔尚〕同"上"，取义可理解为崇尚，注重。②〔致命〕把命豁出去，即舍命，或言授命，达致天命。③〔遂志〕遂愿，随顺心志。

◎ **大意**

困卦象征困逆之境，处于困境，努力自助还可亨通，要持守正道，对能力大的人来说，不但吉祥而且还没有咎害，只是处于困逆之境的时候，说话未必有人愿意相信。

《彖传》说：困卦是阳刚受到埋没掩蔽。下卦坎为险，上卦兑为悦，能在险难中保持喜悦，处于困逆之境而不失其人天相通之意，才会亨通，非常艰辛，可能也只有君子才能做到这样吧。要持守正道，对能力大的人来说是吉祥的，因为刚爻九二、九五皆居于中道。处于困逆之境的时候，说话未必有人愿意相信，因为崇尚言辞无法让人信服，反而会更加困厄（上六从二位升到上卦兑里，位处穷极）。

《象传》说：上卦兑为泽，下卦坎为水，水渗到泽底下去了，泽里没有水，组合成困卦。君子看到大泽里的水被困干的卦象，决定为了实现自己的人天相通之意舍弃自己的性命。

◎ **解读**

困卦从否卦变来，否卦六二与上九换位变困卦。否卦天地阴阳悬隔，闭塞不通，困是在否的基础上阴阳二气开始交流，但交流困难。既然困难，就要在困境之中立心正固，不改变操守，坚定不移，矢志不渝，继续持守正道而行。虽然形势艰难困苦，但九五刚爻（君子）在上卦中位，君子在位为大人，九二在下卦中位，都以刚得中，对大人来说，不但吉祥而且还没有咎害。卦变上说，否变困，否六二升进到上位，上卦变出兑（口），是尚（上）口多言之象，好像徒尚口说，口若悬河，牢骚话多，光说不练，许诺却不能落实，所以说话未必有人愿意相信。

刚爻为君子，柔爻为小人，刚爻九二被初六、六三包起来；九四、九五被六三、上六包起来，是阳刚（君子）受到埋没掩蔽之象，象征阳刚陷入困境，因而取名困卦。九五九二都在中位，能守中道，代表君子处在困境（坎）中，能合理面对和因应个人遭遇，不因为身处困境而改变志向操守，而能达观处事（兑为悦），乐天安命，也不因艰困而一蹶不振。小人修养不够，处在困境容易自暴自弃，怨天尤人，悲观沮丧，难以振作。

君子之志是实现道义，道义即真理，在极度困境之中，为了实现自己的人天相通之意，要有舍弃自己性命的决心和壮志。

> 初六：臀困于株木①，入于幽谷，三岁不觌②。
> 《象》曰："入于幽谷"，"幽"不明也。

◎ **注释**

①〔株木〕枯木，树干为株，树桩子，指没有枝叶的秃木。②〔觌（dí）〕见面，相见。

◎ **大意**

初六：困坐在枯木和木根之间，退陷到幽暗的深谷之中，三年都没有人再见过他。

《象传》说：退陷到幽暗的深谷之中，因初六困于幽暗不明的深谷之中（下卦坎为隐伏）。

◎ **解读**

爻位对应人的体位，初爻为足，二爻为小腿，三爻为大腿，四爻为臀。初六柔爻，以阴柔居阳，不当位，是处困境无能自拔之象，须阳刚之力方能解围。正应在九四，九四在互巽（股）里，上为臀，在下坎（坚多心木）互离（科上槁木），所以是困坐在枯木和木根之间。

初六在坎（隐伏，川）下，象征隐伏的河川，所以是退陷到幽暗的深谷之中之象。与九四中间隔着互离（见）三爻，有过三年后才能相见之意，所以三年都没有人再见过他。

前解如"臀部困于株木之中（之下）"，一说坐在没有枝叶的树下，得不到荫庇和保护；一说初六困在树株，上应九四，兑卦为兔，有守株待兔之象。都不够通畅。

九二：困于酒食，朱绂①方来，利用享祀。征凶，无咎。

《象》曰："困于酒食"，中有庆也。

◎ **注释**

①〔朱绂（fú）〕原指古代礼服上的红色蔽膝，后指三公九卿的红色官服，一说祭服。

◎ **大意**

九二：正被美酒佳肴所困扰，祭祀时用的大红祭服刚刚送来，穿上它有利于主持宗庙的祭祀大典，此时进取凶多吉少，但不会有大的灾祸。

《象传》说：虽然九二正被美酒佳肴所困扰，但因为能行中道，所以会有喜庆。

◎ **解读**

在卦变中九二由否卦的上位下来，来到下卦成坎（水、酒），可谓下来之后被美酒佳肴困扰之象。也可以这样看：九二从否的上乾（衣、大赤）中来，指代祭祀时用的大红祭服刚刚送来。既有酒食又有官服，所以穿上祭祀之服有利于主持宗庙的祭祀大典。身处困境，心志不能推行，需以静制动，征进不利，所以此时进取凶多吉少。但此时九二在下卦中位，最后应该还不错。

用卦变解"朱绂方来"，从卦象的变化可以说明马恒君等用卦变解释爻辞的合理性，此爻的卦象在推移中变化，比较典型。

六三：困于石，据①于蒺藜②，入于其宫，不见其妻，凶。

《象》曰："据于蒺藜"，乘刚也。"入于其宫，不见其妻"，不详也。

◎ **注释**

①〔据〕坐，靠坐，倚靠。《说文》："据，杖持也。"②〔蒺藜（jí lí）〕即茨，一种结角刺子实的草，成熟时，子实满地，角刺尖锐，人不能坐。

◎ 大意

六三：被围困于乱石堆之中，又靠坐在荆棘蒺藜之上。退入自家宫室，却见不到妻子，非常凶险。

《象传》说：困坐在荆棘蒺藜之上，因为六三乘驾在刚爻之上。即使得以退回自家居室，看到的妻子好像又不像是妻子，实在太不吉祥了。

◎ 解读

否变困之后，六三原在否卦互艮（石）里，也在大艮（否卦一二三四爻）象中，九二从六位下到二位，是陷入乱石堆之象，而六三柔爻，十分柔弱，软弱无能，由于受到九二卦变的情境变化影响，六三被迫陷入乱石堆的困境之中，无力自拔。六三还在下坎（棘、蒺藜）的上方，有靠坐在荆棘蒺藜上之象。

否卦变困之后，九二进入原艮（宫阙），六三在互离（见）中可看，看见上四爻正好变成一对正反巽的象，前后左右，仔细观察，却似是而非，可以理解为看起来好像是巽（妻），但又好像不是巽（妻），象征见到的好像是妻子，但其实不是妻子。因此，那种进入宫室，或者即使得以退回自家居室，但又见不到妻子，或者看到的妻子已经不像妻子原来样子的感觉，是不祥之兆，说明已经处于非常凶险的境地。

六三原在大艮（否卦一二三四爻）象中，上九卦变后进入二位，如此取象，很好地描述了被困于石头中间之象。在屯坎蹇困四大难卦中，此爻是最为危险和艰难的，不仅自身陷于困境，连一生相互倚靠的妻子也找不到，而且连累家人和亲族一同遭难。

九四：来徐徐①，困于金车②，吝，有终。
《象》曰："来徐徐"，志在下也。虽不当位，有与也。

◎ 注释

①〔徐徐〕缓慢地，行动迟缓的样子。②〔金车〕坚固豪华贵重的车子。

◎ 大意

九四：只能缓慢前来，因为所乘的坚固豪华的车子在路上被困挡住了，出了一点麻烦，但最后结果还算顺利。

《象传》说：只能缓慢前来，因为九四的心志一直下应初六（卦变中九二来到二位，九四也想下来）。虽然以阳居阴，居位不当，但会得到亲和友善、愿意帮助自己的人（初六）。

◎ 解读

否变困，九四未动，卦变前后都在互巽（进退不果）里，表示前后行动都不坚决，进退维谷，因而只能缓慢前来。否上乾（金）下坤（大舆），好像一辆金属做成的坚固豪华贵重的车子。卦变之后，上九下到二位，变为困卦，说明这辆车子上路之后出事了，人被困在车子里面，所以行动就慢了。九四刚爻居柔位，位置上有不当，说明是被困在道中，但力量柔弱而难以脱困，前行迟缓，算是有点麻烦。但因为跟初六正应，最后结果应该还算顺利。

九四卦变前后都处在行动不坚决的巽卦里，说明了缓慢行动的取象和卦变根据，这一点是前人很少注意到的。

> 九五：劓①刖②，困于赤绂③，乃徐有说④，利用祭祀。
> 《象》曰："劓刖"，志未得也。"乃徐有说"，以中直也。"利用祭祀"，受福也。

◎ 注释

①〔劓（yì）〕古代割去鼻子的刑罚。古有五刑，指墨、劓、刖、宫、大辟。劓刑重于墨刑，而轻于刖刑。②〔刖（yuè）〕古代砍去足的刑罚。③〔赤绂〕象征九五之尊的位置和权力。一说诸侯用的祭服。④〔说（tuō）〕同"脱"，解脱，减少。

◎ 大意

九五：被迫采用劓刑、刖刑治理国家，以至穷困在尊位，后来得以慢慢脱离困境，有利于举行祭祀。

《象传》说：被迫采用劓刑、刖刑治理国家，因为九五的志向得不到伸展（刚爻被柔爻所掩，有道无法推行）。后来得以慢慢脱离困境，因为能够持守中道，处世正直。有利于举行祭祀，因为能够得到神灵的福佑（九五有祭服可以祭祀）。

◎ **解读**

九五原为否卦九五，下有互巽（股）、互艮（鼻）。变困后上卦成兑（毁折），是鼻（艮）、股（巽）都被伤害之象，出现削鼻截足的样子。所以象传说九五的心志没有实现，其实就是内心受困难以施展。身心疲惫，处在困境。因此，内心的强大，对于处事至关重要。

九五在否卦上乾（大赤、衣）里，是穿着赤色祭服之象，变成困卦，是被困在祭祀之服（外在的一切）中，代表九五在尊位受困。九五在卦变中未动，与九四一样停在行动不坚决的巽卦里，是行动迟缓之象。卦变后上卦成兑（通说，脱），有能够逐渐脱离困境之意，毕竟九五穿着红色祭服居于尊位，行动刚直中正，道德高尚，适宜主持祭祀上天的大典，当然可以接受上天的赐福。

那么九五是自己要受劓刑、刖刑，还是对他人不得不采用严刑峻法，而且到了削鼻截足的程度呢？根据后面九五能够继续主持祭祀，又在王位，应该是被迫施刑的领导者，而不是受刑的犯人。前解多明确认为是"要受劓刑、刖刑"，但如果一个人真的被施刑，就不可能继续举行祭祀，后面既然可能慢慢脱困，就说明前面只是极言困境之惨烈。"困于赤绂"有解为"被官服所困""被尊位所困"的，都不够清楚，应该是"穷困在尊位"，而被迫使用刑罚。

上六：困于葛藟①，于臲卼②曰，动悔，有悔，征吉。
《象》曰："困于葛藟"，未当也。"动悔有悔"，吉行也。

◎ **注释**

①〔葛藟（gé lěi）〕形似藤萝，纷繁缠绕的蔓生草本植物。取自巽为草木之象。②〔臲卼（niè wù）〕择日术中的凶日。一说指高而危、动摇不安的样子。

◎ 大意

上六：受困于藤葛蔓蘲之中，又被困在高危摇坠之地，在凶日行动，必生悔恨，处于艰困之境要立即幡然悔悟，努力解脱困境，果断征伐才可能获得吉祥。

《象传》说：受困于藤葛蔓蘲之中，因为上六居位不适当（到了穷极之位，又下乘二刚）。这是一动必生悔恨的艰困之境，说明拼力解脱困境前行才能够获得吉祥。

◎ 解读

否变困，上六从二位升到上位，乘在两个刚爻之上，位高至极，穷困至极，高处不胜寒，在互巽（草木，葛蘲）之上，是受困于藤葛蔓蘲之中。上六从内卦（贞）升到外卦（悔），是动到必生悔恨之地。进入艰困之境之后，要知错能悔，知悔能改，有羞耻悔悟之心，并努力摆脱困境，而且应该果断征伐，才可能获得吉祥。

有学者以"臲卼"之后的"日（曰）"为逸字，但出土资料如楚简《周易》、帛书《易》、熹平石经《周易》皆有"日（曰）"字，证明这个字应该不是逸字。但到底是"曰"还是"日"字，应该从经文本身去判断。应该是"日"通顺一些，如果是"曰"，理解为"叫"或"叫作"，可以说基本是无实意的，而经文字字珠玑，很少没有明确意义的字。所以应当把"臲卼日"理解为择日术中的凶日，虽然经文所属时代的择日术还不是后来比较成熟和严格意义上的择日术，但早期先民可能已经有了择日术中的相关理念。如果把"臲卼日"理解为择日术中的凶日，那么可以把爻辞部分理解为，在臲卼日（凶日）行动，必生悔恨。

◎ 思考辨析题

1. "君子以致命遂志"，表达的是什么样的处困境界？

2. 坎卦、蹇卦、困卦皆有险难、困难之意，三卦有何区别？

3. 屯卦六二、豫卦六五、噬嗑卦六二、震卦六二、困卦六三都提到"乘刚"，各有什么特点？

䷯ 水风井（卦四十八）（巽下坎上）

> 井：改邑不改井，无丧无得。往来井井。汔①至，亦未繘井②，
> 羸③其瓶④，凶。
>
> 《彖》曰：巽乎水而上水，井。井养而不穷也，"改邑不改
> 井"，乃以刚中也。"汔至，亦未繘井"，未有功也。"羸其
> 瓶"，是以"凶"也。
>
> 《象》曰：木上有水，井。君子以劳⑤民劝⑥相⑦。

◎ **注释**

①〔汔（qì）〕同"迄"，接近，几乎，差不多。一说水干涸。②〔繘（jú）
井〕繘，打水的绳子，名词用作动词，繘井，用井绳打水。③〔羸〕通缧，
钩、挂、缠绕、困住。④〔瓶〕大腹小口的陶罐，用来汲水的器皿。⑤〔劳〕
操劳，慰劳，犒劳。⑥〔劝〕鼓励，勉励。⑦〔相（xiàng）〕帮助，辅助。

◎ **大意**

井卦象征坚定不移，居住的村邑可以改迁，但水井不能改迁到其他
地方。每日汲取不见其枯竭，时时流注其中也不见其盈满，任凭来来往
往的人反复不断地从井中汲水为用，永远井然有序。如果汲水的时候，
打水的陶罐即将升到井口，却被挂住了，一旦倾覆毁坏，就会有凶险。

《象传》说：上卦坎为水，下卦巽为木为入，用木桶深入水下再向上
提水，汲水为用，这就是井卦表达的情境。井水取之不尽，用之不竭，
滋生养育人的功德也永不穷竭。居住的村邑可以改迁，但水井不能改迁
到其他地方，是因为刚健（九二、九五）居中，不易改变。井以打水为
功，如果汲水的时候，打水的陶罐即将升到井口，结果在当口处却被挂
住了，不能算有功，因为水没有打出，还没有实现井的养人之功。一旦

打水的陶瓶被挂住或者倾覆毁坏，那就有凶险了。

《象传》说：下卦巽为木，上卦坎为水，木桶深入到水下打水，把水提上来而有井水之用，是木上有水之象，成井水养人之功，这就是井卦。君子要效法井水育人之德，要多为民众操劳，劝勉他们互相帮助。

◎ **解读**

居住的村邑可以改迁，村邑的边界可以重新划分，甚至村子里的人可以整体性地搬迁。但水井不能迁移到其他地方，因为井是打在哪里就固定在哪里，地底下的走水不会改变，不可能搬走。这也同时象征历史在不停地变迁，但人性不会改变。

井卦由泰卦变来，即泰卦六五与初九换位变井卦。泰变井后，原上坤（邑）变为坎（水），是村邑当中新出现了一口水井。在卦变中，泰的三个刚爻与三个柔爻，变来变去，但阴阳爻数量不多不少，好像井水每日汲取，却不见其枯竭，水会汩汩流出，也会时时流注到井中，当然也不见其盈满。在卦变中，九五上往，初六下来，变成井卦，好像井（一二三四互坎）的边上，都会有来来往往的人反复不断地从井中汲水为用，有一种永远不会变化的井然秩序在。井是公众提水之处，饮者需要天天汲水为用，饮者在井边，来来往往，似乎遵守着某种公约，自然维持其秩序。大家一起汲水的时候，打水的陶罐都即将升到井口，但还没有提到井上的当口，如果就互相挂住了，那么陶罐一旦倾覆，或者因为相撞而毁坏，就会有凶险，功败垂成。

瓶象取互离（大腹），兑（口），大腹小口之物如瓶。初至四爻是正反兑的对象，好像瓶口先向下后向上，正好是把瓶子口朝下放进井水面之下，然后再用绳子（下巽）口朝上提上来，所以是人用系着绳子的瓶子深入水面之下取水之象。巽（绳）在坎（水）下，正反兑（瓶）在坎（水）下，是瓶先在水下翻过来，等装满水再提到水面上来，也好像木头（巽）可以吸水（坎），向上传送水一样。

初六：井泥，不食。旧井无禽①。

《象》曰："井泥，不食"，下也。"旧井无禽"，时舍②也。

◎ **注释**

①〔禽〕飞禽走兽。②〔舍〕住下，短暂停留，也有舍弃之意。

◎ **大意**

初六：井下淤泥沉滞，井水浑浊不能食用，旧井破旧不堪，就连禽兽都不来井边喝水、光顾。

《象传》说：井下淤泥沉滞，井水浑浊不能食用，因为初六位置在下（在井卦最下位就是井底）。旧井破旧不堪，就连禽兽都不来喝水，因为禽兽到井边饮水都是暂时停留一下，一旦井水有淤泥就会被禽兽给舍弃了。

◎ **解读**

泰变井，初六从五位下到初位，从泰卦上坤（土）里到井卦的最下位，也就是土入井水底下成为淤泥。初六在覆兑（口）里，口朝下，井下淤泥沉滞，井水浑浊，不能食用。泰变井后，坤（禽）象化去，好像禽兽见井破旧不堪，水也不能喝了，就不再继续光顾。古代深井少，多是根据自然水泉加以修治的浅井，水位接近地面，禽兽也能饮水。初六是被彻底废弃的老井，不但人不能食用，禽兽也不来饮水。井底淤泥使水变脏，陈旧落后，如果井不能与时俱进就要荒废了。禽兽都是到井边暂时停留来饮水，如果看到井水有淤泥，连禽兽都会把井舍弃掉。

九二：井谷射鲋①，瓮②敝漏。

《象》曰："井谷射鲋"，无与也。

◎ **注释**

①〔鲋（fù）〕一种小鱼。水里的小鲜，如鲫鱼。②〔瓮（wèng）〕大腹小口的陶器，如水瓮、菜瓮、酒瓮，形制大一些为瓮，小一些为瓶，与瓶同象。

◎ 大意

九二：在井谷（底）射抓鲋鱼，水瓮却又破旧又漏水。

《象传》说：在井谷（底）射抓鲋鱼，上面却没有人来帮忙（九二没有正应，没有可相与在一起的人）。

◎ 解读

九二与九五都是刚爻，不能正应，遇不到相与帮助之人，于是只能下比初六（柔爻为鱼）。全卦为井，九二在上坎（谷）之下为谷底，坎（矢）离（弓，三四五爻）为搭弓射箭，是在井谷之底射抓鲋鱼之象。但水瓮又破旧又漏水，加上瓮口翻覆，即使鱼被抓住也会跑掉。

> 九三：井渫①，不食，为我心恻②。可用汲，王明，并受其福。
> 《象》曰："井渫，不食"，行恻也。求"王明，受福"也。

◎ 注释

①〔渫（xiè）〕淘，除去水中污秽之物。②〔恻（cè）〕恍惜伤悼。《说文》："恻，痛也。"《广雅》："恻，悲也。"

◎ 大意

九三：把井整治好了，却没人来食用，让我心中不免伤恍凄恻。不过毕竟已经可以用来汲水了，等到英明的君王出现，大家都会得福受益。

《象传》说：把井中淤泥淘干净了，却没人来饮用，令行经于此的人感到恍惜难受。盼求圣明的君王出现，大家可以一同得福受益。

◎ 解读

九三在巽（股）中，上临坎（水），是大腿浸入水下，淘井、修井之象，也就是把井整治好了。巽为覆兑，兑口向下，吃不上，好像井修好却没人来食用，那么看到这样的情形，过往的行人（边上为坎卦）都会感到恍惜难受（坎是心忧之象），心中不免升起伤恍凄恻之感。这是从负面的角度来说的。

从正面的角度来看，井淘干净，修具完善，是可以用来汲水的。九五从泰卦初位升上来，变出互离（明，三四五爻），相当于等到了英明的君王出现。

也就是说，九五升上来是天子大人得位、贤才得用之象，大家都会得福受益。

> 六四：井甃^①，无咎。
> 《象》曰："井甃无咎"，修井也。

◎ **注释**

①〔甃（zhòu）〕圆的旋井，即用砖或石垒砌井的内壁。

◎ **大意**

六四：井的内壁用砖头砌好，自然可以避免咎患。

《象传》说：用砖头来修砌井的内壁，以便防止祸患，说的就是要把井修治好的益处。

◎ **解读**

泰变井，初九来到泰上卦坤（土）中位变坎（水），是水入土中混合而成泥之象。下有互离（火），是火烧泥土成砖、火烧砖之象。六四又在下巽（工）之上，好像泥瓦工用手使用泥砖修井之象。用泥砖从下向上垒砌到井口，把井的内壁用砖头砌好。

> 九五：井冽（liè）寒泉，食。
> 《象》曰："寒泉"之"食"，中正也。

◎ **大意**

九五：井水清冽，如寒爽的甘泉，可以直接饮用。

《象传》说：清澈的井水如寒爽的甘泉，之所以可以直接食用，是因为九五能够居中并持守正道。

◎ **解读**

泰卦变井卦，九五主爻在上卦坎（水）里，代表井，实际上九五来自下乾（寒），在上卦中刚爻刚位，位正处中，代表合乎中正之道的好井，有井水清冽之象，如寒爽的甘泉，可以直接饮用。

上六：井收勿幕①，有孚元吉。

《象》曰："元吉"在上，大成也。

◎ **注释**

①〔幕〕帐幕，盖，用幕布覆盖，盖上。

◎ **大意**

上六：井口收拢好了，不需要用盖子盖上，因为心怀诚信，自然就会大吉大利。

《象传》说：上六虽然高高在上，但大吉大利，因为井水养人的大功已经告成。

◎ **解读**

凿井的时候，内膛要修得宽大一些，到了井口要逐渐收小，所以有井口收拢之象。井下宽阔，有利于多贮水，井口收拢是为了防止脏东西被风吹入井里，而且人取水时，水桶也不会碰到井壁，会更安全。上六在全卦最上位，又在兑（井口）里，柔爻中有缺口，是没有加盖之象，所以说井口收拢好了，就可以不用盖子盖上。不用盖起来，表示井口收拢，足以防止落叶和脏物进入，不需要特别防范，可以保持开放的状态。

下有正应九三，又与九五相比，所以心怀诚信。井的工程都在下边，到了上口，整个井都修好了，功成名就，大功告成，成就养育之功，自然就会大吉大利。

◎ **思考辨析题**

1.如何理解"木上有水，井。君子以劳民劝相"？

2.《史记·屈原贾生列传》提到，"怀王以不知忠臣之分，故内惑于郑袖，外欺于张仪，疏屈平而信上官大夫、令尹子兰。兵挫地削，亡其六郡，身客死于秦，为天下笑。此不知人之祸也。《易》曰：'井渫，不食，为我心恻。可以汲，王明，并受其福。'王之不明，岂足福哉！"根据这段材料分析井卦九三爻辞的含义。

3.如何理解修井的不同阶段与修身养性之间的关联性？

䷰ 泽火革（卦四十九）（离下兑上）

革：己日①乃孚。元亨。利贞，悔亡。

《彖》曰：革，水火相息，二女同居，其志不相得曰"革"。"己日乃孚"，革而信之。文明以说，大"亨"以正，革而当，其"悔"乃"亡"。天地革而四时成，汤武革命，顺乎天而应乎人。革之时大矣哉！

《象》曰：泽中有火，革。君子以治历明时。

◎ **注释**

①〔己日〕己为十天干之一，己日是中国古代历法中的天干纪日法。纳甲学说认为离纳己。革卦下卦为离，故言"己日"。廖名春认为"己日"为"完成之日"，杨庆中从，义理上可通，理解为时机成熟之日。王弼读"巳"，金景芳、吕绍纲从。

◎ **大意**

革卦象征除旧变革，只有在时机成熟的"己日"，改革措施才能取得民众的信服，此后亨通便利，利于持守正固，忧悔也会消亡。

《彖传》说：革卦，上卦兑为泽水，下卦离为火，水火互相熄灭，好比两个女子同居一室，因为心志趣味不相容，终究要发生"变革"，这就是革卦要说明的情形。只有在时机成熟的"己日"，改革措施才能取得民众的信服，这样改革才算取信于民，才可以得到民众的拥护。下卦离为文明，上卦兑为喜悦，内含文明之德，外显愉悦之色，持守正道而大为亨通，改革适时而妥当合理，忧虑悔恨才会消亡。天地阴阳变革交流，四季才能循环往复，商汤革除了夏王朝的天命，周武王革除了商王朝的天命，顺应天道又合乎民心。可见，变革适时合宜的时机化意义实在太重大了！

《象传》说：上卦兑为泽，下卦离为火，泽水当中有烈火就是革卦。君子看到革卦水火互相熄灭的卦象，就要制定历法来明察天时运动的规律。

◎ **解读**

革是除旧变革。古人认为，朝代能建立是由于天命，朝代灭亡是革除天命。"革"又有皮革之意，即铲去兽皮上的兽毛留下的光板皮子。兽皮花色的区分主要在于毛色的不同，去掉兽毛是一种大的变革，"虎变""豹变""革面"指的是毛皮的变化，也代表了质的变化。

革卦是水想熄灭火，火想把水烤干，太阳要把泽水晒干，水火交战互不相容。有讲成"改革成果显现之时"，应该不如"时机成熟之日"更准确。革卦从大壮卦变来，即大壮九二与六五换位变革卦。在大壮卦里，六五柔爻占据尊位、刚位，九二刚爻占据卑位、柔位，卦变之后，各自取得了恰当位置，下卦成离（日），按纳甲原理，离纳己，所以有"己日"之说。离为中女，兑为少女，两个女子合不到一起，长大后志向不同，去向也不同，各自嫁人，会发生变革。发生变革之后，不可急于求成，要到时机成熟的己日才能得到人们的理解与信任。离为文明，兑为喜悦，是变革得更加文明，人心悦服。变革得当，所以忧悔消亡。天地变革才有四季更替，商汤推翻夏桀、周武王推翻商纣王的统治，是顺应天理，应和人心的武力革命。所以适时革命的意义非常重大。

上卦兑（泽）下卦离（火），组合在一起就是革卦。比如大泽中火山喷发，火势很大会把泽水烧干，水很大会把火浇灭。二物不能兼容，只有变革。君子看到二物相克，不得不发生变革的状态，知道万物都是在生克的运动变革之中，通过观察天象的运行，制定历法，让百姓明白时间的存在，进而加以利用。

> 初九：巩①用黄牛之革。
> 《象》曰："巩用黄牛"，不可以有为也。

◎ **注释**

①〔巩〕巩固，牢固结实。

◎ **大意**

初九：用黄牛皮做成的绳子捆绑结实。

《象传》说：用黄牛皮条拧成的绳子捆绑结实，是说初九要耐心待时，不能轻举妄动，不可有所作为。

◎ **解读**

在革除天命时期，初九位较低之时不可盲动。卦变中离（牛）得坤（黄）中爻，为黄牛。初九在革卦的下离中，所以用黄牛皮做的绳子捆绑结实。初九地位低下，力量薄弱，要尽量避开残酷的政治斗争，不可过早暴露和卷入纷争，要谨小慎微，免得被扼杀。

> 六二：己日①乃革之，征吉，无咎。
> 《象》曰："己日革之"，行有嘉也。

◎ **注释**

①〔己日〕象征时机成熟之日。

◎ **大意**

六二：等到时机成熟的己日发动变革，出征吉祥，没有过错和灾害。

《象传》说：到时机成熟的己日发动变革，说明六二此时努力前行会有嘉美的结果。

◎ **解读**

六二与九五正应，适于在时机成熟的时候发动变革。六二是大壮变革换位的一爻，六五来到二位居中得正，已走出准备阶段，出现在地位，时势正好，可以行动。下离（日）纳己，所以到时机成熟的己日发动变革，出征吉祥，没有过错和灾害。

《周易》告诉人们，做事要遵守天时，尤其是大的变革跟天时有密切关系，因为时机非常重要，选择有利时机是做事成事的开端。时机不到，再怎么努力都是白干，时机一到，付出才能得到回报。所以孔子也说"时也命也"。可见，《周易》的运用是讲究人与天时配合的时机化艺术。

九三：征凶，贞厉。革言①三②就③，有孚④。

《象》曰："革言三就"，又何之⑤矣?

◎ **注释**

①〔言〕发言，言辞，号令，宣告。九三正应在上六，上六在上兑里，兑为口、为言。②〔三〕小成之数。六十四卦由上下两个八卦组成，一个八卦就是一个小成卦，八卦有三爻。③〔就〕成就，成功。④〔孚〕信用，诚信，深孚众望。与上六相应，而乘六二，皆有孚信之象。⑤〔之〕往，去到。

◎ **大意**

九三：急于征进必有凶险，静守不动则有危厉，改革虽已多次宣告小有成功，但还要继续取信于民。

《象传》说：改革已多次宣告小有成功，但九三（除了继续改革）还有其他路可走吗?

◎ **解读**

九三正当上下卦之际。下卦离（火），上卦兑（泽），处在水火不兼容的位置上，征进会被泽水浇灭，所以急于征进必有凶险。想正固不动，但又不上不下，位置不允许，所以静守不动会有危厉。上兑三爻，九四"改命"、九五"虎变"、上六"豹变"，都随之而变，也就是改革已多次宣告小有成功，说明变革初告成功。

九三是改革进行到半途，所在的三位是小成之位，意味着小有成功，但又在水火之交，可谓生死存亡之地，急进凶险，不动也危，所以把握好分寸非常重要，继续取信于民非常关键。象辞的意思是，既然已经改革了一半，除了继续改革，就没有其他路可以走了。所以，改革要进行到底，要彻底。"行百里者半九十"（《战国策》），不可稍有成功就停滞不前，半途而废，功亏一篑，也不可因为困难而退缩，要攻坚克难，走到终点。

"贞厉"有解释为守正以防危厉，但此爻正处在变革当中，前有凶险的大势，解释为"不动也有危厉"更合适。

九四：悔亡，有孚①改命②，吉。

《象》曰："改命"之"吉"，信志也。

◎ **注释**

①〔孚〕孚信。②〔命〕《说文》："命，使也。"命运，天命。

◎ **大意**

九四：不要忧虑悔恨，只要取信于民，就能够改变旧的天命，将是吉利的。

《象传》说：改变旧的天命，将是吉祥的，因为九四诚心诚意顺天应人，坚信变革的心志。

◎ **解读**

九四爻在上卦兑（口）里，是用口宣告天命，能够改变旧的天命，会是吉利的。"改命"就是建立新王朝，废除旧政令，施布新法令。也有改变命运、命令、口令的味道。九四在互乾（天）互巽（命）里，所以说改变天命。

"悔亡"讲成忧悔消亡，可通，但连贯起来，还是解释成"不要忧虑悔恨"更好一些。"信"有讲成"伸"的，虽不通假也可通，理解为真诚、诚实，"信志"即诚心诚意顺天应人，相信变革的心志将会成为现实。

九五：大人虎①变，未占②有孚。

《象》曰："大人虎变"，其文炳也。

◎ **注释**

①〔虎〕上卦兑象，故为虎变。②〔占〕占决，占卜，占断。

◎ **大意**

九五：大人以猛虎之威势推行变革，不用占决便能赢得民心。

《象传》说：大人以猛虎之威势推行变革，他的文功武略彪炳天下。

◎ **解读**

上卦兑为虎，九五在卦变中从二位升到五位，刚爻得位得正，位高权重，德才兼备，德高望重，可为百官之王，是"大人"，所以称"虎变"。另外，文为虎之斑纹，所以"虎变"相当于变出虎皮一样的花纹，彪炳斑斓，文韬武略，威猛大气，跟在卑位时的表现大不相同。九五与六二阴阳正应，所以阴阳相应，是贤人在下位而能辅佐大人。六二虽在下卦离（龟）里，可占，但不占也会相信，所以不用占决也能深得民心。

上六：君子豹变，小人革面，征凶，居贞①吉。

《象》曰："君子豹变"，其文蔚②也。"小人革面"，顺以从君也。

◎ **注释**

①〔居贞〕大力推进变革之时，天下动荡不安，难以安居守静，所以应该是居于正位保持正道，上六柔爻居柔位，还是可以守持正道的。②〔蔚（wèi）〕文采盛的样子。指豹皮的花纹。一说是草木茂盛，引申为大，蔚为大观。一说刚好处在兑卦泽水表面，泽水倒映，有云蒸霞蔚之意。

◎ **大意**

上六：君子以斑豹之势力助大人完成变革，小人纷纷洗心革面，此时若激进不止会有凶险，居于正位保持正道才能吉利。

《象传》说：君子以斑豹之势力助大人（九五）完成变革，文采华美犹如斑豹花纹一样光彩照人；小人纷纷洗心革面，只是表面上顺从推行变革的君主。

◎ **解读**

天下已定，小人自知大势已去，纷纷改头换面，重新做人，努力做好表面文章，表示支持变革，他们懂得大势所趋，都来顺从革新者的领导，但革新者也不可对他们逼迫太过，要适可而止。

上六是一卦之终，变革大成。在上兑里，因虎豹同科，上六不在尊位，取豹象，所以是君子以斑豹之势力助大人完成变革。豹次于虎，君子的变化次于大人，但也相当可观。柔爻为小人，兑为悦，小人变得喜气洋洋，纷纷洗心革面。但位处穷极，不可再征进，此时若激进不止会有凶险，居于正位，保持正道，才能吉利。

◎ **思考辨析题**

1.卦辞是"已日乃孚"，六二爻是"已日乃革之"，二者有何联系？

2.革卦与睽卦互为交卦，睽卦彖辞"睽，火动而上，泽动而下。二女同居，其志不同行"，革卦彖辞"革，水火相息，二女同居，其志不相得"，对比分析两卦彖辞的差别。

3.如何理解"君子豹变，小人革面"？

火风鼎（卦五十）（巽下离上）

鼎：元吉，亨。

《彖》曰：鼎，象也。以木巽火，亨①饪也。圣人亨以享上帝②，而大亨以养圣贤。巽而耳目聪明，柔进而上行，得中而应乎刚，是以"元亨"。

《象》曰：木上有火，鼎。君子以正位凝③命。

◎ **注释**

①〔亨（pēng）〕同"烹"。②〔上帝〕上天，天帝。③〔凝〕凝固，集中，凝聚心力。

◎ **大意**

鼎卦象征鼎立新风。大吉大利，亨通顺畅。

《彖传》说：鼎卦整体取自鼎器的象形，卦像鼎。下卦巽为木为顺，上卦离为火为附着，把木材放入火中，让它顺从火的燃烧，就是烹煮食物的现象。圣人烹饪食物来祭享天帝，并烹煮丰盛食物来供养圣贤。谦逊恭顺耳目聪明，柔顺地向上升进，取得中位并与刚强者相应，就能获得大亨通。

《象传》说：下卦巽为木，上卦离为火，木头上面有火焰在燃烧，可以用鼎器来烹煮食物，君子看到这种现象，就知道要摆正自己的位置，同时摆正心态，凝聚心力，以完成自己的使命。

◎ **解读**

鼎原意指具有三足、大腹、两耳的青铜器，还有一根能插入两耳再抬起鼎的杠子，叫作铉。鼎卦取六爻全象，卦画下边的柔爻就是三足，只是后边的一足给挡住了，初六象征鼎腿。中间二三四三个刚爻为鼎腹，六五是鼎对峙的两耳，上九刚爻是横亘上的鼎铉。象辞认为鼎就是取具体物之象的，根据鼎器的形象来确定鼎卦。古代最早的鼎是陶制的用来烧煮饭羹的烹炊器，人类在学会用火之后，能用鼎把生的食物煮熟，于是人们把鼎看成获取新食物的器具，赋予其"取新"之意。后来贵族用青铜器铸鼎，样式越来越大，越来越多，而平民无力与贵族的鼎器相比，鼎又被看成重器，甚至变成权力的象征。商周时期，九鼎易主被看成改朝换代的标志，鼎也就有了废旧立新之意。前一卦是革除旧王朝的天命，这一卦则是新王朝建立。所以大吉大利，亨通顺畅。

鼎卦下巽（木，风）上离（火），是木柴点着火吹风做饭之象，所以是烹煮食物。圣人烹制食物祭享天帝神灵、自然万物，食物丰盛是为了养育圣贤，祈求上帝保佑自己和国家，圣贤是国家的支柱。下巽（随顺）离（目，明），六五爻又象征（鼎）耳，所以鼎卦既随顺又耳聪目明。鼎卦由遯卦变来，即遯卦九五与六二换位变鼎卦，遯卦柔爻六二顺利地向上升进到五位，六五得到中位并与刚爻九二相应。

象辞先讲用鼎烧火做饭，所以有鼎之象。进而从铸鼎的过程引申出君子要体会如摆正沙子范型一样摆正自己的位置，如冷却凝固成型那样来凝聚自己和民众的心力和意志。前人很少理解到凝的根本是凝聚心力，或者是意志力、意念力。人所能凝聚的就是意念的力量，用意念的力量改换天地之间的阴阳变化。

初六：鼎颠①趾，利出否②，得妾以其子，无咎。

《象》曰："鼎颠趾"，未悖③也。"利出否"，以从贵也。

◎ **注释**

①〔颠〕颠覆，颠倒。②〔否（pǐ）〕滞塞之物，一说废物。③〔悖〕悖乱，违背常理。

◎ **大意**

初六：鼎腿颠倒，鼎器被翻个脚朝上，有利于倾倒出滞塞之物，这就好像（正妻不能生育），于是把生了儿子的小妾扶正（取代正妻），没有问题。

《象传》说：虽然鼎腿颠倒，鼎器被翻个脚朝上，但并未违背常理。这样有利于倾倒出滞塞之物，这是初六（妾）随从贵人（九二），母以子贵。

◎ **解读**

鼎卦从遯卦变来，遯是个放大的巽（股）卦，遯卦原来的腿较长，六二升进到五位变鼎，这样六二作为股的一部分向上去了，变为鼎卦后成了正反巽（一至五爻）的对象，正巽是腿向下，反巽是腿向上，腿向下又向上，有鼎腿颠倒之象。然后遯卦二阴继续发展就成否卦，但遯变鼎，这就改变了成否的可能，所以说"利出否"，取义是有利于倾倒出鼎里的滞塞之物，可以理解为走出否塞不通的局面。卦变中九五下来到了二位，初六得以走出低谷，随从贵人，得贵人相助。母以子为贵，九二是妾的儿子，初六跟随九二就是小妾因为生了儿子而被扶正，得到了尊贵的地位，这样做没有什么问题，前人如此理解的少，鼎立新主如妾因子上位，局面大改。

颠倒是颠覆的意思。初六象征做饭的开始阶段，要把鼎颠倒过来清洗。初六鼎腿就要颠倒来用，跟九四相应就要动。"利出否"理解成"有利于倾倒废物"，意思上通，但不符合象辞"以从贵"的解释，所以还是译为"有利于倾倒出滞塞之物"为妥。这里如果把不能生子的妻子比喻为"否"，译成"废物"或"污物"就太过了，没有理解前后语境的逻辑关系。这是比喻正妻不生育对家道有否塞，所以主人要出旧纳新，去掉不生育的正妻，以期纳娶会生育的新妾。这当然不符合现代观念，不合适。

象辞说并未违背常理是因为"颠趾"就是倾倒污秽，清洗一下，使用鼎之前都要这样，是正常现象。

> 九二：鼎有实①，我仇②有疾③，不我能即④，吉。
> 《象》曰："鼎有实"，慎所之也。"我仇有疾"，终无尤也。

◎ **注释**

①〔实〕实物，东西，富有实力，或内心充实。②〔仇〕匹配，指六五，取义上是仇敌，取象上是配偶（《子夏传》："仇，匹也。"）还有朋友等不同解释。③〔疾〕嫉恨，一说疾病。④〔即〕到，就，靠近，接近。

◎ **大意**

九二：鼎中充满实物（犹如内心充实而有实力），我的仇人虽然嫉恨我，但也不能把我怎么样，还是吉祥的。

《象传》说：鼎中充满实物，犹如（有儿子而）内心充实而有实力，可以审慎适中地来去。我的仇人（六五，前妻）虽然嫉恨我，但终究不需要过分担忧。

◎ **解读**

九二"有实"可以理解为一个人有实力，也有地位，能够讲通，但解释成"内心充实"更好一些，内心强大了，仇敌（六五）也无可奈何。六五本来正应，但说是"仇"，是因为六五虽然到了五位，但嫉恨初六随顺九二，母以子贵，等于正妻被排挤到六五，对后来的小妾（因为有儿子而自己觉得内心充实而有实力）和小妾的儿子心怀怨恨。

这一句的取象，更能说明卦变说真实不虚，否则难以理解为何六五跟九二的关系由"配偶"变成了"仇"。配偶正妻从二位被休到五位，她心中充满嫉恨，与母以子为贵的小妾及后来的孩子就形成了一种仇敌关系。通过卦变梳理爻与爻之间的亲疏关系，就可以说把爻辞暗示出来的每个字的每层意思都讲清楚，使得

413

爻辞取象的各个层面都迎刃而解。九二在卦变中来自六五，在中位行动，所以下来算是比较小心适中，最终不会有灾祸，所以不必太过担心怨恨和祸患出现。

九三：鼎耳革①，其行塞，雉膏②不食。方③雨，亏④悔⑤，终吉。
《象》曰："鼎耳革"，失其义也。

◎ **注释**

①〔革〕脱落。②〔雉膏〕野鸡汤。用肥美的山鸡肉做成的食物。③〔方〕正好，正当。④〔亏〕亏损，去掉。《说文》："亏：毁也。"⑤〔悔〕懊恼。

◎ **大意**

九三：鼎耳脱落了，无法搬动鼎器，行动因此受到阻塞，以致无法品尝美味可口的野鸡汤，还好正赶上下雨，大家消除了懊恼，最终是吉祥的。

《象传》说：鼎耳脱落了，九三也就失去了鼎耳本来可以用来抬鼎的意义。

◎ **解读**

鼎耳是杠插进去用来抬起鼎的部分，如果脱落就没有办法移动鼎，大家也就喝不到做好的野鸡汤。正在懊恼的时候，天上降下大雨，路上也行走不通，这样挪鼎的工人们就不再需要用鼎耳已坏作为不能移动鼎的借口，所以大家都很开心。因为下雨了，即使鼎耳是好的，客人们也喝不到汤，所有人的懊恼就都消除了，因而是吉祥的。

"革"在取象上是变革之意。鼎耳被除掉后，搬动起来不方便，大坎成了坎（险），鼎耳脱落就无法移动鼎器，行动因此受到阻塞。前临上离（雉），在正反兑（膏泽，又为口）里，口上下翻覆，吃不成，以致无法品尝美味可口的野鸡汤。正兑（雨），反兑是雨返下，大坎是水，所以是赶上下大雨之象。兑还可理解为毁折，是把悔意都毁灭掉了。全卦只有九三刚爻居刚位位正，在下卦之终，所以大家消除了懊恼，是吉祥的。

九三失去作鼎耳的意义，因为九三在大坎里原有作鼎耳之象，但鼎卦取得是六爻全体之象，以六五为鼎耳，九三作鼎耳的意义也就失去了。

九四：鼎折足，覆公𫗰①，其形渥②，凶。

《象》曰："覆公𫗰"，信③如何也。

◎ **注释**

①〔𫗰（sù）〕鼎中的食物，用较多配料烹制的像粥一样的高级食品，一说糁，有肉的米粥。②〔渥（wò）〕沾湿，粥流出来的样子。③〔信〕应验的结果。

◎ **大意**

九四：鼎足折断了，王公的美食倒出来了，搞得鼎身龌龊，凶险。

《象传》说：王公的美食倒出来了，九四如何能取得信任？

◎ **解读**

九四互兑为毁折，兑又为反巽（股），反巽是股向上，意思就是鼎腿向上且遭毁折，所以鼎足折断了，王公（四位为臣位）的美食被倒出来了，把鼎沾湿了，搞得鼎身肮脏污秽，取义就是事情被搞砸了，原因是力不胜任，应该知足常乐，量力而行。象辞也可以理解为九四把好好的事情搞坏了，是自不量力造成的，当然也就很难取得君王的信任，所以"凶"。

六五：鼎黄耳金铉，利贞①。

《象》曰："鼎黄耳"，中以为实②也。

◎ **注释**

①〔贞〕坚固，贞固。②〔实〕乾为实。

◎ **大意**

六五：鼎器配了金黄色的鼎耳，坚固的鼎杠，保持坚固是有利的。

《象传》说：鼎器配了金黄色的鼎耳，是因为六五在中位，能够保持坚实。

◎ **解读**

鼎卦从遁卦变来，遁的上卦原是乾（金），坤（黄）在中，遁变鼎，上卦成离，离是乾得坤中爻，又处在鼎耳的位置上，所以是鼎器配了金黄色的鼎耳，坚固的鼎杠。铉是抬鼎的杠子，插在两耳里才能抬着走，故在鼎耳处连及鼎铉。

六五在卦变中从二位来到五位，不离中道，来到上乾（实）里，处在上卦中位，所以六五中正而且能够坚实，说明六五作为鼎耳是中正而且牢固的。贞如果作为守正讲，鼎本身无所谓守不守正。当然，六五柔爻居中，有利于持守正固，但就鼎耳鼎杠来说，所以理解为"保持坚固之意"更好。

上九：鼎玉铉，大吉，无不利。
《象》曰："玉铉"在上，刚柔节也。

◎ 大意

上九：鼎上配着玉制的鼎杠，非常吉祥，没有什么不利。

《象传》说：玉制的鼎杠高高在上，是刚柔相济，节制得宜，显得和谐融洽，美观大气。

◎ 解读

鼎上面配上用玉做成的铉，显得有刚柔并济之感，象辞觉得能够调节，使之不太刚也不太柔，调节得恰到好处。从整体卦象上看，六五鼎耳，上九鼎铉，铉取象于六爻全象。上九原来就在遁的上乾（玉），卦变为鼎，上九成了鼎铉，所以鼎上配着玉制的鼎杠。鼎是青铜重器，用金玉作铉，相当珍贵，非常吉祥，没有什么不利。

另外，鼎是祭祀天帝的重器，在上爻这个宗庙位最接近天帝，能够让天帝得到馨享而福佑天下，所以非常吉祥，没有不利。上位通于神明，玉也是事天之器，代表天人沟通之物。

古人认为，玉不仅珍贵，还有温润高雅的特性。用金作铉太刚，以玉为铉则刚柔合度。象上指的是遁变鼎，在上乾中来了一位柔爻，使上卦原来三刚变成刚柔相间的离卦，显得刚柔彼此节制，正好合适。

◎ 思考辨析题

1. 如何理解"柔进而上行，得中而应乎刚"？

2. 如何理解九四爻辞"鼎折足，覆公悚，其形渥，凶"？

䷲ 震为雷（卦五十一）（震下震上）

震：亨。震来虩虩①，笑言哑哑②。震惊百里，不丧匕③鬯④。

《彖》曰："震，亨"。"震来虩虩"，恐致福也。"笑言哑哑"，后有则也。"震惊百里"，惊远而惧迩也。"不丧匕鬯"，出可以守宗庙社稷，以为祭主也。

《象》曰：洊⑤雷，震。君子以恐惧修省。

◎ **注释**

①〔虩虩（xì）〕形容极其惊恐发抖的样子。②〔哑（yā）哑〕《说文》："哑，笑也。"言笑合度，不放纵而有节制的样子。一说谈笑失声之状。③〔匕〕木制匙形器具，类似汤勺、勺子，用来取食物。④〔鬯（chàng）〕用黑黍酿制掺有郁金香的酒，用来敬天神、地祇、人神等重大节日。⑤〔洊（jiàn）〕再，屡次，接连。

◎ **大意**

震卦象征雷振而起，雷声震动促使万物亨通。震雷隆隆袭来令一些人惊惧发抖，惶恐不安，但也能使另一些人处之泰然，言笑自如，比如，即使巨雷能够震惊方圆百里，主持祭祀的太子也照样镇静如常，手里的木匙和酒杯也不会被震掉。

《象传》说：雷声震动，万物开始亨通。震雷袭来令一些人惊惧发抖，但因恐惧而谨慎可以给人们带来福祉。另一些人处之泰然，言笑如故，是懂得警惧的教训，所以会依循处世的正道。巨雷能够震惊到方圆百里的地方，是让远方的人震惊，让近处的人知道戒惧。主持祭祀的太子却镇静如常，手里的木匙和酒杯也没有被震掉，所以国君外出，太子可以监守宗庙社稷，有能力胜任祭祀典礼的主持人。

《象传》说：雷声隆隆，接二连三打雷就是震卦。君子有鉴于雷声轰鸣不断震动的震卦，应当知道时时处处畏惧天威，不断反省己过，修行人天之意。

◎ **解读**

震是雷振而动之意。《杂卦传》："震，起也"，指雷动惊蛰，万物生发复苏，有了新的活力重新振作。震卦由临卦变来，即临六四与九二换位变震，震是一个小复卦，可以从再度复生的角度来理解。震卦能够令万物亨通，打雷使得万物从冬眠状态再度复生，似乎赋予万物以勃勃生机，开始新一轮的生命旅程。每当惊雷袭来，声威壮人，令人惊惧难安，所以说，震雷袭来令一些人惊惧发抖，惶恐不安。

震卦从临卦变来，临卦的下卦是兑（口、悦、笑、言），变为震而知戒惧，所以说也能使另一些人处之泰然，言笑自若。震为长男，祭器，三四五爻互坎（棘、匕、酒），所以说，即使巨雷能够震惊到方圆百里之远的地方，主持祭祀的太子依然镇静如常，手里的木匙和酒杯也没有被震掉。

在传统社会，每当诸侯外出，长子代理国政，如果遇到祭祀活动，就由长子代理诸侯去主祭。主祭人要用匕把牺牲从鼎中扱出放入祭器，并且把香酒鬯盛入彝器，然后酹地求神享用。整个过程中，无论发生什么，主祭人都不能慌乱，主祭的长子如果在天雷突然袭来之时，能够临危不惧，手中的匕鬯不会掉落，就说明能够保持从容镇定，具备了继位临政的才能和修养。

上下卦皆为震（雷），组合在一起，是内外皆震，内近外远，近知惧则无远忧，近不知惧，则必有远忧。考验另一些人关键时刻的修养，使他们因为恐惧而更加注意修身养性，这就是震卦的正面意义。人不可放纵过度，要居安思危。如果有忧患意识，知道防患于未然，就容易有好的结果，所以要能感受到恐惧，才能得到天地的福佑。古人认为，打雷就是苍天发怒，人听到雷声之后，就要有所警觉，主动改过迁善。如果自己没有过失，就可以处之泰然。

初九：震来虩虩①，后笑言哑哑，吉。

《象》曰："震来虩虩"，恐致福也。"笑言哑哑"，"后"有则也。

◎ **注释**

①〔虩虩〕初九虩虩，六三苏苏，上六索索，都是形容性叠词，用于表现吓得发抖的状态。古人以发音时开口程度大小来区别响声大小，如"虩虩"开口最小，代表发抖声音小，因此抖得也最轻。"苏苏"其次，而"索索"则抖得最厉害。差不多相当于现代汉语里"瑟瑟发抖"和"苏苏发抖"的程度区别。

◎ **大意**

初九：震雷袭来令人惊惧发抖，惶恐不安，但随后也能因为恐惧而使人强化修身，变得处之泰然，言笑自若，所以吉祥。

《象传》说：震雷骤来令人惊惧发抖，因恐惧而谨慎，可以给人们带来福祉。雷声也能够使人强化修身，变得处之泰然，言笑如故，是懂得警惧教训之后，行为就会依循处世的正道。

◎ **解读**

初爻雷声相对较小，虽然让人发抖害怕的程度还不是很厉害，但主事者是在雷声震动之"后"才变得泰然自若，也就是沉着镇定是在惊惧发生之后才克制稳定下来的。

卦变中，原临卦下兑（言、笑）变为震（雷、动），上下皆震雷而动，有反复抖动之象。卦初是开始抖动，不算严重，所以是震雷袭来令人惊惧发抖，惶恐不安。卦变后，原下兑之阳爻分入上下（前后）震卦里，所以随后也能因为恐惧而强化修身，变得处之泰然，言笑如故，但时刻把握分寸，不敢过度，也就是因为有忧患意识而能不犯天威，所以吉祥。

六二：震来，厉；亿①丧贝，跻②于九陵，勿逐，七日得。

《象》曰："震来厉"，乘刚也。

◎ 注释

①〔亿〕十万为亿，这里形容数量大。六五象辞"大无丧"的"大"，就是解释"亿"。一说通"臆"，臆测，猜度。②〔跻（jī）〕《说文》："跻，登也。"跻登，上升，跻身，置身。

◎ 大意

六二：震雷骤然袭来，非常危险，丧失了大量财宝钱币，赶紧登上九重高峻的陵土之上，不要去追逐（失去的财宝钱币），七天之后将会失而复得。

《象传》说：震雷骤然袭来，非常危险，因为六二凌驾在阳刚之上（卦变中六二骤然来到二位乘凌于初九之上，柔乘刚不顺）。

◎ 解读

六二在卦变中与九四换位，从临卦四位来到震卦二位，下卦变成震（雷），是震雷骤然袭来，六二骤然来凌驾于初九（震初）之上，柔乘刚不顺，犹如坐到火山口上，非常危险。临卦的上卦为坤（朋），朋是两串贝币（古代货币）。临卦上四爻全是柔爻，比坤的柔爻还多，变震卦之后坤象化去，所以丧失大量财宝钱币。临卦九二上升到四位，与二三爻组成互艮（山），是换位后来到山上之象，所以说赶紧登上九重高峻的陵土之上。上下震（足）皆为行，为前后齐步、等距等速前去追赶之象，如此行进，当然赶不上，所以就不要去追寻（失去的财宝钱币），因为震是小复卦，复卦"七日来复"，七天之后将会失而复得。

此爻通过卦变能够说明，为什么雷震骤然来到，丧失很多钱币，又来到高陵之上，卦变前后象的变化与爻辞对应都非常明显。

> 六三：震苏苏，震行无眚。
> 《象》曰："震苏苏"，位不当也。

◎ 大意

六三：被震雷吓得苏苏颤抖，警惧而行，不会有灾眚。

《象传》说：被震雷吓得苏苏颤抖，是六三所处的位置不当（六三进退皆震，以柔居刚也不当）。

◎ **解读**

震雷震动，六三位置高于初九，比初九抖得更厉害，又在上下震的接际处，有反复抖动之象，所以是被震雷吓得苏苏颤抖。再加上六三进退皆震，以柔居刚，所处位置也是不当。虽然六三在互坎（灾眚），然而在震（行）里，是可以通过行走脱离灾难，所以说，如果警惧而行，就不会有灾眚。

> 九四：震遂①泥②。
>
> 《象》曰："震遂泥"，未光也。

◎ **注释**

①〔遂〕《广雅》："遂，往也。"指前行。又通"坠"，坠入。一说于是，就。②〔泥〕泥泞，一说滞陷不通。

◎ **大意**

九四：雷震之时，惊慌失措，沉陷坠入泥泞之中。

《象传》说：雷震之时，惊慌失措，沉陷坠入泥泞之中，因为九四的阳刚还没有达到光大的气势。

◎ **解读**

卦变中九四主爻从临卦二位进到四位。临的上卦、上互卦都是坤（土），变震之后上互成坎（水），是水入土中为泥之象，所以说，雷震之时，惊慌失措，沉陷坠入泥泞之中。九四原在临的二位（应爻六五），卦变中升到四位，但没有升到五位（天位），所以四位相比五位来说，是九四阳刚还没有达到光大的气势。

> 六五：震往来厉，亿无丧，有事。
>
> 《象》曰："震往来厉"，危行也。其"事"在中，大"无丧"也。

◎ 大意

六五：在雷声大震之时，不论上下往来，都有危险，虽然没有损失什么东西，但有大事可做，应该是祭祀上天的时候了。

《象传》说：在雷声大震之时，不论上下往来，都有危险，所以六五在冒险行动（震为行）。居尊位、行中道，举行祭天大典这样的大事，就不会有大的丧失。

◎ 解读

临变震，临九二升往四位，成为主爻。临卦里六五与九二正应，九二没有跟六五换位，却与六四换位。对六五来说，九二上往，六四下来，变出来的都是震卦，相当于雷声大作，震动不已之时，本来应该动的，可是自己却被迫陷在互坎（险）里动弹不得，说明在大震荡的时候，六五不论上往还是下来，都会有危险。

临上坤（朋）是串贝之象。卦变后六五未动，仍居其中，只是四爻变了，上二阴爻还在，朋还没有完全损失。当然损失还是有的，字面上是有变故发生了，但取义应该是到了祭祀上天的时候了，这样基本符合象辞没有太大的损失的解释。

"有事"前人解为"可以长保祭祀盛事""应该保存祭祀之事""有自己的主张""有事故发生"等，都不够清楚。从天人感应的角度理解，当认为雷声隆隆，过分吓人，到了应该祭祀上天的时候了。前人很少悟到六五居于尊位，能行中道，此时举行祭天大典之事，才是没有大损失的来由。如果只是"有事故但在中位"，仍然情理未通。

> 上六：震索索，视矍矍①，征凶。震不于其躬②，于其邻，无咎。婚媾有言。
>
> 《象》曰："震索索"中未得也。虽"凶无咎"，畏"邻"戒也。

◎ 注释

① 〔矍（jué）矍〕形容惊视，疾视，鸟在高处双目惊慌四顾的样子。
② 〔躬〕自身，亲自。

◎ 大意

上六：雷声震动，吓得嗦嗦发抖，眼神惊恐，仓皇四顾，畏缩难行，此时贸然进取，必遭凶厄。但是，只要守正不"征"，震的后果就不会降到自己身上，而会降到邻居六五那里，所以对自己来说，只要守正就无灾无难。但这个时候如果谈婚论嫁，就会导致言语争执。

《象传》说：雷声震动，吓得嗦嗦发抖，战战兢兢，畏缩难行，因为上六未能占据中位，前后失据，心无所归。虽然情势凶险，但最后无灾无难，因为从邻居那里感受到了惊畏，使自己预先有所戒惧。

◎ 解读

上六在全卦最高位，受震最为剧烈，抖动也达到最大程度，所以是雷声震动之时吓得嗦嗦发抖，畏缩难行之象。从二至上爻是个缩小一点的小过卦，小过卦有飞鸟之象，临近火山爆发和大地震这样的大震荡之时，即使飞鸟在高处也眼神惊恐，仓皇四顾，而上位又是穷途末路，所以此时如果再贸然进取，必遭凶厄。

卦变当中，临卦上面的坤（母）被震掉了，相对于九四被震换、九五被陷在坎中动弹不得的大势来说，上六未动，相当于虽然发生了剧烈震荡，但震荡的后果并没有降到自己身上，而是使邻爻六五陷入互坎（险）境之中。上六从邻爻六五被震入险境得知自己应该戒惧，吸取教训，所以对自己来说，只要守住阴爻居于正位就无灾无难。象辞也说，因为从邻居九五被震入险境当中感受到惊畏，使自己预先有所戒惧。

上六的应位是六三，两个都是柔爻，虽然成对，但不成配偶。六三在卦变前在临的下兑（言）里，卦变后下兑变震，相当于原来说好的话语变卦了，这个时候如果谈婚论嫁，就会导致言语争执。

象辞说上六未能占据中位，前后失据，心无所归，是因为九四在卦变中本该到上卦中位，而只到了四位，也就是没能占据中位，使上六也无所依归。

◎ 思考辨析题

1.如何理解大象辞"洊雷，震。君子以恐惧修省"？

2.震卦初九用象辞作为小象辞来解释爻辞，有什么用意？

3.为什么震卦六二"丧贝"，而六五"无丧"呢？

䷳ 艮为山（卦五十二）（艮下艮上）

艮其背，不获其身。行其庭，不见其人，无咎。

《彖》曰：艮，止也。时止则止，时行则行，动静不失其时，其道光明。艮其止，止其所也。上下敌应，不相与也。是以"不获其身，行其庭，不见其人，无咎"也。

《象》曰：兼①山，艮。君子以思不出其位。

◎ **注释**

①〔兼〕《说文》："兼，并也。"指重之意。与坎卦"习"，震卦"洊"义相同。

◎ **大意**

艮卦象征抑制停止，人可以止住自己的背部，但无法掌控自己的身体（和心灵），这就好像人只能控制自己在自家的庭院中行走，却无法掌控自身，无法感知自己身体和心灵的活动，倒是不会有什么祸患。

《彖传》说：艮是抑制停止的意思。时机应该停止就要停止，时机应该行动就要行动，运动和静止都能随时而定，不丧失合适的时机，如此则抑制停止的大道将光明灿烂。艮卦的止强调的是抑制静止要适得其所。艮卦六爻上下同性相斥，互相敌应，彼此都不应合，因此才无法掌控自己的身体（和心灵），这就好像人可以控制自己在自家的庭院中行走，却无法掌控自己，感知不到自己身体和心灵的活动，倒也谈不上什么咎害。

《象传》说：两山相并，山外有山就是艮卦。君子有鉴于象征抑制和停止的艮卦，体悟到思考问题不应当超出自己的身位，能兼容并蓄，兼顾对方，不越位。（前面是山，后面也是山，人身被限止在两山之间的地位中，心思活动应该从身位开始，不离其境。）

◎ 解读

震卦是行，艮卦是止，行与止，动与静，各有各的意义。艮为背，背有相背之意，因人看不到背面，而无法控制心理之背。天动地静，人当效法天地，既能动也能静，无论动还是静，都要顺应时势，不可随心所欲，这样才符合天地之道。初六对应六四，六二对应六五，都是柔爻与柔爻同性相敌，九三对应上九是刚爻与刚爻同性相敌。如此一来，艮卦就没有一爻有应。这就意味着行动的时候要面对难以超越非止不可的处境。对人的思想来说，只能想象自己可能成就或该想的事情，而不应该想入非非。人虽然可以掌控自己的身体，但常常无法掌控自己的心理和思想，既然如此，知道应该抑制的地方就适当抑制，这样才可让意识止在该止之处。

艮是止意。古文里自动词的用法往往是施受同词。止既是自己停止不动，也是受到制止、约束。艮由观变来，即观九五与六三换位变艮卦。艮为坚多节木，背脊骨也坚多节，所以艮也为背。观变艮，九五下到三位，下坤（身）变为下艮（背），所以人可以止住自己的背部，但无法掌控自己的身体（和心灵）。互震（行人）在上艮（门）下艮两门之间，是人在两个门庭中之象，这就好像人可以控制自己在自家的庭院中行走。

上下卦皆艮（门），人在门庭之中行走，感知得到自己在庭中行走，但体验不到自己对意识的把控。虽然心里没底，但没大的祸患。由于自己掌控不了意识所导致的是祸患，而由于无法掌控的自然外力的发作对人所造成的咎害是灾害。因此，如果理解为"止住背部，不能获得其身。在庭院中行走，见不到人"，意思就不够清楚。

> 初六：艮其趾，无咎。利永贞。
> 《象》曰："艮其趾"，未失正也。

◎ 大意

初六：及时控制住想要迈步的脚趾，停住脚步，这样就无灾无害，利于永久保持这种能够及时改正、及时抑制错误念头的正道。

《象传》说：及时控制住想要迈步的脚趾，因为初六还没有失去正道（柔爻在下位，符合柔从刚之道）。

◎ **解读**

艮卦主要从爻位高低对应人体部位高低来取象。初六在全卦最下位，对应人体脚趾部位，是及时控制住想要迈步的脚趾之象。身体靠脚趾来行走，能把脚趾止住不动，全身就不会行走，符合让人的意识止在该止之处的艮止之道，所以没有什么祸患。初爻代表做事开始之初就能做到止的状态，这样有利于永久保持能够及时改正、及时抑制错误念头的正道。"正"释"贞"，初六还没有失去正道，这主要是指柔爻在下位，符合柔从刚之道，而不是指阴阳位正与否。

六二：艮其腓①，不拯②其随，其心不快。

《象》曰："不拯其随"，未退听也。

◎ **注释**

①〔腓（féi）〕腿肚子，指小腿。②〔拯〕向上举，抬举。

◎ **大意**

六二：抑制住小腿，不让它抬起来，看到自己心仪的人行动，却没法跟随他一起动，心中不畅快。

《象传》说：他想跟随的九五不但不拯救他，还置他于坎陷之中，又故意把他止住，动弹不得，而且九五还不退回，不愿意听凭形势发展，导致六二没法退回听命于形势发展（心中不快，但无可奈何）。

◎ **解读**

二位在初位之上，对应人体脚趾上之小腿，爻辞是抑制住小腿。走路时小腿要随大腿抬动，如果小腿止住不动，就要被大腿拖着走，好像看到自己心仪的人动了，却没法跟随他一起动，所以心里不畅快。

观卦变艮卦，六二原有正应在九五，卦变中六二正应九五与六三换位，六二变入互坎（心）下艮（止）中，六二有正应却不能上进，所以心中不畅快。六二本来觉得九五是他应该追随的，毕竟九五阳刚，与六二正应，如果六二有难，本应该得到九五拯救。可是这一爻恰恰相反，是"不拯"，不但不拯，还害了六二，所以"不拯其随"其实是"其随不拯"，也就是卦变中九五来到三位，与六二比邻，下卦成艮，把六二止住了，互卦为坎（险），从五位下来的阳爻不但不拯救六二，而且止六二于险中，陷六二于不义，让六二处于危险的境地，还进退维谷，动弹不得，六二被九五下来所迫，不得不面对险境，当然不快。六二想要追随的九五不但不帮自己，而且还去帮其他人形成对自己不利的处境，是被生硬地止住了，心中当然不快。字面上是九五下来到九三成艮（止），是抑制住小腿运动，不让它抬起来，当六二意识到自己本应随从的人如此应对自己，心中自然不畅快。

所以，六二没有想到，自己心仪的、自认为本应追随的九五，反而把自己置于危险境地还动弹不得，六二想跟九五互动，却受到九五造就的形势的牵绊，甚至连听任形势发展的可能性都没有了，难受至极。

九三：艮其限①，列②其夤③，厉，熏心。
《象》曰："艮其限"，危④"熏心"也。

◎ **注释**

①〔限〕本指界限，限制，限定。这里指身体的中部，即腰部。②〔列〕同"裂"。③〔夤（yín）〕通"膑"，夹脊肉。④〔危〕释"厉"，九三处在坎卦，坎为危险，为心。

◎ **大意**

九三：抑制住腰的运动，撕裂了背部的脊肉，身心疲惫，极其危险痛苦，心疼得像被火烧烤着一样。

《象传》说：抑制住腰的运动，因为极其危险痛苦，心疼得像被火烧烤着一样。

◎ **解读**

三位是全卦中段，对应身体的腰部，中爻下面一二三爻为艮止，上面三四五爻为震动，所以说是抑制住腰的运动。九三在互坎（美脊）里，在卦变中是从五位下到三位，拆开了下坤（身），也就是拆开了身上的脊部，仿佛撕裂了背部的脊肉。坎（险）为心病，心疼得像被火烧烤着一样，极其危险痛苦。

六四：艮其身，无咎。
《象》曰："艮其身"，止诸①躬②也。

◎ 注释

①〔诸〕之乎的合音，相当于"之于"。②〔躬〕亲身，自身，以"躬"释"身"。

◎ 大意

六四：管住自己的身体，没有祸患。

《象传》说：管住自己的身体，只不过是禁止住自己的肉身（不能够完全掌控自己的心灵）。

◎ 解读

四位到了腰上，指人的上半身，观卦六四位在互坤（身），变为艮（止）卦，是止住身体，所以说管住自己的身体。止住身，身体静止，合乎艮止之道，所以没有祸患。

卦辞讲"不获其身"，六四亦可与此相参，艮止而返于道之体，在乾之先，故不言乾坤四德，亦不着吉凶，只言"无咎"。吉凶悔吝生乎动，不动故无咎。

六五：艮其辅①，言有序，悔亡。
《象》曰："艮其辅"，以中正也。

◎ 注释

①〔辅〕上牙床骨，本来就基本不动，再有意控制，就控制住嘴的运动，参咸卦上六。

428

◎ 大意

六五：抑制住自己的嘴巴，使说话合理有序，该说则说，不该说则止，这样就可以消除忧虑和悔恨。

《象传》说：抑制住自己的嘴巴，因为六五言行中正（在上卦中位）。

◎ 解读

艮卦从三爻到上爻是一个小颐卦，颐有嘴象，六五在小颐上部，属上牙床，不好动，所以抑制住自己的嘴巴。小颐卦是艮（止）震（动）互对，取象艮是上牙骨，震是下牙骨，人说话正是下牙骨张合而动，上牙骨不动。有动而能止，控制得很好，说明说话合理有序，有礼有节，有理有据，这样就可以消除忧虑和悔恨。

> 上九：敦艮①，吉。
> 《象》曰："敦艮"之"吉"，以厚终也。

◎ 注释

①〔敦艮〕厚重地止住，相当稳固厚实，不可动摇。象辞以"厚"释"敦"。

◎ 大意

上九：以敦实淳厚的心灵抑制邪思邪念，不假思索，动止自如，自然吉祥。

《象传》说：心灵敦厚到随心所欲的境界，一起心动念就能够抑制邪思邪念而自然吉祥，说明上九能够慎终如始地保养厚重的修养境界。

◎ 解读

上下卦皆艮（山），山山相重，显得无比敦实厚重，高山仰止，上九处两山之上，引申为以敦厚的心灵抑制邪思邪念，自然吉祥。

◎ 思考辨析

1. 艮卦象辞讲"时止则止，时行则行，动静不失其时"，《大学》也讲"为人君止于仁，为人臣止于敬，为人子止于孝，为人父止于慈，与国人交止于信"，请说说知止的道理。

2. 如何理解大象辞"兼山，艮。君子以思不出其位"？

3. 从艮卦六爻与身体的对应关系说明其与修身养性的关联性。

䷴ 风山渐（卦五十三）（艮下巽上）

渐：女归①吉，利贞。

《彖》曰：渐之进也，"女归吉"也。进得位，往有功也。进以正，可以正邦也。其位刚得中也。止而巽，动不穷也。

《象》曰：山上有木，渐。君子以居贤德善俗。

◎ **注释**

①〔归〕指女子出嫁。

◎ **大意**

渐卦象征循序渐进，譬如女子出嫁循礼，六礼备全后渐进而归于夫家就会获得吉祥，利于坚守正固，不失贞操。

《彖传》说：逐渐地行进，譬如女子出嫁循礼渐进而归于夫家，这样出嫁之后才会获得吉祥。向前渐进而取得正位，是前往有功（六四从三的阳位推移到四的阴位，柔爻居阴位，前进得位）。渐进而又能依循正道（六四卦变后进入正位），就能以中正之道治理国家，端正邦国民心，教化风俗。渐卦九五刚爻居于中位，下卦艮为止，上卦巽为顺，只要能静止不躁而又谦逊随顺，以此渐进的方式行动就不会陷入困穷之境。

《象传》说：下卦艮为山，上卦巽为木，山上生长着高低不同的树木就是渐卦。君子看到山上树木层层叠叠，渐渐高大，就知道要循序渐进地积累贤德，逐渐改善风俗。

◎ 解读

"渐"是渐进之意。渐卦由否卦变来，即否九四与六三换位变渐卦。否卦是上乾（男）下坤（女），男上女下。坤女的六三只向上推移了一位成渐，是步步渐进，显示出一步一步推进之象，所以叫循序渐进。古代女子出嫁，要经过纳采（提亲）、问名（换帖合婚）、纳吉（告诉占卜结果）、纳征（定婚）、请期（择日）、亲迎（迎娶）六礼，等待出嫁的女子应该耐心等待婚事渐渐向前发展，而不宜情急。否变渐，男女结合，各得正位，譬如女子出嫁循礼渐进而归于夫家，就会获得吉祥，利于坚守正固，符合伦理，不失贞操。

古人认为，男婚女嫁对国家风俗影响很大，婚嫁之道正了，将能够起到正邦化俗的作用。卦里九五与六二得位并正应，这说明全卦秩序大面上没有问题。树得地要在山上生长，君子处事要居于贤德。树的生长是从毫末之小树逐渐成长为合抱之木，人的修养和移风易俗也要逐渐进行，所以称作"十年树木，百年树人"。

就生活的本真状态来说，渐卦可以理解为女子在夫家生活，既要巽顺持家，又要安心渐进地把艰难的生活向前推进。本卦各爻都提到"鸿"（大雁），二三四爻互坎（水），三四五互离（鸟），上卦巽（进退），有水鸟一进一退之象，即候鸟冬去春来，说明"鸿"主要从互卦取象。

初六：鸿渐于干①。小子厉，有言，无咎。
《象》曰："小子"之"厉"，义无咎也。

◎ 注释

①〔干〕岸边。

◎ 大意

初六：大雁渐渐飞到河岸边，这就好像一个小孩跑到河边玩耍，很有危险，受到大人斥责离开了岸边，所以最终没有酿成什么灾祸。

《象传》说：小孩跑到河边玩耍很有危险，按道理来说，只要能够马上纠正他的错误就不会有什么灾祸。

◎ 解读

初六是渐进之初，位处最下，前临互坎（水），是在水涯岸边之象，所以说大雁渐渐飞到河岸边。下艮（少男）有小子之象，在坎（水，险）边上，像一个小孩跑到河边玩耍，有危险。《说卦传》"成言乎艮"说明艮是"成言"，即已经成为共识的社会言论。初六在下卦艮里，受到社会言论的指责，代表小孩受到大人斥责离开了危险的岸边，最终还是没有什么灾祸。

通常来说，小孩子办错事，说错话可以理解，知错能改，应该谅解，受到大人管教斥责也正常。如果只是理解为"言语不合"，意思并不清晰。

六二：鸿渐于盘①，饮食衎衎②，吉。
《象》曰："饮食衎衎"，不素饱也。

◎ 注释

①〔盘〕通"磐"，大石，艮为小石、为山，小石如山可称为"盘"。
②〔衎衎（kàn）〕安定自得，愉快和乐之貌。

◎ 大意

六二：大雁飞行渐进到磐石之上，安逸愉快地享用饮食，欢畅喜乐，一片祥和。

《象传》说：安逸愉快地享用饮食，欢畅喜乐，说明六二不会白吃饱饭，无功受禄。

◎ 解读

六二在下卦艮（小石、山）里，大雁飞行渐进到磐石之上。六二在互坎（水、酒）里，又居于下卦中位，上应九五，靠自己的奋斗，可以安逸愉快地享用饮食，欢畅喜乐，一片祥和。六二在下卦中位与九五正应，象征六二之臣以中道与天子应和，而不会白吃饱饭，无功受禄。

九三：鸿渐于陆①。夫征不复，妇孕不育，凶。利御寇。

《象》曰："夫征不复"，离群丑②也。"妇孕不育"，失其道也。"利"用"御寇"，顺相保也。

◎ **注释**

①〔陆〕叠起层层土堆，指高平之地。②〔丑〕类。

◎ **大意**

九三：大雁飞行渐进到远离水边的陆地之上，（离雁群越来越远），这就如同丈夫长期出征远行不回家，家里的妻子怀了孕却不能把小孩生下来，非常凶险，但对抵御寇盗有利。

《象传》说：丈夫长期远征不回家，是离开了属于自己的群体（九三在卦变中从乾的三个刚爻中分离出来）。家里的妻子怀了孕却不能把小孩生下来，因为妻子有失贞节，违背妇道（否卦穷上的三个刚爻按正道推移应当是返下而复。否的九四原有正应在初六，应当推移到初位，而在卦变中却到了三位，失去了正道）。对抵御寇盗有利，是因为顺守相保。

◎ **解读**

九三在下艮（山）互坎（水）里，山高水平，高平之象为"陆"，所以说大雁飞行渐进到远离水边的陆地之上。在卦变中，九三从上乾里下到三位，复卦是阳穷于上而返下，但九三没有返下，这就如同丈夫长期出征远行不回家（复）。九三跟六四原为夫妇，六四上去跟九五在一起，但又不合适，所以没有生育。与九三换位的六四在互离里（大腹，孕），上卦巽（长女，妇，不果），是腹大不结果之象，指家里的妻子怀了孕却不能把小孩生下来。九三在互坎（险）里，所以非常凶险。同时，坎（寇盗、弓）离（矢）而有抵御寇盗之象。对抵御寇盗有利，因为九三可以顺守相保，意思是以顺道相守，委屈保住，否变渐，上卦成巽（顺），中间出坎（妇），相当于是付出了家妇。否卦柔长逼退刚爻，变渐后局面改变，刚爻的地位保住了，被艮（止）卦抑制住了。

六四：鸿渐于木，或得其桷①，无咎。

《象》曰："或得其桷"，顺以巽也。

◎ 注释

①〔桷（jué）〕方形椽子。

◎ 大意

六四：大雁飞行或者渐进到树林之中，或者飞到房屋方形的屋椽之上得以暂时栖身，没有什么问题。

《象传》说：或者飞到房屋方形的屋椽之上能够暂时栖身，是因为六四从柔顺变为巽顺。

◎ 解读

六四位在下艮之上。艮（门阙）顶上的木料就是椽子，所以说飞到房屋方形的屋椽之上暂时栖身。鸿雁是蹼足飞禽，难握树枝，落在树上难以栖息，如果落在方椽上安稳一些。

六四是由否卦下坤进到渐卦的上巽里，坤为柔顺，巽为顺利，循序渐进，顺势而入，由柔顺变为巽顺。从卦变上讲很清楚。

九五：鸿渐于陵①，妇三岁不孕，终莫之胜，吉。

《象》曰："终莫之胜，吉"，得所愿也。

◎ 注释

①〔陵〕山陵，此爻里陵指"高山"，不是一般的丘陵地带，指大雁飞到山顶上了。

◎ 大意

九五：雄雁离开雌雁渐渐飞到高高的山陵之上，它的雌雁三年都没有怀孕（犹如丈夫远行，导致家里的妻子三年不能怀孕），因为没有能比得过她心仪的雄雁的（好比妻子的眼中没有任何男人能够胜过自己的丈夫），这是非常吉祥的关系。

《象传》说：雌雁心中没有比得过她心仪的雄雁的（好比妻子的眼中没有任何男人能够胜过自己的丈夫），这样很吉祥，她因为忠贞不贰，必然会与雄雁（丈夫）会合，彼此得偿对夫妻关系所期待的愿望。

◎ **解读**

从卦象上分析，九五在互离（附丽）中，在下艮（山）之上，有附丽于山上之象，所以是雄雁离开雌雁渐渐飞到高高的山陵之上。九五在上卦巽（妇、不果）里，正应六二在下艮（阻）里，中间阻隔着三爻，所以它的雌雁三年都没有怀孕（犹如丈夫远行，导致家里的妻子三年不能怀孕）。艮又为果，所以象辞认为三年后可孕，得偿所愿。九五和六二各在上下卦的中位，能够以中正之道上下相应，超过了六二和九三的比邻关系，所以她一定会忠贞不二，与雄雁（丈夫）会合，得偿彼此对夫妻关系的愿望，当然，六二虽与九五正应，但同时与九三相比，他们的正应关系也经受着这种相比关系的考验，但最终会因为六二行为中正，能够实现与九五的正应。"胜"是对六二来说的，虽然九三推移下来与六二相比，但还是不能够超过九五跟六二的正应关系，最终还是相应的力量大于相比的力量。"好比妻子的眼中没有任何男人能够胜过自己的丈夫"，不包含有妻子在丈夫不在的时候考虑其他男人的意思，但包含有妻子在丈夫不在的时候，受到其他男人追求的意思，象上讲确实如此。对于九五来说，正应在六二，而六二却要经受情感上的考验，因为九四下到九三，跟六二比邻，有主动追求六二，而且关系不错之象，比九五更加主动积极，所以六二并不是完全没有动心，好比一个丈夫远行的妻子，受到其他男人积极主动的情感进攻，而且自己也不是完全不动心，但六二作为妻子能够保持行为中正，三年都不怀孕，等待跟自己正应的丈夫九五归来，所以最后能够跟丈夫会合，也会因为忠贞而怀孕生子。总之，这一爻是因为六二行为中正，最后能够实现与九五的正应。

九五在代表婚姻之卦的渐卦中，又以鸿雁取象为最理想状态，也就是忠贞不二，婚姻和感情都经受住了时间和距离的考验，才符合九五作为婚姻的理想状态的期许。"得所愿也"是婚姻关系经受住了考验，即使三年没有孩子，也终能得偿夫妻对对方所愿，彼此维持婚姻关系的愿望。在这种情况下，从没有怀孕的角度理解夫妻关系就说明维系婚姻关系更加不容易了，尤其是在非常重视传宗接代的古代社会，往往认为应该要有孩子婚姻才有结果，但并不是没有此爻的情况发生，也就是说，夫妻虽然没有怀孕生子，婚姻关系开始可能会受一点折磨，但经历了时间和空间的考验之后，反而历久弥坚，更加感人，如此特别符合全卦忠贞不二的主旨，也完全符合九五爻作为忠贞的最高境界的理想状态。可见，九五揭示了婚姻关系的最高境界，不是为了任何身外之物（甚至包括孩子），而仅仅是为了夫妻关系本身，彼此倾慕，忠贞不二，共同经历风霜雨雪，最后仍然不离不弃，这才是婚姻中彼此忠贞不二的最高境界。而卦爻辞的作者认为，这种境界必须通过九五爻来加以说明和体现。

> 上九：鸿渐于陆，其羽可用为仪①，吉。
> 《象》曰："其羽可用为仪，吉"，不可乱也。

◎ **注释**

①〔仪〕仪表，仪态，礼节仪式。鸿雁是候鸟，不衍期，有准信，象征知时有信。鸿雁飞翔时排成人字，象征有序。鸿雁配偶遇难不另找新欢，孤雁哀鸣，为爱情忧伤，象征忠于爱情，忠贞不贰，所以古时把鸿雁的羽毛用在礼仪中。

◎ **大意**

上九：大雁越过了高陵，慢慢地飞回到大陆上来，羽毛洁白美丽，在礼仪中可以用来修饰，是忠贞和吉祥的象征。

《象传》说：羽毛洁白美丽，在礼仪中可以用来修饰，具有忠贞和吉祥的象征，是因为礼仪不可乱序，尊卑有序，进退有节（上巽为进退）。

◎ **解读**

上九处一卦最高位，穷上返下，从高陵返回到大陆上，到达彼岸，上下有序。在上卦巽（进退）里，所以说大雁飞过了高陵，慢慢地飞回到大陆上来。进退有序就是礼仪，很有风度，大雁羽毛洁白美丽，在礼仪中可以用作修饰品，是忠贞、吉祥的象征和典范。

◎ 思考辨析题

1. 如何理解彖辞"进得位，往有功也。进以正"？

2. 如何理解大象辞"山上有木，渐。君子以居贤德善俗"？

3. 从渐卦六爻的不同状态说明修身养性与改善风俗之间的相关性。

䷵ 雷泽归妹（卦五十四）（兑下震上）

归妹：征凶，无攸利。

《彖》曰：归妹，天地之大义也。天地不交而万物不兴。归妹，人之终始也。说以动，所归妹也。"征凶"，位不当也。"无攸利"，柔乘刚也。

《象》曰：泽上有雷，归妹。君子以永终知敝①。

◎ 注释

①〔敝〕弊，弊端，衰败，破旧。

◎ 大意

归妹卦象征妻娣二女共嫁一夫，前行争斗，必有凶险，不会有什么好处。

《彖传》说：女嫁男婚，天经地义，是天地阴阳运转的大道理。因为天地阴阳不交合流变，万物就不会成长兴旺。男婚女嫁是人伦的开始和归宿，人类才能终而复始地繁衍生息。下卦兑为悦，上卦震为动，内心喜悦而外表欢动，这是少女出嫁的象征（下卦兑为少女，即妹）。前往争斗，必有凶险，是前往的位置都不恰当（九四上来以阳刚居柔位，六三下降以阴柔居刚位）。没有什么好处，是因为柔爻乘驾刚爻（卦变后六三柔爻乘驾在刚爻九二之上，九四上往又被柔爻六五所乘）。

《象传》说：下卦兑为泽，上卦震为雷，泽上有雷就是归妹卦。君子看到泽水之上雷声震动，内心喜悦而外表欢动，象征少女出嫁之时，欢声笑语，喜笑颜开，同时也看到，如果雷震动了，湖水就要泛动不安，所以知道要长久地保持夫妇和睦，也了解有始无终的弊端。

◎ **解读**

归妹是出嫁妹妹之意，古来有夫妻结合和妻娣共嫁两个不同的解读视角。归妹卦从泰卦变来，即泰六四与九三换位变归妹。上卦震（长男，兄），下卦兑（少女、妹）。泰卦九三刚爻居刚位，六四柔爻居柔位，位都正。变归妹卦后九四刚爻居柔位，六三柔爻居刚位，位都变得不正了，都不得位，所以说前行争斗，必有凶险，不会有什么好处。从卦爻辞和卦变来看，应该从妻娣视角来解读更为合理。

归妹从泰变来，泰卦下乾（天）上坤（地），变归妹后天地相交，阴阳交流，天地阴阳相交符合天地阴阳运转之道的运动，这是天地和人间最大的道理。男女相交是人伦大义，归妹是男女婚配结合，人类社会不能没有这种结合，否则就会绝种灭迹。所以"出嫁妹妹"是人类衍生的开始，也是人类能够保持永久至终的基本存在方式之一。婚配嫁妹是人之终始，同时，君子鉴于归妹卦的终始观念，也应当在自己的道德修养或事业建树上有始有终，防止半途而废。

少女出嫁却因为前往争斗而有凶险，最后没有什么好处。一解妻娣二女共嫁，故有争斗而凶；一解女子不待夫家迎娶而自归，不合礼数而必凶。但参看象辞，还是前解更加合乎情理。"'征凶'，位不当也"如果不从卦变上分析，只能知道它们的位置不当，但为什么是"征"来的，却不可能说得清，只有通过卦变才能清楚地知道，是因为各自"征"了，结果都变凶了。如果不讲卦变，就要讲出嫁违礼导致凶灾，但是又难有明确的根据。一解"征"为征伐征战，但很难解释跟婚配的关系。

438

初九：归妹以娣①。跛②能履，征吉。

《象》曰："归妹以娣"，以恒也。"跛能履"，"吉"相承也。

◎ **注释**

①〔娣（dì）〕随嫁的妹妹。古代姐妹共同嫁给一个丈夫，年幼的叫娣。古代诸侯一娶九女：正室夫人一名，随嫁娣侄二人为媵（yìng），正室与媵又各有二侄娣陪嫁。娣不同于妾，姐姐死了，娣可继为正室，仍保持两国姻亲不断。②〔跛〕《说文》："跛，行不正也。"瘸子，拐腿。

◎ **大意**

初九：用娣来随嫁出嫁的姐姐，好比跛脚的拐子还能坚持继续走路一样，往前进发，可获吉祥。

《象传》说：妹妹跟随姐姐一起出嫁，这是为了使姻亲关系更加恒久。正如拐子跛了一只脚，但还可以坚持继续走路，说明吉祥是可以一直继承下去的。

◎ **解读**

初九在下卦兑（少女、妹）里，所以说用娣来随嫁出嫁的姐姐。归妹由泰变来，初九在泰卦里跟六四正应，本应与六四往来，可是卦变中却是六四与九三换位，使下卦成兑（毁折），初九在下位为足，好比出嫁的时候腿脚受伤而"跛"行之象，虽然如此，初九还是应于上震（行）的九四里，好像跛脚的拐子还有强烈的意愿继续坚持走路一样，象征往前进发，可获吉祥。

象辞明确说明，婚姻的吉祥可以延续下去是因为姐姐死后还有娣来继承。此爻的"跛"，前人很少用卦变解释，因而不容易讲清楚。象辞如果不从妻娣关系角度来解读，很难理解"恒"与"吉相承"的意思。

九二：眇①能视，利幽②人之贞。

《象》曰："利幽人之贞"，未变常也。

◎ **注释**

①〔眇〕一只眼大，一只眼小，或指瞎了一只眼，眼有残疾。②〔幽〕昏暗，幽冥阴暗。

◎ **大意**

九二：妹妹跟随姐姐一起出嫁，好比自己是一个斜眼偏盲的人，不能把东西看得非常清楚，做一个安处于幽静暗室中的人，这样比较有利。

《象传》说：有利于安恬地做一个处于幽静暗室中的人，因为九二安守贞洁，并没有改变婚姻状态的常道（九二在中能正，可保持恒久）。

◎ **解读**

九二在互离（目、明）下兑（毁折）里，目受毁折为"眇"之象，还可以看见一点，但好比自己是一个斜眼偏盲的人，不能把东西看得非常清楚。九二位于下卦中位，得中可正，虽然眼睛受毁折而盲，好像一个安处于幽静暗室中的人，但正好有利于在暗室当中安静自处。

九二刚爻居内处中，本有刚劲而有把握分寸的能力，只是在目受伤的大势当中，自己明白装成眼睛看不清才最有利，这样可以守住婚姻的常道。至于婚姻中的问题，是夫君的道德问题还是夫妻关系的复杂问题，都不太重要，关键在于视若无物，不在心上起意，方能延续长久。

> 六三：归妹以须①，反②归以娣。
> 《象》曰："归妹以须"，未当也。

◎ **注释**

①〔须〕妾。须女是天上的一个星座，古代的星宿名。二十八宿中北方玄武七宿的第三宿，有四颗星，常现于织女星之南，主贱妾之职。《史记·天官书》："须女，贱妾之称。"一作等待。②〔反〕反而，一说回返，反悔，毁约。

◎ **大意**

六三：少女出嫁时，让她的姐姐作为妾来陪嫁，嫁过去以后，姐姐反而成为自己妹妹的嫁妹了。

《象传》说：少女出嫁时，让她的姐姐作为妾来陪嫁，这样的做法导致姐妹的位置是不恰当的（六三柔爻推移到刚位，位不当）。

◎ **解读**

古时以娣随嫁是为了婚姻关系能够维持长久，但以妾随嫁就易于引起妻妾不合，所以嫁妹之家都不愿以妾随嫁。六三是全卦主爻，从上坤变到下兑（妾、少女、妹）。因为是在归妹卦里，所以少女出嫁时，让她的姐姐作为妾来陪嫁，嫁过去以后，姐姐反而成为自己妹妹的嫁妹了。

这一爻可以从想法和事实两方面分析。就想法来说，少女想以妾的身份随嫁出嫁的姐姐的想法是不妥当的，因为少女对于婚姻没有经验，所以会影响人的想法是对是错。对于事实来说，少女出嫁时，让她的姐姐作为妾来陪嫁，嫁过去以后，姐姐反而成为自己妹妹的嫁妹了，这样的婚姻通常会有问题，毕竟姐姐妹妹的名分似乎在夫家被颠倒了。如果姐姐试图成为正室，就会跟妹妹有很多矛盾，但此爻六三不得其位，乘刚，虽然想这样做，不合适，但最后还是在互兑当中，表示姐姐能够以娣的身份跟妹妹和悦相处。

少女之心，期望较高很正常，但少女对婚姻问题没有什么经验，只是这种天真无经验的想法本身就不妥当。婚姻之中，一念不和，就容易引起妻妾长久的不合。如果说六三想以妾的身份随嫁出嫁的姐姐，也只能是一种猜想和可能性，所以用"想"来翻译并不合适，所以不是想以妾的身份随嫁这样的想法不太适当，而是这样的做法导致姐妹关系颠倒而不恰当。

一说本想以侍女随嫁，但夫家要求以妹妹随嫁。侍女或妾容易引起夫妻关系紧张，不恰当，而娣通常来说是有助于婚姻的，可以说是两种不同的婚姻状态。

> 九四：归妹愆期①，迟归有时。
>
> 《象》曰："愆期"之志，有待而行也。

◎ **注释**

①〔愆（qiān）期〕延误婚期。

◎ **大意**

九四：出嫁延误婚期，是想稍迟出嫁，等待更加合适的时机。

《象传》说：九四能坚持错过婚期的心志，是有所期待而后出嫁。

◎ **解读**

九四在互离（日）互坎（月）里，引申为日子比较长，所以是出嫁延误婚期。但九四在卦变中推移到上震（行，春），古代嫁女以春为时，有时可行，所以想稍迟出嫁，等待更加合适的时机。换言之，如果少女迟迟不想出嫁，其实是想等待更好的配偶。

这里的主语，可以是少女，也可以是家长。问题在于，古时女子很难有婚姻自主性。婚期延误的原因有多种，有未等到合适的人、自身素质不够、待（兄）命而行、被命令而行等。可以理解为，出嫁如出仕做官，婚姻大事，不可所适非人，没有合适的人的时候，宁可等着；也相信自己能够等到合适的人，所以是在时间当中等待合适的人出现。

六五：帝乙①归妹，其君②之袂③不如其娣之袂良。月几（jī）望④，吉。

《象》曰："帝乙归妹，不如其娣之袂良"也。其位在中，以贵行也。

◎ **注释**

①〔帝乙〕商朝第二十九世皇帝。②〔君〕小君，指下嫁的御妹，也即诸侯正室夫人的御妹。《尔雅义疏》："其嫡夫人则礼称女君。"③〔袂（mèi）〕衣袖，这里指衣饰服装。④〔望〕十五的月亮。

◎ **大意**

六五：帝乙下嫁御妹的时候，小君的衣饰反而比不上娣的衣饰好，但小君就像那接近圆满的月亮（美丽又谦逊），非常吉祥。

《象传》说：帝乙下嫁御妹的时候，小君的衣饰之所以比不上娣的衣饰好，因为六五在上卦中位，谦逊中和地居于尊位，小君是以其尊贵的身份出嫁。

◎ **解读**

归妹由泰变来，泰上卦坤纳乙（按纳甲原理），变为归妹，所以说帝乙下嫁御妹。泰卦下乾（衣、良）上坤（裳、昏睯），九三与六四换位变归妹，上震从下乾得到一爻，从上坤得到二爻；下兑从下乾得到二爻，从上坤得到一爻。六五为君，在上震里，娣在下兑里，小君的衣饰反而不如娣的衣饰漂亮。娣是随嫁的同姓国女子，穿的衣服比女君还要好，说明对随嫁非常重视，陪嫁丰盛，但并不是要把女君和小君比下去。

归妹上震下兑，按纳甲原理，震纳庚，相当于月牙初吐；兑纳丁，月亮初八晚上在丁（南）方出现，为上弦月，是月亮快要圆的时候，象征穿着简朴的新娘好像圆月一样引人注目。

后面比喻的主语应当是御妹，她的打扮俭朴，是来自帝乙本身俭朴的品德，"以贵行也"应当指其御妹的身份尊贵，即使俭朴也丝毫不影响其内在品德的光辉。

> 上六：女承筐无实，士刲①羊无血，无攸利。
> 《象》曰：上六"无实"，"承"虚"筐"也。

◎ **注释**

①〔刲（kuī）〕《说文》："刲，刺也。"《广雅》："刲，屠也。"刺杀宰割。古代成婚之后，要对祖先血祭，祭时要杀牲取血。

◎ **大意**

上六：（成婚之后，夫妇对祖先血祭之时）新娘手捧竹筐，筐内空空如也，没有实物；新郎用刀宰羊，也取不到血，（夫妇祭祀之礼难成，祖先不佑），没有什么好处。

《象传》说：上六阴虚不实，所以手里捧着空筐。

◎ **解读**

兑为少女，上震（筐）由泰上坤（虚）变来，所以新娘手捧竹筐，筐内空空如也。成婚祭祖之时，女的捧着空筐，无所奉献，暗示女子没有怀孕，不结果实；或者暗示女子婚前已经不是处女。震为士，互坎（血）在兑（羊）上，血流不下来，象征新郎用刀（上爻变互离为戈）宰羊，却取不出血来，也是象征祭祀礼仪不成，祖先不佑，有不祥之兆。上六位置太高，又无正应，没有什么好处。

象辞说上六阴虚不实，好比手里捧着空筐，象征这种婚姻是没有结果的。

◎ 思考辨析题

1. 如何理解大象辞"泽上有雷，归妹。君子以永终知敝"？

2. 归妹卦辞言"征凶"，为什么初九言"征吉"？

3. 咸、恒、渐、归妹四卦都讨论男女感情、夫妇伦理，但各自侧重点不同，区别在哪里？

䷶ 雷火丰（卦五十五）（离下震上）

> 丰：亨，王假①之。勿忧，宜日中。
>
> 《彖》曰：丰，大也。明以动，故"丰"。"王假之"，尚大也。"勿忧，宜日中"，宜照天下也。日中则昃②，月盈则食③，天地盈虚，与时消息，而况于人乎，况于鬼神乎！
>
> 《象》曰：雷电皆至，丰。君子以折④狱⑤致⑥刑⑦。

◎ 注释

①〔假（gé）〕感格，达到的意思。一说解释为"大"。②〔昃〕《说文》："昃，日在西方时侧也。"太阳过午而西斜。③〔食〕有亏损之意，用如蚀，如月食，指月亏缺。④〔折〕断，判决。⑤〔狱〕案件，刑狱。⑥〔致〕导致，致使，使来到，也同"至"，到达。⑦〔刑〕刑罚，对犯罪行为的处罚。

◎ 大意

丰卦象征丰富盛大，亨通，君王能够使天下丰富盛大，不必担忧，更应该像太阳升到天空正中那样把光辉普照世间。

《彖传》说：卦名丰是丰富盛大之意。下卦离为明，上卦震为动，只要光明地行动，就能发展丰富盛大。君王能够使天下丰富盛大，因为君王崇尚丰富盛大。不必忧虑，应该像正午的太阳升到天空正中那样，因为这样才能让太阳的光辉普照天下。但是太阳过了中午就会西斜落山，月到圆满就会亏蚀缺损。因为天地之间盈满和亏虚，本来就不是固定的，都在不断转换，二者伴随时间节气的推移而消长，天地都是如此，更何况是天地之中的人和鬼神呢！

《象传》说：上卦震为雷，下卦离为闪电，惊雷闪电一起来到，组合成丰盛壮大、气势磅礴的丰卦。君子看到电闪雷鸣，鉴于惊雷的震慑之威，闪电的无隐之明，就要公正明确地审理和决断各种案子，并适当地动用刑罚。

◎ 解读

丰卦由泰卦变来，泰下乾（王）九二上升到四位，使二四换位变丰，显示出君王使丰足出现，也就是君王使天下财富丰足，人民众多，国家盛大。主爻互兑（悦），离为坎（忧虑）之反，所以不必担忧。

泰变丰，刚（大）爻九二从下乾上升成为丰九四，是大的刚爻向上推移，"尚"字从卦象的角度有上之意，引申为德业盛大的人受到崇尚。六二在卦变中推移到了泰下乾（天），成为丰下离（日），使下乾（天）变为下离（日），如日中天，有日照天下之象，而太阳要普照天下最好是位在中天之时，所以说应该像太阳升到天空正中那样把光辉普照世间。从取义上说，办事最好选择中午之时。正午也是一天当中阳光最充分的时间，当然，时间稍纵即逝，一转眼太阳就要落山，所以天地变化总是盛极转衰，衰极又变盛，圆满之中潜伏着残缺。

古人碰到太阳都被伤害的情况时非常恐惧，所以认为有必要去祭祀一下。

如果连太阳这么巨大的能量场都能够被伤害，天下就没有什么不能够被伤害了。所以，日食的发生，以为是太阳受到伤害，就会感到非常可怕，古人把日食也叫作日食，民间留传为"天狗食日"。按照卦象是发生了日食，古人觉得天要塌下来了，得赶紧到庙里去祭祀。当然，古人之前也有见过日食的记忆，知道日食不久就会过去，放心等待即可，不会没有什么问题，只是太阳保持丰盈之道好像已经受到伤害，但又不必要为太阳过于担心。

按照卦的运动，太阳从头底下往上升，太阳前面是兑（伤），太阳受伤是日食，但上面是震（光），所以太阳还是会出来，或者说还有希望出太阳的意思。

初九：遇其配①主，虽旬无咎，往有尚。
《象》曰："虽旬无咎"，过"旬"灾②也。

◎ **注释**

①〔配〕符合，般配，相应匹配。②〔灾〕释"咎"的可能出现，意为一旦有咎便遭灾。

◎ **大意**

初九：遇到与自己相匹配之主（六二），虽然十天内没有祸患，如果能够前往会受到推崇和嘉尚。

《象传》说：虽然十天内没有祸患，但过了十天会有灾祸。

◎ **解读**

丰卦由泰卦变来，在泰卦里，初九与六四正应而匹配。卦变后，泰六四来到下卦中位（为主），遇到初九，并与初九比邻，所以说初九遇到与自己相匹配之主（六二）。六二来自上卦坤（数十），下卦变离（日），十日为旬，所以十天内没有祸患。初九跟来到泰卦六四本来正应，六四下到二位是动，但初九在卦变中没有动，配合不默契，如果能够主动上往跟正应换位，则会有益，所以说如果前往会得到推崇和嘉尚。那么从象的角度来讲是前往可得到上位。

此爻"遇其配主"不讲卦变很难讲通，历史上很多注家都不讲卦变，在此处就很难落实文字出处。配主一说是九四，但九四与初九配，不合《易》例，不取。还有很多解释跟象辞不合，如从东汉郑玄到清代惠士奇、朱骏声、马其昶等都以礼释《易》，近现代以来新见迭出，如李镜池解为商人外出经商，周振甫、高亨认为是与女主人相遇，刘大钧认为是与少数民族交往，而廖名春、王振复等人认为是描述日食初亏现象。这些说法撇开象辞，其实使爻辞意义变得更加难解。

象辞明确说，初九该动而没动，所以只能保证得到六二之后带来十天平安，十天后还不动的话，灾害就会显现出来。

六二：丰其蔀①，日中见斗②。往得疑疾，有孚发③若，吉。
《象》曰："有孚发若"，信以发志也。

◎ **注释**

①〔蔀（bù）〕搭棚用的草席，用来遮蔽阳光，引申为遮盖，大面积遮蔽之物。王弼《周易略例》："小暗谓之沛，大暗谓之蔀。"并《注》云："蔀，覆暧，障光明之物也。"②〔斗〕斗星，北斗七星，指大星星，取上卦震象。《春秋·运斗枢》："第一至第四为魁，第五至第七为杓，合为斗。居阴播阳，故称北斗。"③〔发〕发动，焕发，发挥，一说发落。

◎ **大意**

六二：发生了日全食，太阳被遮蔽得非常大，大中午都能够看到星斗，在这个黑暗到了极点的时候，六二从四位下来的冒失行动必然招致六五的猜疑忌恨，六二只有让自己的真诚慢慢发动使真相大白，最后会获得吉祥。

《象传》说：六二让自己的诚心诚意慢慢发动，使真相大白，因为相信自己的诚信可启发六五的心志。

◎ **解读**

依《说卦传》，下卦离（日）被上卦震（勇）展开的遮蔽物罩住，好像发生日食，太阳被遮蔽。六二在下离（日）的中位，所以取大中午的时间。卦变中，六二与九四换位，九四在上卦震（朱震说震仰盂如斗），所以有大中午都能够看到星斗之象。泰卦里与六五正应的九二到了四位，而六四下来到二位，变得与六五敌而不应，所以说，在黑暗到了极点的时候，从四位下来的六二的冒失行动必然招致六五的猜疑忌恨。还好六二上下有两刚爻相孚，又在离（见）中，能够让自己的诚意慢慢发动使真相大白。六二在下卦中位，位正，所以最后会获得吉祥。

可以这么说，此卦六五为昏君，对于从四位下来的六二心怀疑惧。或者是圣明的君王被小人遮蔽。在下位的忠臣应当无怨无悔，赤诚以待，最后君王还是会发现自己真诚的心志。因此象辞认为，六二能够让自己的诚心诚意慢慢发动，终使真相大白，相信自己的诚心可启发六五的心志。可谓精诚所至，金石为开，最后能够消除疑忌，殊为不易。

> 九三：丰其沛①，日中见沫②，折其右肱，无咎。
> 《象》曰："丰其沛"，不可大事也。"折其右肱③"，终不可用也。

◎ **注释**

①〔沛〕丰沛，形容充盛的样子，天地大暗如雨量充沛，引申为遮天蔽日，《九家易》言："大暗谓之沛"。②〔沫（mò）〕泡沫，沫子，斗柄后部的小星，极暗如飞沫，似有若无，形容处在九三时位的天比在六二时更加黑暗。③〔右肱（gōng）〕右臂。

◎ **大意**

九三：日光被遮蔽得非常丰沛，一片黑暗，大中午都能够看到小星星，如果能够像折断右臂那样屈己慎守，就可以避开祸患。

《象传》说：雨量丰沛，彻底遮挡了太阳，黑暗很严重，这个时候是不能干大事的，不敢有所作为。犹如黑暗中折断了右臂（影响做事），导致九三最终不能被起用。

◎ **解读**

此爻取象与六二相同，明入于下，斗现于上，只是位稍高于六二，距天上的遮蔽物更近了，所以显得更加黑暗，大中午都能够看到小星星。九三卦变前在互兑里，卦变后也在互兑里，只是兑从下往上推了一爻，九三从兑的上阳变成了兑的下阳。九三在互兑（毁折，位西，右）、互巽（股，大腿）里，大腿是下肢之肱，所以是折断了右臂。在爻动的推移中，九三一直在互兑里，可以肯定有损伤，比喻说在如此黑暗的形势之下，要能够像折断右臂那样屈己慎守，因为九三位正，最终应该可以避开祸患。

此爻有危难时刻断臂求生之意。一说右肱喻重臣，指要废掉君王身边的重臣、佞臣，以解脱黑暗之境。

九四：丰其蔀，日中见斗，遇其夷主[①]，吉。

《象》曰："丰其蔀"，位不当也。"日中见斗"，幽不明也。"遇其夷主"，"吉"行[②]也。

◎ 注释

①〔夷主〕从卦变来看，指外卦的旧主六五。或者指九四爻变，则为明夷，取伤害之意。②〔吉行〕说明卦变上升而形成了吉祥的局面。

◎ 大意

九四：发生了日全食，光明被遮蔽很大，大中午能见到星斗，黑暗中遇到旧日的主人，能够化险为夷。

《象传》说：光明被遮蔽很大，因为九四位置不适当。大中午见到星斗，是天色幽暗而不明亮。遇到势均力敌的明主，这是吉祥的征行（九四在卦变中向上升进与六五比邻）。

◎ 解读

如何理解"遇其夷主"是本爻的难点。九四在互兑（伤）中，伤害了下面的太阳（离日），所以是日全食之象，而在这个昏天黑地的状态当中，九四经卦变从九二位置升上来，遇到六五这个旧日（旧卦，外卦）的主人（六五原来跟九二正应），取意是黑暗中遇到旧日的主人，所以非常欣喜，很亲切。同时，解为"遇到势均力敌的明主"也通，因为六五相当于是一个处在伸手不见五指的黑暗当中，跟你相当，却能够给你指明方向的人。之前的一些解法，如"遇到蛮夷首领""东方的君主""均衡的明主""平乱之主"等，皆不够通畅。

象辞说明九四上行，是引发卦变的主爻，能够化险为夷，所以其行吉利。如果不从卦变来解释"遇其夷主"，传统解法基本没有解释通畅的。

> 六五：来章①，有庆誉，吉。
>
> 《象》曰：六五之"吉"，有"庆"也。

◎ **注释**

①〔章〕章美，通"彰"。明亮的文采，光明灿烂，指代章美之才，贤人，美德等。

◎ **大意**

六五：召来内涵有文采的贤人，得到喜庆和荣誉，这是吉祥的。

《象传》说：六五的吉祥，是有喜庆。

◎ **解读**

对六五来说，九四从二位上来也是来，来了以后有喜，因为出现了互兑。原来的坤变震，下卦成离，等于震动而且光明，雷电交加，得以彰显。从意思上说，六五是昏主，但九四是位贤臣，上来辅佐他所以有喜庆而且能得荣誉，是很吉祥的。

从全卦日全食发生的时机来说，是日食即将结束之时，古人重见天日，看到光明重生，欣喜若狂，奔走庆贺，好像天地之间文采震动，光辉灿烂。

《周易》一般以爻向上推为往，向下推移为来，但只要意义明确，爻辞作者也可能根据爻位推移的相对状况而适当改变。

> 上六：丰其屋，蔀其家，窥其户，阒①其无人。三岁不觌②。凶。
>
> 《象》曰："丰其屋"，天际翔也。"窥其户，阒其无人"，自藏也。

◎ **注释**

①〔阒（qù）〕形容空寂如荒芜一般。②〔觌（dí）〕相见，观察，被看见。

◎ **大意**

上六：巍峨高大的房屋都笼罩在黑暗之中，周围的人家都被彻底遮蔽，即使透过门窗窥视，里面也空寂如荒芜一般，犹如自鸣得意，自绝于人，孤立自闭，多年不让人见，最后必定凶险。

《象传》说：房屋巍峨高大也彻底都被无边的黑暗笼罩，这种巨大的恐怖犹如幽灵一般在天际飞翔（上位是天上之位，二至上爻近似小过卦，有飞鸟之象，如鸟在天边飞翔）。透过门窗窥视，里面空寂无人，象征人的心意自我封闭，不跟他人来往（上六丰极必藏而凶）。

◎ **解读**

上六指的是在上昏庸无道之君，自以为是，自鸣得意，夜郎自大，完全自我孤立，三年都不露面，当然非常凶险。他也让老百姓过着非人的生活，这种作威作福的状态是不可能持续很久的。《序卦传》言："穷大者必失其居"，指的就是这样的昏君一定会连住处都被老百姓端掉。

上六位高，象征日全食虽退，但人心被日食深深震撼，彻底笼罩在令人恐怖的阴影之中，迟迟没有退出来，巍峨高大的房屋好像也笼罩在黑暗之中；离（明）在下，好像周围的人家都被彻底遮蔽。《系辞传》说："上古穴居而野处，后世圣人易之以宫室，上栋下宇，以待风雨，盖取诸大壮"。大壮卦上栋下宇，宫室之象。泰卦刚爻向上长一位即为大壮，而卦变中却没有上长，而是二四爻换位。丰与大壮只差六二一爻。宫室加离（目），是见栋宇不见人之象，即使透过门窗窥视，里面也空寂荒芜。上六位处穷极，与应爻九三悬隔三位，九三在下卦离（见），因被遮蔽，犹如自鸣得意，自绝于人，孤立自闭，多年不让人见，最后必定凶险。自己长期退隐，房舍华美高大，却空无一人，此情此景，当然凶险，这是把自己遮蔽起来，时间久了，就是原来家业再大，也一定凶险异常。

◎ **思考辨析题**

1. 丰卦和噬嗑卦互为交卦，两卦的大象辞有什么区别和联系？

2. 泰、晋、夬、家人、升都提到"勿恤"，而丰卦是"勿忧"，"勿恤"和"勿忧"有何差别？

3. 丰卦和大畜卦的六五爻都是"六五之吉，有庆也"，二爻意思有何相同和不同之处？

☲☶ 火山旅（卦五十六）（艮下离上）

> 旅：小亨。旅贞吉。
>
> 《彖》曰："旅小亨"，柔得中乎外，而顺乎刚，止而丽乎明，是以"小亨，旅贞吉"也。旅之时义大矣哉！
>
> 《象》曰：山上有火，旅。君子以明慎用刑而不留狱[①]。

◎ **注释**

① 〔狱〕官司，案件。

◎ **大意**

旅卦象征旅行漂泊，稍有亨通，行旅的时候秉持正道，能获吉祥。

《彖传》说：旅卦稍有亨通，是因为柔顺取得在外的中道，而且又能顺应刚健（在卦变中，六五从否下坤的三位升到了外卦乾的中位，坤为柔顺，乾为刚健，是柔顺地顺应刚健）。下卦艮为止，上卦离为附丽、光明，是安宁守分地依附于光明，因此稍有亨通，行旅的时候持守正道能获吉祥。旅卦的时势的时机化意义实在太重大了！

《象传》说：下卦艮为山，上卦离为火，山上失火，生灵涂炭，四处逃窜，有众生皆失家行旅、在外漂泊之象。君子鉴于山上着火、火势熊熊的旅卦，知道要明察审慎地施用刑罚，而不滞留案件。

◎ **解读**

《序卦传》言："穷大者必失其居，故受之以旅"，流离失所，离开自己的安稳住处。丰倒过来，由大丰收到穷困潦倒，无家无业才去旅行。"旅"是客旅于外，本意就是客寄他乡。古人行旅漂泊，主要是行役戍边，所以又可引申出军旅之意。《杂卦传》："亲寡，旅也。"指旅行在外，自然亲友就少。

旅卦由否卦变来，即否九五与六三换位变旅卦。否卦原是否塞不通，通过阴阳爻交流变出旅卦，卦变中否卦柔（小）爻从三位升到上卦中位，成为旅卦六五，占据最尊贵的位置，所以说稍微有点亨通。中位表示中正不偏，也表示能持守正道。旅行在外，艰险重重，旅客应该柔顺地顺应刚健（上九和九四），以和为贵，和气生财，这样才能得到周围人的支持。古时交通不便，旅行在外苦不堪言，所以旅行即是逆境，但人要学会应对逆境，来之安之，乐观处之，化逆境为顺境，这样逆境就有其正面的意义，顺逆本一体两面，人应该既能处顺，又能处逆，真正达到顺逆互化的大明境界。

象辞的意思是山上失火，草木（互巽）着火，山火蔓延，导致众生皆失所行旅之象。山上有火启示人们见到光明，明察（离）秋毫，联想到要慎重（艮）地施用刑罚（互兑），处理案件（二三四五互坎）要判断准确，并及时决断，不宜让当事人长时间被案件纠缠。

象辞暗示了旅行之人与断案之人心意的共通之处，也是历代解卦者容易忽略的地方。旅人的心意与断案者的心意，从决定他人意识、境遇甚至命运的角度来说，有异曲同工之妙，因为旅行是一个不断决定自己和他人命运的过程，而断案也是这样的一个过程，只是旅行时对他人的决定弱，而断案时对他人的决定强。

"顺乎刚"只说六五顺从阳刚，是不够的。不取"晚上在光明处停下来"或者看到"山上起火"这样的解释。

初六：旅琐琐[①]，斯其所取灾。
《象》曰："旅琐琐"，志穷[②]"灾"也。

◎ **注释**

①〔琐琐（suǒ）〕卑贱、猥琐、平庸，带有投靠、钻营、浅薄、卑污、计较、细小、疑虑等意思。一说碎币零钱。②〔穷〕困，引申为志气小、目光浅。

◎ **大意**

初六：行旅的时候行为卑贱猥琐，这等于是自取其灾。

《象传》说：行旅的时候行为卑贱猥琐，因为初六志气穷困，鼠目寸光，就容易招惹灾祸（初六有正应在九四，但处在下卦艮里，艮为阻，志受困阻）。

◎ **解读**

初六柔爻在下卦艮（小、鼠）里，位最卑下，与离（眼光）较远，又以柔爻居刚位，不中不正，所以有行旅时行为卑贱猥琐、斤斤计较、鼠目寸光之象。艮（手）乱动，有向上攀援之象。正应九四刚爻柔位不正，又在上卦离（火灾）里，这等于是向上攀援时胡乱把手伸入火坑，自然是自取灾祸之象。

艮（手）入（互巽）离（火）而有灾，而且显然手不是马上缩回来，而是继续被火烤，所以旅行之艰辛，有时甚至到了无法避免伤害的地步，一开始看到这样艰辛的旅程，很容易打消旅行的意志。

六二：旅即①次②，怀其资，得童仆贞。
《象》曰："得童仆贞"，终无尤也。

◎ **注释**

①〔即〕就，得到。②〔次〕旅行在外的处所，住宿，馆次。这里指住下，安营扎寨。古人称行役于外，住一夜为舍，住两夜为信，住三夜以上为次。

◎ **大意**

六二：在旅途当中，住进客舍，怀中带有旅资，得到忠贞的童仆来帮忙照顾。

《象传》说：得到忠贞的童仆来帮忙照顾，说明六二最终不会有怨尤。

◎ 解读

六二在下卦艮（止）里，柔爻居柔位得位得中，是止得其位之象，所以说在旅途当中，住进客舍（艮为宫室屋宅之象，有屋顶有柱子）。在互巽（近利市三倍）里，所以说身上带有旅行费用，带有生活资费和物质来源。六二在艮（童仆）里，位正，所以说得到忠贞的童仆来帮忙照顾。

象辞认为，六二位置中正，代表心意忠实，安宁稳定，所以最终不会招致怨尤，无忧无虑。虽然断为"得童仆，贞"有理，指旅行之时要贞正方能吉祥，但象辞的提示说明不断亦可。

六二贞正，原因在于：上无应，下无比，心不乱；承九三可依；内阴爻安宁，外阴位艮山，有内外安宁之境；有中正之德位。

> **九三：旅焚其次，丧其童仆，贞厉。**
> 《象》曰："旅焚其次"，亦以伤①矣。以旅与下，其义"丧"也。

◎ 注释

①〔伤〕伤叹，可悲可伤，损伤，伤痛。

◎ 大意

九三：行旅途中，大火烧毁了旅舍，童仆也走失了，此时还顽固不动，会有危险。

《象传》说：行旅途中，大火烧毁了旅舍，实在是伤人伤物也伤心的事情。把忠心的童仆也当作旅人，出事后按道理说也该丧失（九三原在否卦的五位，卦变时来到下卦三位，失尊得卑）。

◎ 解读

如果初爻是底层旅人，二爻是小康之家，三爻就是有身份的人，但毕竟都是旅客，在外都不易。三爻虽有身份，但不可把同行的忠实童仆也当作旅人，使他们难上加难，身处困境，以致在发生火灾的关键时刻，他们只顾自己逃命，而不来救助主人。发生这样的事情，一方面令人非常伤心，另一方面也是主人咎由自取，因他没有对忠心的仆人足够尊重，最后必然遭殃。

九三在互巽（木）里，上临离（火），有行旅途中大火烧毁旅舍之象。在下卦艮（童仆）、互兑（毁折）里，有童仆受伤、走失之象。刚爻刚位，位正代表正固，可是，用过分刚正和讲原则的态度去应对旅行途中犹如着火一般的重大变故，反而会有危险。二三四五互坎（险），下艮（止），有蹇卦之象，象征行进艰难。九三爻位不中，不太安定，加上是艮卦主爻，还有不善应变之象。上卦无应，前途不明；进入互巽，犹豫不决；进入互兑，草木毁损；可见九三遇到火灾，无人伸手帮助，孤苦无依，流离失所，悲惨至极。

以前的解释，如"得罪主人""旅客不应该参加当地政治"等，都不够准确。

> 九四：旅于处^①，得其资斧，我心不快。
>
> 《象》曰："旅于处"，未得位也。"得其资斧"，心未快也。

◎ **注释**

①〔处〕处所，相对较长时间的停留。

◎ **大意**

九四：客旅途中，暂时得到较为稳定的栖身之处，又得到一点资财和利器，可是心中仍然闷闷不乐。

《象传》说：客旅途中，暂时得到栖身之处，但还没有看到合适的地位（九四刚爻居柔位）。得到一点资财利器，可是心中仍然闷闷不乐（虽然得到行旅所需要的旅费和便利器用，但总是希望尽快回到家乡，以取得更大的发展）。

◎ **解读**

"旅于处"是旅行到了某一较为稳定的栖身之处，虽比"旅于次"的处境要好，但仍在行旅之中，因为九四刚爻居柔位，不得位，仍然住不下来，不稳定，还得往前走。但九四在互巽（近利市三倍）里，可以得到旅资，又在上离（戈兵）里，可以得到兵器，尤其是军旅，更需要利器。所以说又得到一点行旅中所需要的资财利器。但老是客旅于外，回不了家，又很想家（与内卦初六正应），所以心中闷闷不乐。

九四不快的原因有：居于阴位，没有合适的平台发挥自己的才能；受制于阴爻小人；伴君如伴虎；六五顺附上九；与三爻同性相斥；与初六正应但有艮山阻隔。可见，此爻多有心志难申之象。

> 六五：射①雉②，一③矢④亡⑤，终以誉命。
> 《象》曰："终以誉命"，上逮⑥也。

◎ **注释**

①〔射〕射箭，射击。②〔雉〕野鸡，一说星名，《晋书·天文志上》："野鸡一星，主变怪，在军市中。"③〔一〕数词。④〔矢〕箭。⑤〔亡〕失去，或者死去。⑥〔逮（dài）〕及，等到，到达，赶上。

◎ **大意**

六五：用箭射野雉，（一箭射中，但毕竟）丢失了一支箭，（但可找回，所以）最终得到美誉和爵命。

《象传》说：最终得到美誉和爵命，是因为六五到达了上面的尊位（六五卦变中由三位升到尊位）。

◎ **解读**

六五居于尊位，在旅卦出行，自然前呼后拥，去山（艮）打鸟（离），有率众围猎之象。此爻表现的是君王亲自狩猎，或君王身边的人射箭之事。从卦变来看，应该是王上来，亲自射箭（离），最终得到美誉和爵命（六五上来变离为光明）。

对于此爻，各版本译注中有至少三种断句方法：1."射雉一矢，亡。"射了野鸡一箭，箭丢了（或者野鸡死了）。2."射雉，一矢亡。"射野鸡，一箭就射死了。3."射雉一矢亡。"射野鸡一箭就射死了。另外或还可断为："射雉一，矢亡。"射到野鸡一只，箭丢了。可见，此处要点在于对"亡"的理解。不管怎么断，基本上有两种理解：射野鸡丢了箭（形容事情不顺利），有得有失；射野鸡一箭就射死了（形容百发百中），达到了预期效果。

传统说法有说射中的，有说没射中的。但根据后面得到美誉和爵命来看，应该是射中了，事情顺利。六五是全卦主爻，象辞说"柔得位乎外而顺乎刚"，在卦变中从否下坤六三升上来，上卦成离（雉），为由下及上用箭射野雉之象。下坤失去一个柔爻变为离（矢），所以说，虽然一箭射中，但毕竟丢失了一支箭。六五位中而贵，卦变出互兑（口）有誉、互巽（命），所以最终会得到美誉和爵命，也就是得到荣誉晋封。其他解释可以参考，如《集解》说，带了好多箭，丢了一支箭，但其他箭射中了，得到了野鸡。一说射中但野鸡飞了，所以箭没了；一说阴爻中位，但没射死，箭没了，可箭是要收回利用的。其实，射中还是没射中并不重要，最后都得到了美誉爵命。

此处的关键在于"上逮"的解释。字面上，"上逮"是上来达到，而不是逮及上面上九，一些解释说是得到上九的帮助，或者是上九优待臣子，得到臣子的辅佐，这样的说法就把上九当王位，跟《易》例不合。一说名声被宣扬出去，如士大夫有才华，被君主知道了，给了他地位。一说，上逮是上方有助之意。五爻和上爻是一对完美组合，上爻自会助五爻。另外，象辞"上逮"还可理解为附丽的智慧，是阴柔之意附丽于天而能够持续光明的大智慧。这里取卦变的解释，对于爻辞和象辞都可以贯通。

> 上九：鸟焚其巢，旅人先笑后号咷。丧牛于易[①]，凶。
>
> 《象》曰：以旅在上，其义"焚"也。"丧牛于易"，终莫之闻也。

◎ 注释

①〔易〕如场边界。

◎ 大意

上九：（行旅之人在外高高在上），好像鸟巢上面快要着火了，鸟巢随时可能被烧毁一样，行旅之人刚开始的时候还笑得出来，但到后来就只有号咷大哭了。也好比在边界上把自己的牛群都弄丢了，这对一个在外旅行的人来说，是非常凶险的。

《象传》说：客旅在外还高高在上，丝毫不顺服，道义上就会被焚烧（上九在全卦上位）。就好像人（把牛的顺服劲给抛弃了，就会）在边界上弄丢自己的牛群，也就是上九在旅途当中遭到祸殃，却终究无人过问，无人在乎。

◎ **解读**

这一爻是两个比喻，或者至少前一个是比喻，后一个是历史故事，说的都是一个道理，客旅在外，不可像鸟一样高高在上，不可丧失牛那样的顺服劲，否则，随时可能遭遇危险。

上九在全卦最高处，在互巽（木）中，下五爻是小一点的小过卦（鸟），或上九爻变也是小过之象。鸟（离）在树（巽）上，有鸟巢之象。上离有火、鸟、鸟巢之象，火又在鸟巢之上，所以要译成"鸟巢上面快要着火了，随时可能把鸟巢烧掉"。之所以是"快要"，是因为后面有"先笑"，说明还没有完全烧毁，行旅的人还笑得出来，也就是他还没有意识到，自己的巢穴即将被人给端掉，马上要面临无家可归的窘境。这就像人在边界上弄丢了牛群，旷野呼告，却无人帮忙，非常凶险。但起因是自己丧失了牛的顺服劲，没有朋友，没有同伴，非常凶险。

卦互兑（笑），互巽（号），上前下后，兑在巽前，刚开始的时候还笑得出来，但到后来就只有号咷大哭了。上九原是否卦下坤（牛）六三正应，六三上到五位，下坤象不见，好比在边界上把自己的牛群都弄丢了。上九位处穷极，故凶。这一爻不吉祥，巢穴烧毁，先喜后悲，丢了牛找不回来，最终也不会得到消息，惶惶如丧家之犬。因为趾高气扬，所以遭殃之时，无人过问，也算悲惨到了极点。

◎ **思考辨析题**

1. 如何理解"柔得中乎外，而顺乎刚"？

2. 为什么大象辞说"山上有火，旅。君子以明慎用刑而不留狱"？

3. 从旅卦六爻的不同状态说明旅行与修身养性之间的关联性。

☴ 巽为风（卦五十七）（巽下巽上）

巽：小亨。利有攸往。利见大人。

《彖》曰：重巽以申命。刚巽乎中正而志行。柔皆顺乎刚，是以"小亨，利有攸往，利见大人"。

《象》曰：随风，巽。君子以申①命行事。

◎ **注释**

①〔申〕一再申明，反复申告，三令五申。

◎ **大意**

巽卦象征谦逊随顺，稍有亨通，有利于以随顺的态度去做事，有利于进见大人。

《彖传》说：巽为风，风是上天的号令，两巽相重，表示上天把号令反复传送，三令五申。刚健随顺地进入中正的位置，心志得以推行（遯变巽，巽九二从遯四位来到下卦中位，是君子柔顺地进入中位，成为大人，可以推行大志）。柔爻都顺从刚爻，因此稍有亨通，有利于以随顺的态度去做事，有利于进见大人。

《象传》说：巽为风，两巽相重，风与风相随，这就是象征谦逊随顺的巽卦。君子看到风连续吹来，无孔不入，无所不顺中得道启发，通过反复向民众申告政令，取得民众的理解和支持，然后推行政事。

◎ **解读**

巽是八纯卦之一，基本卦象是风。《序卦传》说卦名巽是"入"的意思。《杂卦传》说巽是隐伏的意思，是指风是气的流动，气可感，但不可见，气无孔不入，巽是风伏而入。巽卦由遯卦变来，即遯六二与九四换位，变巽卦，因为卦变中显示出柔爻（小）升进，所以说小有亨通。六二升到四位，变为六四，升高了两位，有利于以随顺的态度去做事前往。刚爻九二来到下卦中位，大人（乾卦九二"利见大人"）得位，所以有利于进见大人。

"利见大人"有不同理解：有利于见到大人，进见大人，表现在大人身上才有利等。卦中柔爻初六在九二九三两个刚爻之下，六四在九五、上九两个刚爻之下，在与刚爻相处的时候，都符合柔顺刚的道理，有风吹物随，令出众顺之象。

初六：进退，利武人之贞。
《象》曰："进退"，志疑也。"利武人之贞"，志治也。

◎ **大意**

初六：随顺太过导致进退不决，优柔寡断，有利于勇武之人坚守正道。

《象传》说：太过随顺导致进退不决，是初六心志游疑不定。有利于像勇武之人那样坚守正道，这是因为他们善于正治自己的心志，使心念不再游疑不决，变得刚毅果断。

◎ **解读**

初六居下，柔弱易动，在巽（进退，不果），重巽说明心意犹豫不决，虽好动却踌躇难进，有进退两难之象。二三四爻互兑（虎），引申为"武人"或军人。意味着面临犹豫不决、进退两难的处境，前面有军人用其坚决之心志来影响自己，可以使自己决疑，这样就可以通过控制自己的心志来坚决果敢地前行。

九二：巽在床下，用史巫①纷若，吉，无咎。
《象》曰："纷若"之"吉"，得中也。

◎ **注释**

①〔史巫〕古代的太史和司巫，都是神职人员。《周易正义》："史，谓祝史；巫，谓巫觋；并是接事鬼神之人也。"

◎ **大意**

九二：钻到床下隐伏起来，让祝史、巫觋乱纷纷地祝告神祇，求神保佑，到头来是吉祥的，没有什么祸患。

《象传》说：乱纷纷地祝告神祇，求神保佑，这样的吉祥是因为九二得到中道（在下卦中位）。

◎ **解读**

卦变中九二从四位下来进入下巽（像床），有钻入床下之象。二三四互兑（口），一二三反兑，好像口上下反复，有祈祷祝告之象。尽管感到惶恐，似乎会有危险，但九二刚爻能够柔顺地居于中位，所以也就没有什么祸患。

九三：频①巽②，吝。
《象》曰："频巽"之"吝"，志穷也。

◎ **注释**

①〔频〕频繁多次。②〔巽〕命令。

◎ **大意**

九三：频繁地发布政令，朝令夕改，这样做将有吝难。

《象传》说：频繁地更改政令，就是表示一味顺从，说明九三心志困穷。

◎ **解读**

九三不安，心意与行动的分寸都很难拿捏，一方面在上下巽的中间，巽为风、为天命，引申为命令，本身在上下命令之间，故有令出多门，朝令夕改之象。加上巽卦为遁卦二四爻换位而得，象征三爻周围的形势彻底改变，引发自身心态不安，导致进退失据，频繁更改心意的方向和自身的立场。九三过度地听从六四的话，一味听信妇人之言，妇人之仁，这是鄙吝之道，必有祸殃。

九三在上巽下巽相接之处，正如坎卦六三是"来之坎坎"一样，上下都是巽（命令），频繁地发布政令，"频巽"是频繁地更改政令，政策多变之意，与同一个命令三令五申的"申命"不同，三令五申是不停地强调命令，而朝令夕改是变来变去。这是心志穷困，过分服从情境里面其他因素的缘故，所以会有吝难。

前人将"频"讲成皱眉头，这跟象对不上。心志困穷才会频繁更改政令，心志坚定就会一令至终，九三还没有到发布命令的位置，主要是处在顺从上面做事的位置，但九三在执行的时候，传递命令变来改去，这种"顺从"其实是大有问题的。

六四：悔亡，田获三品。

《象》曰："田获三品"，有功也。

◎ **大意**

六四：不再忧虑悔恨，打猎时在猎场田野里获得三种猎物。

《象传》说：去打猎获得三种猎物，因为六四随顺处世，马到成功。

◎ **解读**

六四在卦变中从二位（田位）升上来，卦变后出现在巽（鸡）、互兑（羊）、互离（雉）里，有田猎中获得三种猎物之象。六四柔爻居柔位，柔顺得正，象征心意安宁正当，也就不再忧虑悔恨。象辞说，六四能够随顺处事，在卦变中还有升进之象，所以能够马到成功，功成名就。取互离为"雉"比为"牛"好，因"牛"一般为家畜，很少作为猎物讲。

九五：贞吉，悔亡，无不利，无初有终。先庚三日，后庚三日，吉。

《象》曰：九五之"吉"，位正中也。

◎ **大意**

九五：坚守正道，就会吉祥，不再忧虑悔恨，没有什么不利的事。发布命令后，一开始不顺利，但最后畅通无阻。在命令更新的庚日的前三天发布新令，在后三天正式实施，就比较吉祥。

《象传》说：九五之所以获得吉祥，是因为位置中正，能行中正之道。

◎ **解读**

"无初有终"意为没有善始，却有善终，结合后面"先庚三日，后庚三日"

来解释，因古人用十位天干"甲乙丙丁戊己庚辛壬癸"来纪日，"甲"为天干之首，"癸"为天干之终，庚日的前三天为"丁戊己"，庚日的后三天为"辛壬癸"，这里无"甲"有"癸"，所以说"无初有终"。

巽的究卦是震，震的究卦是巽（震三爻都变即为巽卦，巽三爻都变即为震卦）。按纳甲原理，震纳庚，震卦前变三爻是巽卦，后变三爻还是巽卦，上卦下卦都是巽，所以说"先庚三日，后庚三日"，也就指的是庚日前的丁戊己三天和庚日后的辛壬癸三天。巽为命令，所以取如何发布命令来解，并结合"无初有终"来说，就是在命令更新的庚日前三天发布新令，在庚日后三天再正式实施，这样做事比较吉祥，合乎情理，也容易让老百姓接受。等于是为了发布和实施新的命令，先给三天时间来让民众充分认知和沟通，并在发布命令之后，给予三天缓冲期让民众逐渐适应，逐渐调整过来，形成一股风气，比较柔顺，不太突兀，这就是恰到好处的中正之道。

> 上九：巽在床下，丧其资斧，贞凶。
> 《象》曰："巽在床下"，上穷也。"丧其资斧"，正乎"凶"也。

◎ 大意

上九：驯服地屈居在床下，因为（随顺过度）已失去了资财和权柄，如果继续正固不动，一定会有凶险。

《象传》说：驯服地屈居在床下，因为卑顺过头已经陷入穷困，走到了尽头。失去了资财与权柄，是因为正在凶灾的位置上。

◎ 解读

遁变巽，卦变之后，上乾（资）象消失，遁象消失，遁有手（下艮）执金属（上乾）之象，可见，最终会失去资财和权柄。既然上位是穷途末路，岌岌可危，如果还固执不动，那就一定会有凶险。以巽象为床，天山遁卦是一个大巽卦，像一张大床，卦变之后，变成了一上一下两张小床，本来作为床面、床板的九五和上九看起来没有变化，可是为了顺而又顺，结果丢了钱，又丢了权力，因为过度随顺而混到穷途末路的状态，走到了山穷水尽的地步，这种状态用巽象来比喻，就是混到床底下去了，非常被动。

上九处全卦最高位，穷上必然返下，在巽（床）里，所以是因为随顺到极点，有如姤卦上九"姤其角"，被逼到角落上去了，此处上九也是被逼得走投无路，最后（没有选择，只得）驯服地屈居在床下。还因为巽（近利市三倍）本有资财，在互离（斧，利器）里本有兵权，可是因为位处穷极，两者都实在保不住。

因为卑顺过度而失去安身立命的根本，犹如国君不小心被人赶下台，发布命令也无人继续听从了，其处境可想而知。也可理解为国君因卑顺过度而失去决断能力，最终使自己的位置和生存受到威胁。

◎ **思考辨析题**

1. 如何理解"刚巽乎中正而志行"？

2. 巽卦多次提到"志"，如"志行""志疑""志治""志穷"，如何理解巽卦"志"的特点？

3. 蛊卦提到"先甲三日，后甲三日"，巽卦提到"先庚三日，后庚三日"，这种取义如何理解？

䷹ 兑为泽（卦五十八）（兑下兑上）

兑：亨利贞。

《彖》曰：兑，说①也。刚中而柔外，说以"利贞"，是以顺乎天而应乎人。说以先民，民忘其劳。说以犯难，民忘其死。说之大，民劝②矣哉！

《象》曰：丽泽，兑。君子以朋友讲习。

◎ **注释**

①〔说（yuè）〕欢欣喜悦。②〔劝〕自我勉励。

◎ 大意

兑卦象征欢欣喜悦，亨通，有利于坚守正道。

《彖传》说：兑是欢欣喜悦，好比内心刚健、积极乐观而外表柔顺，和善处世。大人君子欢欣喜悦有利于持守正固，因此能上顺天道，下应人心。大人君子先说服民众，民众才会任劳忘苦、欢欣喜悦地跟随他；心悦诚服地涉难历险，民众才会舍生忘死地跟着干。说服而欢欣喜悦的意义太重大了，因为这样才可以劝勉人民众志成城，共克难关。

《象传》说：上下卦都是兑为泽，大泽与大泽附丽在一起，相互连通，互通有无，汇聚在一起就是兑卦。君子从两泽相连，流通互补中得到启示，也要相互滋益，朋友之间讨论研习，相互激发而不断提高。

◎ 解读

兑卦的核心是彼此喜悦，进而心意和通。作为八纯卦之一，兑卦的特性都从"说"来。"说"在《周易》里有三义：说话，言谈；喜悦；解脱。古代的"说"字分化出"说""悦"和"脱"三个意思，联起来就是：说通了，心情畅快而喜悦，于是从困惑中解脱出来。

朋友之间交流心得，共同分享。内心刚健而有原则，外表待人接物却比较柔顺，与人为善。三爻兑卦是刚爻在内里，柔爻在上外，好比能够内心刚健而外表柔顺地处世。兑的特点是，说服了人，干事才积极有效益；能够让人心悦诚服，追随者的意志才坚定不移。可见，能够说服他人、令人喜悦的意义非常重大，只有做到这一点，民众才会团结一致，相互勉力去干。从劝民成事的角度来看，说服众人做事而有效益就是最大的"利"，让大家坚定不移地做事就是"贞"。

象辞说明，两泽相连，泽水之间彼此润通，又与天地交相辉映，如人与人心意交通，令彼此欣喜悦纳，进而相互促进，共同提高。兑是欢欣喜悦，卦的四德"元亨利贞"占了三德，比乾卦只少了"元"，可见兑卦相对较好。兑卦从大壮卦变来，即大壮六五与九三换位变兑。卦变后刚爻占据了尊位，所以亨通还有利于坚守正道。

初九：和^①兑，吉。

《象》曰："和兑"之"吉"，行未疑^②也。

◎ **注释**

①〔和〕《说文》："和，相应也。"《广雅》："和，谐也。"指随和、唱和、鸣和、心意相通之应和。②〔疑〕《说文》："疑，惑也。"犹疑，疑忌。

◎ **大意**

初九：随和喜悦，就会吉祥。

《象传》说：意识随和喜悦，所带来的吉祥，如初九起心动念及其行为端正，也就不必犹疑，不被疑忌。

◎ **解读**

初爻开始随和而有小乐，又能够警惕，做到和乐有节，与人和通，不但自己不疑，还能将此不疑的意念，转化于行事上，则他人亦不疑。下卦兑（口）可鸣，引申为唱和与心志相通之意。可见，随人一同喜悦，则吉祥相随。初九光明磊落，和而不同，群而不党。

九二：孚^①兑，吉，悔亡。

《象》曰："孚兑"之"吉"，信志也。

◎ **注释**

①〔孚〕信。

◎ **大意**

九二：心怀诚信，欢欣喜悦地为人处世，不但吉祥，而且忧虑悔恨自然消丧。

《象传》说：能心怀诚信、欢欣喜悦地为人处世，这种吉祥是九二真诚信实而让志意充满生机。

◎ **解读**

刚爻居中，内心真诚而有信用，可是以阳居阴，并为阴爻所乘，心有不平，故有所忧虑，甚至对自己所处的环境感到不满。但因为内心刚实，不为令人不快的外缘所干扰，与此同时六三反而渐渐为九二之真诚信实所感化，欢欣和乐地随顺九二，九二的忧虑悔恨自然消散。

> 六三：来兑①，凶。
> 《象》曰："来兑"之"凶"，位不当也。

◎ **注释**

①〔来兑〕来而求悦，有献媚取悦、巴结奉承之象。

◎ **大意**

六三：献媚取悦他人来谋求喜悦，这是凶险的做法。

《象传》说：献媚取悦他人来谋求喜悦，会有凶险，因为六三位置不适当（以柔居刚）。

◎ **解读**

卦变中六三是从大壮卦五位下来到三位，全卦变兑，有放弃自身阳刚之壮，下"来"奴颜媚膝地取悦他人来谋求喜悦之象。象辞认为六三柔爻（小人）占据刚位不正，是小人失正之象，所以拍马奉迎、阿谀奉承、献媚取悦是凶险的做法。如不讲卦变，则爻辞中的"来"难以落实。六三乘九二，但顺九四，即使说献媚与诱惑二刚，也难"来"。

> 九四：商①兑②未宁，介③疾有喜。
> 《象》曰："九四"之"喜"，有庆④也。

◎ **注释**

①〔商〕《广雅》："商，度也。"商议，商量，商讨。②〔兑〕喜悦，说服。③〔介〕去掉，分隔，隔开，隔绝。一说小。④〔庆〕用来解释小象辞中的"喜"，喜庆，吉庆。

◎ 大意

九四：遇到事情能在喜悦的气氛中好好商量，虽然不见得都能够商量妥当，但只要能够去掉那些不利于欢欣和悦的小毛病，就会有喜庆。

《象传》说：九四能去恶有喜，是值得庆祝的事情。

◎ 解读

九四刚爻处柔位不正，所以不够坚定，本身有小毛病。"介疾"是隔离介除疾病，引申为绝除谄媚者这样的小毛病。谄媚者或指六三，或指上六，或两者兼而有之。九四在三个兑卦（兑为口，一二三爻为正兑，三四五爻为反兑，四五六爻又是正兑）里，有两口相对互相商量但又商量不妥，出来三口好像翻来覆去之象，可以理解为，九四跟六三来回商量但掰扯不清，跟上六也讲不拢的状态。而九四跟上六的商量，要通过九五这个尊位的领导来进行，但即使九五参与进来，也还是商量不妥。

所以，总的来说，本来大家在喜悦的气氛当中，有事应该好好商量，可是九四跟六三反反复复讲不明白，通过九五跟上六也拉扯不清。最终九四跟上上下下商量，都没有商量出一个确定的结果来。

关于"介"的"隔离"之义，一说因为九四在上下卦的接际处，应该还可以把六三隔离开，所以能够摆脱那些不利于欢欣和悦的小毛病。九四界开六三之后，还在上卦兑（喜庆）里。也可以理解为，九四跟六三商量之后，表面和悦，但看到六三实在纠缠不清，最后只得跟六三断了来往，好像一个国家重臣摆脱了小人糖衣炮弹的攻击，最后结果是比较好的（在上兑悦里）。一说九四作为九五的大臣，担心六三跟上六两个小人联手作乱，祸害九五，于是挺身而出，利用自己的位置，把六三和上六隔离开，免得他们祸害九五这个国君。再从上六以阴柔之道引诱九五来说，九四警惕九五被上六勾引、祸害也有道理，只是九五当断不断，反受其乱，不能舍弃上六，于是九四只得利用自己的位置，至少要确保自己能够隔绝六三与上六联手祸害国君九五的可能性，他做到了，于国于民于己都得到称赞，当然"有喜"。

九五：孚于剥①，有厉。

《象》曰："孚于剥"，位正当也。

◎ **注释**

①〔剥〕剥退、剥落、剥蚀。

◎ **大意**

九五：听信消剥阳刚君子的小人的谗言欺语，这是危险的事情。

《象传》说：敢于对消剥阳刚君子的小人讲诚信，是因为九五阳刚诚实，居位正当。

◎ **解读**

在喜悦的卦里，又处尊位，九五应该还是精神愉悦的，但他的愉悦来自小人的奉承，因为九五正当尊位，自然有小人献媚，九五终究还是不知不觉地滑向小人谗言构筑的沼泽之中。这里的小人主要指的是上六。上六巧言令色地引诱九五，拖九五下水，结果九五还蛮信任它。可见，即使九五位置不错，但信任小人，等于放任小人来剥退君子，那样一定会有危险。

上六：引①兑。

《象》曰：上六"引兑"，未光也。

◎ **注释**

①〔引〕牵引，引诱，拉，引导。

◎ **大意**

上六：引诱他人一起欢欣喜悦。

《象传》说：上六是用引诱取悦于人，说明上六的欢欣喜悦之道还不够光明正大。

◎ **解读**

在大壮卦变兑卦的过程之中，上六的正应九三升到五位，来跟上六比邻在一起，从而变出兑（喜悦）卦，等于上六凭借正应的关系，把九三引诱到五位，之后还继续引诱他，让他一直开心喜悦，所以是引诱他人来一起欢欣喜悦。

象辞很明确地指出，上六引诱的是自己的正应，把心思都用在私心私情上了，这种行为与出发点实在称不上光明正大。

一说上六阴爻阴位，在兑之极，取悦手段高超，以阴柔之道引诱九五和九四，凌驾于九五之上，维持不正当的愉悦关系，所以心思阴暗，不够光明正大。一说不仅引诱九五和九四，而且引诱所有下爻，比如意图勾结六三来趁喜悦的大势图谋私利，幸好被九四阻隔而未成。

◎ **思考辨析题**

1. 如何理解大象辞"丽泽，兑。君子以朋友讲习"？

2. 从兑卦六爻的变化和对比说明形势与心意的关联关系。

3. 噬嗑卦九四、震卦九四、兑卦上六都提到"未光也"，三者含义有何不同？

䷻ 风水涣（卦五十九）（坎下巽上）

涣（huàn）：亨。王假①有庙。利涉大川，利贞。

《彖》曰："涣，亨"，刚来而不穷，柔得位乎外而上同。"王假有庙"，王乃在中也。"利涉大川"，乘木有功也。

《象》曰：风行水上，涣。先王以享于帝，立庙。

◎ **注释**

①〔假〕音格，来到。

◎ **大意**

涣卦象征风化离散，有所作为，才会亨通，君王来到宗庙祭祀先祖，有利于克服涉越大河那样的艰难险阻，利于持守正道。

《彖传》说：涣卦，能有所作为而亨通，阳刚来到内卦而不再处于穷困之境（否卦变涣卦，卦变中刚爻九四从上乾下来到坤二位，改变否卦上面三个刚爻处于穷困被剥退的境地），阴柔得到适当位置与上面和同（柔爻六二把下卦中位让给九四，自己升到外卦四位，得位，并与刚爻组成一体，同命运共患难，同甘共苦）。君王来到宗庙祭祀先祖，是君王阳刚居于中位。有利于克服涉越大河那样的艰难险阻，是因为涣卦上卦巽为木，下卦坎为水，是乘着木舟行于水上之象，所以有帮助人们渡过大河之功。

《象传》说：上卦巽为风，下卦坎为水，春风吹行在水面上，于是坚冰消融，春水涣涣，这就是涣卦的象征。先王从风吹水上、水向四面荡漾散开中得到启示，要设立宗庙，祭享先帝，建立信仰，以风气感化人心。

◎ **解读**

"涣"有春风解冻，坚冰消融，水涣漫无际的意思。引申为化解壅滞，消散分离的意义。涣卦由否卦变来，即否卦九四与六二换位变涣卦。否卦乾（天）在上，坤（地）在下，天悬地隔，互无往来。变涣之后，九四、六二刚柔爻对流，阴阳交换，所以亨通。从否卦变来的卦，都因打破了闭塞的形势而亨通。否卦上乾（君王）九四下到二位，如同进入观卦（宗庙之象），所以说君王来到宗庙祭祀先祖。上卦巽（木、风），下卦坎（水），有风吹木舟、泛舟水上、一帆风顺之象，所以说有利于克服涉越大河那样的艰难险阻。上下卦中位都是刚爻，显得刚健有力而且能够持守正道。

涣卦的另一种解卦思路，是以湖边风水涣涣、水冲击人之象来解释，那样确实能紧扣象的本义，但还是弱化了涣卦在人事上的意义。应该采取有人事意义的解卦思路更加合适。

涣卦两个刚爻（九五和九二）都居中，"王乃在中也"一般指九五，后面九五号令浩瀚，所以指九五比九二更合适。古代在宗庙祭祀先帝，这有利于民众树立信仰，民众有信仰将有如春风解冻般化解心中的壅滞。

初六：用拯马壮，吉。
《象》曰：初六之"吉"，顺也。

◎ **大意**

初六：（在危难涣散的形势之中），借助强壮有力的马来拯救自己，可获吉祥。

《象传》说：初六的吉祥，是因为顺承九二（初六原在否卦的下坤里，坤为顺，愿意顺从九二）。

◎ **解读**

在涣散的大势下面，得到强壮的马匹来拯救自己，只要不离开群体，就不会被涣散掉，可获吉祥。而这种吉祥是来自顺服、随顺的心态，得到机会，随顺因缘，所以能够化险为夷。

九二在卦变时来到下卦中位，刚爻中位显得刚健强壮，可见，九二来到初六边上，是以刚济柔，能帮助初六脱离险境。初六在下坎（险难，美脊马）当中，有马可骑，有助于脱离险难。初六比邻九二，而九二原是否卦的九四，本来与初六就有正应关系，二者关系源远流长，所以初六的顺意由来已久，这也是他能在涣散的局势中能给自己创造吉祥条件的一个原因。可见，人需要有居安思危、防微杜渐、未雨绸缪的意识，否则，一旦患难来临，将陷于被动。

马来拯救通过卦变可以得到比较合理的解释。

九二：涣奔其机①，悔亡。
《象》曰："涣奔其机"，得愿也。

◎ **注释**

①〔机〕通"几"，几案。古人席地而坐所用的矮腿长条桌子，是可以凭依之物，可以引申为事情发生的关键和枢纽，机会，时机。日常起居把手臂靠在几上，把头托住，用以小憩，此处指代可以依靠的地方。

◎ **大意**

九二：从涣散的险境中脱身出来，得到机会奔向可以依靠之所，忧虑和悔恨都消除了。

《象传》说：得到机会奔向可以依靠之所（初六），终于脱离涣散的险境，实现了心愿。

◎ **解读**

"机"的理解不应该太过具体，所以理解为"几案"就比较具体了，而应该是指代在危难当中，找机会寻找到自己暂时可以依靠的地方。九二从否卦上乾九四中分离出来"奔"向二位，是从否卦那种涣散的处境中脱身出来，来到下坤（顺）中位，有顺从可依之象。九二与初六像一张有两条短腿的几案，案上有手（互艮）相依之象。

象辞是说，否卦的九四原处于涣散之境，与初六是正应，卦变中奔来二位与初六（机）比邻，心愿得到了满足。如果不讲卦变，此爻中的"奔"字就难以落实。

六三：涣①其躬②，无悔③。
《象》曰："涣其躬"，志在外也。

◎ **注释**

①〔涣〕涣散。②〔躬〕自己本身。荀爽："体中曰躬。"取坎象，既是自身，又有险，有亲赴险难之意。③〔无悔〕没有什么需要忧虑悔恨的，表明心志坚决，行动果敢。跟"悔亡"意思不太一样。"悔亡"更多是说明忧悔消亡，已经过去的意思。

◎ **大意**

六三：（大难临头）涣散自身（自私自利之心），以救助他人，没有什么需要忧虑悔恨的。

《象传》说：（大难临头）涣散自身（自私自利之心），以济助他人，是因为六三心志是向着他人，一心向外。

◎ 解读

六三以柔居刚位，位不正，心亦不安，但在面临大难（犹如海难降临），人心涣散的大势下，处在刚位意味着能够尽量克服自己的自私自利之心，做到公大于私，主动去救济他人，所以不会有什么忧虑和悔恨。六三在坎中，自身有险，于是只能豁出去，亲自去乘风破浪，无怨无悔地搏击，忘记了自身，也就放下了一切私利之心，舍生取义。

因为六三原在否卦的下坤（身、躯）里，变涣卦之后，坤象变了，（大难临头）涣散自身（自私自利之心）。但六三有正应在上九，自我涣散，恰好可以救助他人，没有什么需要忧虑悔恨的。象辞指出，六三正应上九在外卦，关键时刻，放下自己的自利之心，帮助他人一起发展，反而能够更好地实现自己的愿望，可见自己解散私心，乐于助人，并不是坏事。

> 六四：涣其群，元吉。涣有丘^①，匪夷所思^②。
> 《象》曰："涣其群，元吉"，光大也。

◎ 注释

①〔丘〕小土山，多聚高大如丘。《说文》："丘，土之高也。"《广雅》："小陵曰丘。"②〔匪夷所思〕夷指平、平常、类。非平常人之所思。一说如匪、夷之思，即非我族类，非常人之所思。

◎ 大意

六四：（危难时刻为了集体）涣散自己的朋党群类，就会大吉大利。但是涣散后却能够聚成像山丘一样的大团体，这就真不是常人所能想象和做到的。

《象传》说：（危难时刻）涣散自己的朋党群类，能够大吉大利，因为六四为了集体没有私心，起心动念光辉广大（六四互为大离，离为光明）。

◎ 解读

此爻讲述的是面对诸如海难一样的惊涛骇浪，六四如何还能"元吉"？又如何能够"光大"？其实，这指的是面对海难一样的大风大浪的时候，不能再顾及自己小团体的利益，而必须顾及全船人的集体利益。这个时候，小团体的利益已经没有多少意义了，如果大船不保，小团体也就随之瓦解，所以在面对海难的关键时刻，涣散自己的小团体是非常必要的，大家要以全船人的利益为重，同舟共济，一起奋战。如果乘风破浪之后克服了巨大的海难，保住了集体，还能够汇集自己的力量，那就真的是一项匪夷所思的事业了，这主要是六四起心动念都有集体，光明磊落，能把集体的利益放在第一位，所以大难过后，虽然原来的小团体解散了，但大家更加佩服六四，反而能够形成一个更大的团体，达成不可思议的成就。

涣卦从否卦变来，否卦上乾下坤，刚爻聚在上，柔爻聚在下，是分开的两个群体。六四原是坤卦中爻，离开二位，是从群体中心把柔爻抽取出来，解散柔爻的小群体。这是（危难时刻为了集体）涣散自己的朋党群类。上到四位，与刚爻连成一体，象辞说它是"上同"，互卦成艮（山丘），说明涣散后还能够聚成像山丘一样的大团体。六四爻位的推移，促成全卦阴阳交流，刚柔互济，所以大吉大利。坤（土）主思，卦变中坤象化去，那就真不是常人所能想象和做到的，也就是说，不是平常人所能想到的那样。因为分离了小团体，反而聚成了大群体，其中包含了聚与散、舍与得相互依存的深理奥义，常人难以料及。因"其"代指阴爻，故"夷"也可以指阳爻。

此爻用卦变来解读则非常清晰地说明了群的解散和丘的形成，以及如此变化之不可思议的效果。

> 九五：涣汗①其大号②涣，王居，无咎。
> 《象》曰："王居无咎"，正位也。

◎ **注释**

①〔涣汗〕叠韵联绵词，水浩瀚无际的盛大样子。一说出汗，上巽为散，下坎为汗。一说发号施令。②〔号（hào）〕号令。

◎ **大意**

九五：（波涛）盛大浩瀚啊！君王的重大号令（像大海一样）浩瀚

无际啊！君王安处在正当的位置，没有什么问题。

《象传》说：君王安处在正当的位置，不会有什么问题，因为九五一直处在中正的位置。

◎ **解读**

九五原在上卦乾（君王）里，卦变之后上卦成巽（号令），是君王把号令传布天下，犹如波涛一样盛大浩瀚，君王的重大号令（像大海一样）浩瀚无际。天子的号令传布天下，九五又始终占据中位，如君王安处在正当的位置，没有什么问题。王安其居即王位正而权尊，能安民之居，自然自己亦得安居，安居乐业以正位。

此爻前人解多不清楚，如"像出汗一样发号施令""浩瀚无边的大水流到王公的附近""淹没国都及王宫"等，都不通顺。因为九五一直处在中正的位置，而且号令浩瀚无际，所以象辞应该是指九五比较合适。

> 上九：涣其血去逖①出，无咎。
>
> 《象》曰："涣其血"，远害也。

◎ **注释**

①〔逖（tì）〕远，一说顺易地离开，一说通"惕"，忧疑地离开。

◎ **大意**

上九：散去流血之伤，离开血光之灾，高飞远去，不会再有危难。

《象传》说：告别流血之伤，因为上九已远离血光之灾害（上九与下坎相去甚远，坎为血光之灾）。

◎ **解读**

上九怀着一种危机即将过去，快要离开灾难和伤心之地的心情。上九基本远离灾害，彻底涣散了困难。下卦坎（险、血），上九与下坎六三正应，本来与血、险有关系，只是因为上九在外卦，又在全卦最上位，与坎距离甚远，又处涣卦，所以才脱离了血光之险，得以涣离而去。走到上九这一爻才总算从血光坎险中脱身，远走高飞，不再受到伤害。一说涣卦为乘木船渡河，渡到最后阶段，上九爻变，上下皆坎，渡过坎坷，犹如远离了血光之灾。不过按照象辞的提示，应该主要是离开下坎之害，代表渡河流血搏命之后的一种艰难的回忆，但涣卦最后应该是安然渡过了河，没有什么危难。

◎ **思考辨析题**

1. 如何理解"刚来而不穷，柔得位乎外而上同"？

2. 如何理解大象辞"风行水上，涣。先王以享于帝，立庙"？

3. 涣卦和萃卦的卦辞都有"王假有庙"，如何理解宗庙在不同形势下的作用？

䷻ 水泽节（卦六十）（兑下坎上）

节①：亨。苦②节，不可贞。

《彖》曰："节，亨"，刚柔分而刚得中。"苦节，不可贞"，其道穷也。说以行险，当位以节，中正以通。天地节而四时成，节以制度，不伤财，不害民。

《象》曰：泽上有水，节。君子以制数度，议德行。

◎ **注释**

①〔节〕《说文》："节，竹约也。"段注："约，缠束也。竹节如缠束之状。"从缠束在竹上的节引申出节制、限度、节义、节省、节俭、简约、约束等义。②〔苦〕以……为苦。

◎ **大意**

节卦象征节制有度，调节得当，就顺利亨通，但过分节制的状态不宜一直持续下去，对于过分节制也需要节制。

《彖传》说：节卦象征节制有度，调节得当，就顺利亨通，刚爻与柔爻的群体分离而刚爻取得中位（泰卦变节卦，泰卦三个刚爻聚于下，三个柔爻聚于上，各自成为小的群体。变节卦，三个刚爻中分出九三上到五位，与柔爻交流在一起；三个柔爻中分出六五下到三位，与刚爻交流在一起；这是刚柔爻各自分离出一部分，称作刚柔分。形成节卦后，刚爻九二保持下卦中位，九五取得上卦中位，称作刚得中。刚柔分配，阴阳交流，中位又都是刚健之爻，所以节卦亨通）。过分节制的状态不宜一直持续下去，是因为道处穷困（泰卦已到了刚下柔上的极限，节守不变，刚柔不交，必然道穷）。下卦兑为悦，上卦坎为险，是以喜悦的心情经历险情，而不是因节制而痛苦，卦变中刚爻从三位上到五位，居于适当位置而行节制之道，行为中正而处世能够亨通。天地的运动因为有所节止，才能形成四季交替的节奏。治国要用制度来节止，就可以不损伤财产，不苦害民众。

《象传》说：下卦兑为泽，上卦坎为水，大泽之上积蓄有水，这就是节卦。君子鉴于大泽之上的水要有限度，一旦过度将引发水灾，这就如同用"数量"控制水位一样制定言行的法度，并以此衡量评议大家的言语行为。

◎ **解读**

卦名"节"是节制有度的意思，天下的事情都需要有节度，才能亨通，过度就会痛苦。节卦由泰卦变来，即泰六五与九三换位变节卦。泰卦阴阳交流，阳气下流，阴气上浮，故为通泰。但泰卦下乾（天）上坤（地），天的阳爻全部流下，地的阴爻全部上浮，如果不加以节制，阴阳失衡不交，又会走到极端，失去交流的意义，所以还须重新变化取得交流才通达。泰极而变为节卦，是穷极而通，调节得好，就顺利亨通。如果泰极还不能重新交流，那么走向极端可能又跟否卦一样道穷。《易》道不断变化，"穷则变，变则通，通则久"是天地正道。虽然刚爻要下交，柔爻要上交是自然节奏，但如果像泰卦那样上下到了极处，自然就必须变通，否则，如果苦苦守住不变，就违反了天地正道，所以不宜苦守。一说"苦节"是以节为苦，即以节制自己为苦，如果以为节制自己相当艰苦，就还会把不合适的意念发动出来，这样就会有很多问题。

所以，过分节制的状态不宜一直持续，一味苦苦节制，好像大自然如果没有寒暑交替，就无所谓春秋，天地因其有节（如人所意会的节气和节日）才能让阴阳运行得到修整。大泽水少的时候不断地蓄聚，水满了就流出去，保持一个量的限度。人的起心动念也是如此，要合乎自然之理的限度。人要控制好自己的性情，不让自己的意念放纵而无节制地展开，要适于时势，有节奏、节律地发动。可见，对人类社会来说，节止就是要用制度对无穷无尽的欲望或超越本分的行为进行节制，也就是让民众的意念发动有所节制，不去发动不合适的意念，给他人和社会构成伤害。

> 初九：不出户①庭，无咎。
> 《象》曰："不出户庭"，知通塞②也。

◎ **注释**

①〔户〕单扇的门，指小门，引申为出入口。②〔塞（sè）〕闭塞。

◎ **大意**

初九：不跨出门户庭院，没有咎害。

《象传》说：节制慎行，所以不跨出门户庭院，是因为初九知道闭塞与通达的时势。

◎ **解读**

内卦为家，初九前临正反艮（门），正艮是外门，反艮是内门，有家里内外门之间，庭院之象，所以说没有跨出门户庭院。节卦从泰卦变来，泰卦六爻上下都有正应，初九正应在六四，卦变中两爻都没有动，所以六四"安节"，初九不跨出门户庭院。既然正应六四不动，也就不能牵动初九，初九既然没有推移的条件，位置本来又在最下，所以持守故不动的状态，也没有什么害处。

象辞的意思非常清楚地说明了在卦变的形势下，初九看得很明白，很了解自己处在闭塞的时势当中，一直没有动的条件。初九本来就是位置最低，上面虽有六四正应，但六四在卦变当中保持不动，也就创造不出带动初九的条件，既然没有条件，那初九维持不动，就意味着已经了解到闭塞与通达的时势。这说明象辞的作者对于卦变的形势是非常了解的。此爻通过卦变可以非常清楚地知道初九如何应对变化的形势。

九二：不出门①庭，凶。

《象》曰："不出门庭，凶"，失时极也。

◎ **注释**

①〔门〕两扇的门为门，指家门。

◎ **大意**

九二：不跨出家门庭院，有凶险。

《象传》说：九二拘于节制而不跨出家门庭院，会有凶险。因为走极端会丧失动的时机（在卦变中正应六五让出尊位，带动九二，九二却没有趁机随着动，以致过分失去上进的时机）。

◎ **解读**

九二也在内卦，内卦为家，在正反艮（门）里，所以说不跨出家门庭院。但九二与初九不同，在泰卦里九二有正应在六五，变节的过程中，正应六五下到三位，六五动起来，本应带动九二，但九二却没有跟着动。九二本可以向上动，却没有动，所以实在是节制到了极端，因而丧失了行动的良好时机，会有凶险。通过卦变才可以非常清晰地知道此爻"失时"的含义。

六三：不节若，则嗟若①，无咎②。

《象》曰："不节"之"嗟"，又谁"咎"也。

◎ **注释**

①〔若〕然，形容词词尾。②〔咎〕责怪，咎责，过错。

◎ **大意**

六三：不能自我节制，于是嗟叹悔过，不是别人的错。

《象传》说：由于自我不节制所造成的嗟叹悔过，这又能去责怪谁呢？

◎ 解读

在泰卦变节卦的过程中，六三是从上卦中位来到下卦的三位。泰卦六五离开中位，象征失去中道，柔爻来到三的刚位，位不正，象征行为不正。在节卦里，这样的状态说明不能够自我节制，又在下卦兑（口）互震（动）里，于是口动不已，嗟叹懊悔。自己不中不正，失去节操和节制，最后只能怨自己，悲痛伤叹是自找的，不能责怪别人。一说六三在兑（悦，损，言）之极，过于兴奋，面对上坎（险）也不知道自我节制，自我折损，自我抱怨，并不是别人的过错。用卦变说明六三的言行不中不正，比单纯地从爻位、爻象、爻德来解释更加清楚到位。

> 六四：安①节，亨。
> 《象》曰："安节"之"亨"，承上道也。

◎ 注释

①〔安〕《尔雅》："安，定也。"《说文》："安，静也。"心安理得，心甘情愿，心平气和，自得自适的状态。

◎ 大意

六四：安于自我节制，就会亨通。

《象传》说：安于自我节制，就会亨通，因为顺承上面（九五）的正道。

◎ 解读

安于自我节制，就会亨通，阴柔顺承阳刚并安于此状态就好。顺乎天地阴阳大化的节奏而行动。顺应人间的阴阳节奏（如政令教化，纪律法规），不让自己的心念出现偏差。

六四应于初九，顺承九五，本身阴柔安静，又温顺平和，安于臣道，顺于事理，上下沟通顺畅，自然亨通。泰变节的过程中，六四未动，又在互艮（山，止）里止，安于自我节制，也就是守住自己的节操安然不动。六四柔爻居柔位，位正。九五刚爻取得尊位，六四能正身柔顺相承，所以会亨通。

九五：甘①节，吉。往②有尚③。

《象》曰："甘节"之"吉"，居位中也。

◎ **注释**

①〔甘〕味道甜美，引申为乐意、情愿。②〔往〕指爻从下向上推移。③〔尚〕崇尚，向上。

◎ **大意**

九五：甘美地节制，这是吉祥的状态，因为前往受到崇尚。

《象传》说：甘美地节制（天下），这是吉祥的状态，因为九五居于中正的位置。

◎ **解读**

根据彖辞"刚柔分而刚得中"，说明九五在卦变中升到上坤（土，甘）中，即坤土在五味之中属甘，升进到尊位是前往受到崇尚之意。卦为节，是甘美地享受节制，因为九五"当位以节，中正以通"，所以甘美地节制是吉祥的状态。

"节"不仅指自我节制，也指被人节制，如百姓被君王节制。这里九五握权，主要就是指节制天下。

本爻通过卦变方能说明彖辞的"分"和爻辞"往"的方向，古人（如来知德等）一般用爻变说明"往"，效果不如卦变。

上六：苦①节，贞凶，悔亡。

《象》曰："苦节，贞凶"，其道穷也。

◎ **注释**

①〔苦〕味苦，与九五"甘"互文见义，有苦难、痛苦之意。

◎ **大意**

上六：过分节制，让人痛苦不堪，继续正固不动将有凶险，最多能够不致悔恨。

《象传》说：痛苦节制，继续正固不动将有凶险，因为上六的节制之道已经陷于穷困。

◎ 解读

上六在上卦坎（险难）里，有苦难，所以因为苦苦节制而痛苦不堪。在泰卦里，上六本来与九三正应，但卦变中九三向上推移，带动了上六，上六却守住穷极之位不动，该动不动，将有凶险。不过，自己的正应来到五位与上六比邻，因此才能够不致悔恨。

象辞的意思是说，上六在泰卦里本来已经处在快被推出卦外的穷途末路，结果卦变之后自己不动，到了节卦还待在亢极待剥的位置，进退失据，再怎么节制都是穷困难行。取义是说上六苦苦节制约束自己而不动，或者以节为苦，最后只能走向穷途末路，精疲力竭。

卦变可以清楚说明上六该动不动之"苦节"和过分正固的原因，如果仅从爻变和爻位的角度解释就不够清晰。如果把"悔亡"理解为"只是忧虑悔恨还是会消失"更难讲通。

◎ 思考辨析题

1. 如何理解"刚柔分而刚得中"？

2. "泽无水"是"困"，而"泽上有水"又需要"节"，为什么？

3. 为什么初九"不出户庭"结果是"无咎"，而到了九二"不出门庭"却成"凶"了呢？

☰ 风泽中孚（卦六十一）（兑下巽上）

中孚：豚^①鱼，吉。利涉大川，利贞。

《彖》曰：中孚，柔在内而刚得中，说而巽，孚乃化邦也。"豚鱼吉"，信及豚鱼也。"利涉大川"，乘木舟虚也。中孚以"利贞"，乃应乎天也。

《象》曰：泽上有风，中孚。君子以议狱缓死。

◎ **注释**

① 〔豚（tún）〕小猪。《说文》："豚，小豕也。"《方言》："猪，其子谓之豚。"

◎ **大意**

中孚卦象征心怀诚信，到了能够感化猪和鱼的程度，可以获得吉祥，有利于克服涉越山川大江这样的艰难险阻，利于持守正道做事。

《彖传》说：中孚卦，（六三、六四两个柔爻在卦的内段，是）阴柔在内，（九二、九五两个刚爻占据上下卦的中位，是）阳刚得到中位。下卦兑为悦，上卦巽为顺，喜悦而巽顺，是心怀诚信能够感化邦国和民众。诚信能感化到猪和鱼而获得吉祥，是这种诚信已经施予到了猪与鱼的身上。利于涉越大河这样的艰难险阻，是好像乘着虚空的木船（上卦巽为木舟。全卦中段两个虚的柔爻为空的船舱，两头两个实的刚爻为船头和船尾）。内心诚信利于持守正道做事，是心怀诚信，顺应天道的运行。

《象传》说：下卦兑为泽，上卦巽为风，大泽上有风就是中孚卦。君子看到春风一吹，涣然冰释这样泽上有风的感化之象，要复议断过的狱案，已判决的死囚暂缓执行，尽量缓处死囚，消除冤屈，感化这些最难感化的人。

◎ 解读

中孚是内心有诚信。中孚卦的卦画就是符节对合上了之后可以证明内心的诚信。《序卦传》说："节而信之，故受之以中孚"，意为：用符节作凭证才能取信于人，所以节卦之后接中孚卦。这里的节是符节之意，《说文》："节，竹约也"，这是说节是用竹板制成的契约。古时把竹板呈锯齿状剖开，甲乙合同双方各持一半，作为要求对方履行合同的凭据，此为符节，如符节能够对合，对方才能彼此相信。

中孚卦由大壮卦变来，大壮卦先变出大畜卦（大壮初九到卦的最上方），再由大畜卦变出中孚（大畜初九与六五换位）。猪与鱼都是阴类动物，以柔爻来表示。中孚卦是两个柔爻在全卦中段、内段，显示出内中、内心的意义。古人认为动物中猪最蠢，鱼最傻，如果能够真诚到连蠢猪傻鱼都被诚意感化而内心信服，说明精诚所至，能够化彻天地。

象辞说，上卦巽为木舟、为风，下卦兑为泽水，有风吹木舟漂行于泽水上之象，所以有利于渡过大河。刚爻九五居上卦中位，刚健守中，利于持守正道做事。把"利贞"译为"利于持守正道做事"包含两层意思：一是天的运行正固不差，永恒不变，准确无误；二是君子有鉴于此，要学会用最本根的真诚感化人心，以至诚的真心关怀那些最难感化的人，那么整个社会就会受到感化。古人认为风最能感物，风无孔不入，无幽不至，无物不起，物无不受到风的感化，春风吹来，连地下的草虫都会蠢动起来，而风过大泽，大泽极易受到感化。可见，感化人心最要紧的还是自己心意真成，不容许有丝毫伪诈。

初九：虞①吉，有它不燕②。
《象》曰：初九"虞吉"，志未变也。

◎ 注释

①〔虞〕预料、商议、料度，仔细考虑。一说通"娱"，安乐；一说古代的猎官。②〔燕〕古同"宴"。安宁，安息，燕息。

◎ **大意**

初九：心志保持初心的状态，并依此行事就会吉祥，如果动了其他的心思则心境不得安宁。

《象传》说：初九保持初心的心志状态去行事，自然吉祥，因为它最初应接世界的心志状态没有发生变化。

◎ **解读**

从卦象上分析，虞是古代的猎官，在贵族打猎时充当向导，而在卦象上的向导相当于正应，初九正应在六四，所以，心志保持初心的状态并依此行事，就会吉祥。从取义上分析，虞是商议、料度，也就是要像当初商量好的那样去做，一心一意，就会吉祥。初九上有二三四互震（雷），三四五互巽（入），下卦兑（泽，悦），所以有雷入于泽中安宁燕息之象。因为在中孚卦里，内心要诚信安宁，不能变来变去，如果犹豫不定、疑心重重，则心境无法安宁，周围环境也不得安宁。初九在一卦之初，象征一个人建立孚信的开始，此时尤其不能心存犹疑，摇摆不定，否则最后将无法取信于人。

大畜初九与六四正应，在从大畜卦变中孚卦时位置没动，阴阳正应关系未变，所以象辞说心志还没有改变。也就是说，初九最先接应世界的心志状态是跟六四正应，尽管环境变了，但是初心不改。

九二：鸣鹤在阴①，其子和②之。我有好爵③，吾与尔靡④之。
《象》曰："其子和之"，中心愿也。

◎ **注释**

①〔阴〕指阴面，偏僻之所，山的背阴处，山北水南为阴幽之地；一说树荫，林荫；一说二位为阴位；一说二阴爻之下。各种说法都有幽隐、幽昧的意味。②〔和（hè）〕应和。③〔爵〕古同"雀"。古时饮酒的器皿，鹤形酒杯，即如鸟雀形状或雕有鸟雀图案的酒杯，代指酒。震为器皿、为鹤。一说诚信等好的德行，一说尊贵之主，一说天爵，一说人爵、爵位。④〔靡〕分享，同乐，共有，分散。

◎ 大意

九二：大鹤在阴幽之境中鸣唱，它的小鹤也跟着应和鸣唱，（好像在说：）我这里有甘甜的美酒，我很想与你分享，同饮共乐。

《象传》说：它的小鹤也（在远方）鸣唱应和大鹤，声音中表达着内心真诚的愿望。

◎ 解读

震为善鸣为鹤。大畜卦三四五六爻正反震象，变为中孚，二三四五爻构成正反震象，如两鹤相对。上下卦正反兑（口）相对之象，如两口对唱相和，共享欢乐。同时上下卦也是正反巽（木）相对之象，如见树和树荫。大畜卦下乾（父）上艮（子），中互震（鹤、鸣）互兑（口、悦）所以有大小鹤父子对鸣之象。卦变后九二在互艮（山）之下，所以是在山下幽阴之处鸣叫，变出震（子、鸣）兑（口、悦），所以是其子跟着应和鸣唱。

六三：得敌①，或鼓或罢，或泣或歌。
《象》曰："或鼓或罢"，位不当也。

◎ 注释

①〔得敌〕遭遇敌人、对头。

◎ 大意

六三：遇到敌人，有的人擂鼓前进，有的人罢兵休战，有的人哭泣，有的人高奏凯歌。

《象传》说：有的人擂鼓前进，有的人休战败退，是六三居位不当的缘故。

◎ 解读

卦画上下对称，有遭遇敌人之象。正反二震（雷，鼓声）相对，有双方各擂战鼓，对垒激战之象。正反二艮（止、罢战）相对，有对峙不下、难决胜负，很难善罢甘休，或打或停之象。正反巽（号、哭泣）相对，以及正反兑（悦，口、歌唱）相对，是有人哭泣，有人唱歌之象。可见，六三在上下卦之际，可上可下，或上或下，用"或"表示处在上下卦对称位置，势均力敌，打打停停，很难善罢甘休。

一说六三（动）战六四（静），因六四承九五而不可能获胜而作罢，但又担心害怕报复而哭泣，六三看到六四不计较而唱歌庆祝。此爻用象解释比用逻辑推理更合理。

> 六四：月既望①，马匹亡，无咎。
> 《象》曰："马匹亡"，绝类上也。

◎ **注释**

①〔望〕本义为人站在地上睁大眼睛望着远方，盼其归来。望月即满月，晨昏之际，日月同辉，子夜清辉皎洁。

◎ **大意**

六四：月亮已经过了十五，走失了马匹，没有什么问题。

《象传》说：走失了马匹，说明六四与同类断绝关系，到了上卦。

◎ **解读**

十五满月为望，"既望"是满月已过的十六以后。按纳甲原理，巽纳辛，月亮十六日晚从辛（西）方消退，巽的卦画是下爻虚，有如十六以后的下弦月。六四在上巽里，故言"月既望"。在大壮卦变中孚卦时，六四本应初九，卦变后下乾（马）变兑（毁），所以有马匹走失之象。六四柔爻居四位，得位，所以说不会有祸患。卦变后大壮卦九四变为六四，是因为刚爻与同类相分离而上。

"既望"一作"几望"，但根据上巽之象，和卦变与爻辞的对应关系，当为"既"而非"几"。

> 九五：有孚挛如①，无咎。
> 《象》曰："有孚挛如"，位正当也。

◎ **注释**

①〔挛如〕卷曲拘挛的团结样子。

◎ **大意**

九五：心怀诚信，牵系天下之心，不会有祸患。

《象传》说：心怀诚信，来交天下之心，是九五位置正当。

◎ **解读**

九五在上卦中位，居于全卦尊位，又刚爻居刚位，中正而尊，可以作为凝聚天下人心的核心。九五心怀诚信，可以维系天下之心。九五在上卦巽（绳）与互艮（手）里，卦有正反巽和正反艮，所以有手用绳子反复捆紧之象，引申为情系天下，以心交心，团结紧固，能够诚信感化人民，心交天下之象。可见，九五有最为深刻的孚信。

上九：翰音①登②于天，贞凶。

《象》曰："翰音登于天"，何可长也？

◎ **注释**

①〔翰（hàn）音〕指代鸡，一说鸡叫声。《礼记·曲礼》："凡祭宗庙之礼……羊曰柔毛，鸡曰翰音。""翰音"是用鸡作祭祀宗庙的牺牲，行将死去作供品。《说文》："翰，天鸡，赤羽也。"一说翰为高，高飞，飞且鸣，鸡的硬羽等。②〔登〕升。

◎ **大意**

上九：（用鸡作祭祀宗庙的牺牲），鸡的鸣叫声显得对天过分诚信，以为可以高升上天，如此的过分自信而且正固不动，必有凶险。

《象传》说：鸡自鸣得意，想自信满满地高飞上天，怎么可能飞得长久呢？（这种自信又能维持多久呢？上六在亢极之位，已到穷途末路！）

◎ **解读**

上六在上卦巽（鸡）里，又在最高位，五位、上位为天位，位在天上，下卦为兑（口、鸣），所以说，用鸡作祭祀宗庙的牺牲，鸡的鸣叫声显得对天过分诚信，以为可以高升上天。其实已经位处穷极，因为过分自信而固守不动，这样就会被物极必反、消息盈虚的天地之道推下来，摔得很惨，因此不动将有凶险。

《象传》的意思可以理解为：鸡哀鸣的叫声高升天上，其实已经死期将近，又怎么会长久（上六在亢极之位，已到穷途末路）！鸡成了祭品，以为自己是祭品就有登天的资格，其实有些可笑，但逻辑上还是有些问题，因为人代替鸡这样想还是很奇怪的，当然这是以鸡做比喻，为了说明人如果过分自信反而会走向反面的结果。

此爻也可以理解为外在的名声非常大，但言过其实，声闻过情，又处于穷途末路的状态，不可能长久；一说过分自信而又自鸣得意，难免凶险。

◎ 思考辨析题

1. 如何理解九二爻辞"鸣鹤在阴，其子和之。我有好爵，吾与尔靡之"？

2. 中孚卦初九、比卦初九、大过九四都有"有它"两字，三者含义有什么区别？

3. 噬嗑卦、贲卦、解卦、丰卦、旅卦、中孚卦的大象辞都涉及刑狱罪罚，这些大象辞分别表达了什么内涵？前五卦都含有离卦，中孚卦又是一个大的离卦，这又说明什么特点？

䷽ 雷山小过（卦六十二）（艮下震上）

小过：亨。利贞。可小事，不可大事。飞鸟遗之音，不宜上，宜下，大吉。

《彖》曰：小过，小者过而亨也。过以"利贞"，与时行也。柔得中，是以"小事"吉也。刚失位而不中，是以"不可大事"也。有"飞鸟"之象焉，"飞鸟遗之音"。"不宜上，宜下，大吉"，上逆而下顺也。

《象》曰：山上有雷，小过。君子以行过乎恭，丧过乎哀，用过乎俭。

◎ 大意

小过卦象征矫枉过正，能够亨通，利于持守正固。在小事上可以稍微矫枉过正，但是在大事上不可以过分。鸟越飞越高，在空中留下的声音越来越微弱，这时不适宜继续往上飞，而应当顺势往下飞，才会获得大的吉祥。

《彖传》说：小过卦，是小的事情稍微超矫枉过正一点，还是可以亨通的（柔爻为小，在卦变中，晋变小过，是柔爻越过刚爻）。超过一点也不失为正，还是利于持守正固的，因为这是伴随时序运行。六二和六五两个柔爻占据了中位，所以寻常小事稍微过分一点是可以吉祥的。刚爻失去地位而不在中位，所以不可以成就大事。卦有飞鸟之象（两个刚爻是鸟身，上下各两个柔爻是翅膀），所以是鸟越飞越高之后在空中留下了声音。鸟不适宜继续往上飞，宜顺势往下飞，才会获得大的吉祥，是因为向上是逆，向下是顺，顺才能获吉（观卦变小过，两个柔爻到了刚爻之上，柔爻乘刚爻之上为逆）。

《象传》说：下卦艮为山，上卦震为雷，山上有震雷就是小过卦。山上的雷声比平地上大一些，君子从中受到启示，与平时相比，行为可以更加谦恭一点，办丧事时宁可更加悲哀一些，吃喝用度宁可更加节俭一点。

◎ 解读

小过是小的方面有所过之意，也指稍微过一点。卦爻辞里"过"有时可作超过、过分讲。小过卦是由观卦经晋卦变来。即观卦九五与六四换位变晋卦，晋卦上九与六三换位变小过卦。卦变中柔（小）爻从下往上超过刚爻，说明在小事上可过，但在大事上不可过分。柔爻本应当在下顺承刚爻，但卦变后两个柔爻到了刚爻之上，柔爻乘刚爻之上为逆，所以不适宜继续往上飞，而应当顺势往下飞，方可大吉。从卦象上看"宜下不宜上"，以鸟（下艮）飞下方，即飞入二三四互巽（木），可以栖息；再往上飞，即飞入互兑（刀斧，毁折），是自寻死路。

小过全卦有鸟飞翔之象，中间刚爻为鸟的躯干，柔爻为翅膀，艮是黔喙之属，有鸟象，小过下艮（鸟）上震（动，声），有鸟飞而有声之象。一说三四五互兑（口），二三四互巽（声，鸣），上震（动）下艮（止），是口中发出震动和鸣叫，声虽在上而音止于下，是鸟飞过而遗音之象。鸟飞过而留下声音是一种生活常识，鸟边飞边叫，当人们听到声音的时候，再按发音方向去寻找飞鸟，可能鸟已经飞走，看不见了。这是音速慢于光速而导致的滞后现象，启示人们要有一点超前意识，才能循声找到飞鸟，也就是要小过一点才是正确的，没有小过反而不中不正。这个例子告诉人们，现实生活中有许多必须要矫枉过正的现象。小过是为了取正道，所以有利于持守正固。

天时计算方法有明显的小过。日月天时运行本身中正不差，但古来人们用来计算天时的历法，因为每月不是正好三十天，每年也不都是正好三百六十天，所以不得不用置闰的方法，赶前或错后几天，以符合天的时序。置闰是超过几天，是为了纠正历法中岁时的误差，所以超过一点才能得正，以伴随时序运行。天时计算的"小过"就是为了取中得正，努力达到与天时运行相符合的状态。

象辞意思是说，山头上的雷声比平地上的雷声大一些，君子的行为可以超常一些。为了矫世励俗，必要的时候不妨稍微过分一点，以小过而补不足，使社会风尚纯正。可见，必要的小过最后还是为了取正，这样才能恰到好处，归于正道。小过是四阴包围胁迫二阳，二阳与上下阴爻构成正反互巽，有妇人之象，说明阳爻抵抗的力量已经太弱，阴爻已经逼迫太过，阳爻要改变这样的弱势状态，不适当小过一点，根本就不可能成功。

初六：飞鸟以凶。
《象》曰："飞鸟以凶"，不可如何也。

◎ 大意

初六：鸟惊飞，这是凶兆。

《象传》说：鸟惊飞带来的凶灾是无可奈何的事，（飞来横祸，人无能为力）。

◎ 解读

初六有鸟（艮）当止（艮）之象，但初六以阴居阳，上应九四在震（动）里，是鸟当止之时却妄动而飞之象。一说鸟被止住，不得飞，必凶；一说初六一动，下卦成离（罗网），是一动即自投罗网之象。可见，初六之鸟，不论动不动、飞不飞都是违背本性，都凶，所以象辞说，这是无可奈何的事情。

如果从鸟飞起来为什么会有凶的原因来理解，是因为鸟惊飞是由于人或者禽兽惊动了林中的鸟，这时要警惧危险到来，而且这种危险，通常来说是飞来横祸，事先无法料断的。反而言之，如果警戒之后，击退了入侵者，也给入侵者带去凶灾，所以鸟飞就代表危机时刻已到，任何一方或是双方必有凶灾。从象上说，初六柔爻居阳位不正，上应九四刚爻居柔位不正，以不正应不正，会有凶祸。初六为下，沉潜之时，上临飞鸟之象，等于惊动鸟飞起，根本是沉潜之时所不愿意见到的情况，仓促应对，但必然凶险，等于鸟飞起，把自己沉潜的图谋突然暴露了，而这种暴露带来的飞来横祸，根本无法预料，自己也无力掌控事情的发展。

此爻如郭璞所说，"占得此者，或致羽虫之孽"，可以理解为飞禽带来的凶，但飞鸟如何带来凶？难道是鸟攻击人而有凶险？前人有讲鸟不自量力，越飞越高，凶，或解为占卜，但爻辞基本上不用占卜这样的解释方式，所以不取。

> 六二：过其祖，遇其妣[1]。不及其君，遇其臣，无咎。
> 《象》曰："不及其君"，"臣"不可过也。

◎ 注释

① 〔妣（bǐ）〕祖母，《尔雅》："父曰考，母曰妣"，与祖（父）相对。

◎ 大意

六二：越过祖父（不在了），遇到祖母；没能见到君王，但遇到了大臣；（碰到的是小过一点点的人），没有什么问题。

《象传》说：没碰上君王，是因为君王的臣子不可以越过。

◎ 解读

小过卦从观卦变来，观卦的下卦是坤（母，臣），五位是尊位，君位；二位是卑位，臣位。六二柔爻居柔位，得正，处在下卦中位。变成小过卦之后，三四五互巽（遇），二三四五是正巽反巽，所以六二与观卦九五本相应，但卦变后六二与六五之间正好构成正反巽（遇），有正遇反遇之象，相当于越过（正遇不见）祖父（九五），（反）遇到了祖母（六五）；也相当于没能见到（正遇不见）君王（九五），（反）遇到了臣子（六五）；可以说没有遇到自己要找的大人物，反而遇到了他们身边的人，也就是指碰到的是小过一点点的人，所以没有什么问题。

另外，此爻取象极其纷杂，莫衷一是：如祖为初，过其祖即过初；或祖为九三，因其为阳为父；或祖为九四，因其为阳为臣；另母死称妣，坤为母为丧，九三为妣；或九四为妣，过九三遇九四为母为妣；或九五为妣。但九三、九四、九五阳爻为妣不太合理，所以这些说法都没有足够的说服力。

之前关于"不及其君，遇其臣"的解释多种：个人修养或功德达不到君的程度，因而只能接近大臣；大臣阻拦以致过不了臣这一关，见不到君王；臣不如君，但见到臣了，就不能超越臣去见君王，否则不合适；既然无法越过君王之臣，也就不可能避开。这些解释往往望文生义，缺乏明确的象数和爻象依据，所以不取。

> 九三：弗过防之，从或戕①之，凶。
> 《象》曰："从或戕之"，"凶"如何也？

◎ 注释

① 〔戕（qiāng）〕杀害。内部人杀害为弑，外部人杀害为戕。

◎ 大意

九三：不仅不肯过于防范，还随从小人之后，很有可能会受人戕害，非常凶险。

《象传》说：随从小人之后，易受戕害，凶险程度无法预料，不知道该怎么办（九三在卦变中与上六换位，自找其凶）。

◎ **解读**

九三原是观卦上九，在卦变中与六三换位，成为九三，是自己进入互兑（毁折）卦，所以是自入凶地。九三不但没有越过，反而被观卦的六三、六四两个柔爻（小人）越过去了。再加上九三重刚不中，自恃强盛，不肯过于防范小人（初六、六二），结果被上六吸引而冲昏了头，不顾一切地冲下来面对下面两个强势上升、志在摧毁中间二阳的阴爻，而且九三不仅不防范，还随从小人（观卦六三、六四，升为小过卦上六、六五）之后，等于自己站到敌人摧毁自己人的阵营里面去了，帮助敌人打自己人，而且自己下来进入互兑（受伤），明知是凶地也毫不犹豫，最后肯定要受人戕害。所以，九三是为众阴特别是被上六吸引，误入死地所害。不论是行动之前（两个阴爻上长），还是行动之后（自入兑伤）都有危险，进退都非常凶险。而且凶险程度根本无法预料，如此危险之境，实在不知道该怎么办。

此爻讲法很多，从卦变看爻的推移也可以准确地理解爻辞的出处：一说九三不可以越过九四去面对上面的阴爻，九三如果跟随九四就可能被阴爻戕害，象辞说因为九三过刚，非动不可，所以已经凶到不知道怎么办了。其实这时凶险还没有发生，但看九三上应上六而引发的那种无法自制的刚劲，就知道离被戕害的悬崖不远了，而且还不知道自己控制自己，眼看着九三走向凶地，非常伤心。这样解释也有道理，但清楚程度和凶险程度都不如卦变解释得更加清楚。

> 九四：无咎。弗过遇之，往厉必戒，勿用永贞。
>
> 《象》曰："弗过遇之"，位不当也。"往厉必戒"，终不可长也。

◎ **大意**

九四：没有祸患，自己没有越位行事，但还是能够相遇。前往将有危险，必须警戒小心，不要过于执着而不变通。

《象传》说：没有超过，反而相遇，是因为九四的位置不适当（九四刚爻居柔位）。前往有险厉务必警戒，说明最终不可能长久（全卦是小者过，刚爻坚守不可能长久）。

◎ **解读**

九四原为观卦九五，变小过卦时与六四换位，成为九四。在小过卦里，九四自己没越过，却被两个柔爻越过去了，所以不是自己越位行事。九四（观卦九五）原与六五（观卦六四）相比邻，换位后四、五两爻仍相比邻，所以还是能够相遇。九四下来使得全卦变成大坎（险、盗贼、加忧）象之中，又九四刚爻居柔位，位置不适当，所以前往将有大的危险，一定要警戒小心。在矫枉过正的时候，大势为柔爻（小者）越过刚爻，所以九四不能发挥作用，适宜自静慎守，保持正道，如果主动前往，将有危险。根据象辞"终不可长也"说明不可能一直坚守，所以爻辞应为"勿用永贞"，也就是不要过于执着而不变通。全卦是小者过，刚爻坚守不可能长久。

一说九四没什么问题，只要不去越过六五，因为肯定会遇见六五；如果前往，要面临两个阴爻，必有危险，所以要警戒，不能有作为，还是持守不动为好。但此说似是而非。小过之时，九三、九四已经被阴爻包围，处于几乎被歼灭的弱势状态，要想脱离险境，就必须小过一些。两个阳爻如兄弟般背靠背地战斗，仅仅靠反省克己、战战兢兢、如临深渊、如履薄冰是不够的，必须绝地反击，而且必须小有所过才有可能脱险，所以不能固守不动，而是非动不可。

六五：密云不雨，自我西郊。公弋①取彼②在穴。

《象》曰："密云不雨"，已上也。

◎ **注释**

①〔弋（yì）〕缴弋射，用系着绳子的箭去射。②〔彼〕一说代指二阳，一说通"皮"。

◎ **大意**

六五：浓云密布而不下雨，是从我西郊飘过。王公用带绳的箭射，猎取穴中之物。

《象传》说：浓云密布而不下雨，（处在杀机四伏的氛围当中），六五已经到了上位（在卦变中，六五向上推移）。

◎ **解读**

六五在天位，在互兑（泽）有泽水上天为云之象，下有艮（止）不交，是浓云密布而不下雨之象，互兑在西，所以自西飘过。上震（公侯），正反互巽（绳）如绳缠绕，大卦如坎（穴、陷阱、弓）如张弓射穴，可见六五协同四阴，用带绳的弓箭射入深穴里猎杀二阳，如探囊取物一般，六五在互兑（悦）中，说明六五对二阳动了杀机，却喜悦在心。象辞的意思是六五上去，就是为了组织四阴绞杀二阳，形势密云不雨，杀机四伏。

> 上六：弗遇过之，飞鸟离①之，凶，是谓灾②眚③。
>
> 《象》曰："弗遇过之"，已亢④也。

◎ **注释**

①〔离〕网罗，落入，附着，附丽。②〔灾〕天灾。③〔眚〕人为的灾。④〔亢〕高亢，高极，过亢。

◎ **大意**

上六：没有相遇，却错越过去了。飞鸟自投罗网，太凶险了，可以说是天灾，但其实是自己人为造成的灾祸。

《象传》说：没有相遇，但错误地超越过去了，说明上六已经飞得太高了。

◎ **解读**

小过"有飞鸟之象"，上六好比一只飞鸟，从卦变上看，观卦六三原与上九正应，卦变时六三与上九换位，六三成为小过的上六，上九成为小过的九三。六三升上来时，越过两个爻位，却仍没能与自己所期待的上面的刚爻比邻，而是错误地飞越过去了。因为九五与六四换位了，所以没有相遇。

卦变时，观卦先变晋卦，六三先在离卦（网罟）之下。六三与上九换位，像是飞鸟自己落入网罟（上离）之中，所以是飞鸟自投罗网之象，当然凶险。

象辞的意思是上六位置太高，说明不识时务，越俎代庖，飞得太过了，当然会有天灾人祸。

九四"弗过遇之"，希望通过小过来改变被动局面；上六虽然本身被动，但仍然想维持六五猎杀二阳的局面，只是自入罗网，疲态尽显，很难维持长久了。

此爻之难在于"弗遇过之"和"离之"的取象，前人解释众说纷纭，如果不讲卦变，就很难讲得通，义理也就无法贯通下来。从爻变和象上梳理清楚之后，可以发现经文没有一个字没有出处，"观象系辞"绝非虚言。而卦变结构是一个被拆掉的脚手架，不从卦变体系解释，就无法知道卦爻辞这幢精美的大厦是如何构造起来的。

◎ **思考辨析题**

1. 为什么说小过卦"有飞鸟之象焉"？

2. 颐卦之后是大过，中孚之后是小过，从卦形顺序的安排来看，两组很相似，其中有什么特点？

3. 小过卦与大过卦有何区别？

䷾ 水火既济（卦六十三）（离下坎上）

既济①：亨小，利贞，初吉终乱②。

《彖》曰："既济，亨"，"小"者"亨"也。"利贞"，刚柔正而位当也。"初吉"，柔得中也。"终"止则"乱"，其道穷也。

《象》曰：水在火上，既济。君子以思患而豫防之。

◎ **注释**

①〔既济〕既为已经，皆，尽。渡水为涉，渡过去为济。既济是已经渡过去，完成、成功之意。②〔乱〕混乱，乱作一团，最后导致祸患，与象辞"患"相对。

◎ 大意

既济卦象征事已成功，但只是在小事上亨通，有利于坚守正道，刚开始时吉祥，到最后却乱作一团。

《彖传》说：事已成功，亨通，但只是在小事上亨通，坚守正道会有好处，因为刚爻和柔爻各自得正而且当位，又两两相应。刚开始时吉祥，因为六二柔爻当位居中，但到最后一旦停止就会变乱，因为柔爻到顶停止（则与阳失衡），道尽途穷，马上陷入穷困之境，后患无穷。

《象传》说：上卦坎为水，下卦离为火，水在火上，可烧水烹饪，火在水下得以救火，象征事情已经成功。君子看到这种现象，就要居安思危，把握好分寸，防患于未然，做好预防。

◎ 解读

既济卦由泰卦变来，是泰卦六五与九二换位，变既济卦。泰卦下乾（天）上坤（地），阴阳二气交流应当亨通，既济卦柔爻居柔位，象征事情已成，但只是在小事上亨通。因为全卦三个柔爻分别居于三个刚爻的上面，柔爻为小，所以只是在小事上亨通。全卦各爻位都正，三个柔爻都居柔位，刚爻都居刚位，所以坚守正道会有好处。既济是完成、成功，刚开始时吉祥，到最后却乱作一团，因为一个周期完成又会有一个新的周期开始，成功之后还会有新的目标摆在面前，稳定的局面会在向新阶段推进时出现混乱。上六到顶，而且当位，不想继续前进，也就没有力量变通，很快陷入穷困之境，出现混乱。所以事情虽然做成了，是好事，到最后或者因为安逸，或者因为力量不足，却成为一个乱局，有点不可收拾的味道。

象辞说明，虽然火烧水可以饮用，但烧得太过就会把水烧干，或者水沸出来把火浇灭，可见水火难以相容，要把握好它们之间关系的分寸才能使其为我们所用，否则稍有不慎，就会适得其反，所以要提前防范。因此，事情虽然刚刚办好，但如果没有把握好分寸，就会像水刚刚烧开却没有及时处理一样，很快就会又乱作一团。这也说明，任何事情的成功状态，其实都是暂时的动态结构，成功与失败，只是相对的平衡，在成功状态当中，特别需要继续小心谨慎地把握好分寸，才有可能维持好成功的状态。

初九：曳其轮①，濡②其尾，无咎。

《象》曰："曳其轮"，义无咎也。

◎ **注释**

①〔曳（yè）其轮〕曳是拉、牵引或拖拽的意思。古代大车车厢与车轮是分开的，出车时把车厢用輹装套在车轮上，路不好走时就用绳子拉住车轴，防止车厢脱开车輹，同时可以不让车轮滑开。②〔濡〕沾湿。

◎ **大意**

初九：拉住车轮（跑不快），渡河沾湿了尾巴（游不快），不过没有太大问题。

《象传》说：拽住车轮，虽然跑不快，但是照理应该不会有什么大的问题。

◎ **解读**

初九阳爻阳位，火（离）体之中，有速动急躁之象，遇到危险（前临坎险），就有人用绳子拉住（曳马取坎象）车轮（取坎象）前进，这样当然跑不快，也很可能不能完美迅速地完成预定的目标，但初九处既济之初，做事之前谨小慎微，因为成事一旦不足，败事便会有余，所以按理说不会有太大的问题。

初九濡其尾，指打湿尾部，上六濡其首，指打湿头部，跟未济卦辞联系起来，应该是指狐狸渡水的情况。初九在最下方，为尾部，前面有两个互坎卦，说明是要渡过大水，并且是尾部有水，就游不快了，但因为本爻正好应该慢下来，好比正应该用冷水浇烈火，所以最后不会有咎害。因为初九刚刚开始，比较小心，不可疏忽大意，在阴之下，也显得比较谦恭，应对得当，有利于维系既济的大局，越慢越有利。

六二：妇丧其茀①，勿逐，七日得②。

《象》曰："七日得"，以中道也。

◎ **注释**

①〔茀（fú）〕通"髴"，妇女头上的首饰。一说车蔽，古代妇女乘车不露于世，在车子的前后设置屏障，以自隐蔽，以显矜持。②〔得〕失而复得。一解为因心中自得而得。

◎ **大意**

六二：妇人丢失了首饰，不用寻找，七天后会失而复得。

《象传》说：七天后会失而复得，是因为六二在变动的情境当中能够始终坚守中道。

◎ **解读**

既济卦由泰卦变来，泰卦（坤妇乾首，可取妇女头饰之象）六五与九二换位，有妇女头饰更换之象。六二从泰卦六五下来，在卦变当中一直居中。两个互坎都为盗，好像妇女碰到好几个强盗，把头饰给抢走了。六二在离（日）中，为中心光明之象，有不顾忌得失之意，表示内心光明自得而益增其德。但妇女毕竟不好意思出门了，最后头饰失而复得，另有增益之象。本来前临两坎（险），出门就非常危险，所以也不应该行动，而因为丢失头饰不出门，正好暗合此意。

"七日得"跟复卦"七日来复"有相似之处，"七日"应取复卦阳气回复之周期之数，或二爻经历六爻回来是七位。也可以理解为六二内心考察前临之坎，觉得无力取回，也无法怀疑谁，索性不管了。此解将"得"理解为自得，即对所遗失之物思考一遍之后，觉得不能怨天尤人，就想通而自得，不在乎得失了。

> 九三：高宗①伐鬼方②，三年克之，小人勿用。
> 《象》曰："三年克之"，惫也。

◎ **注释**

①〔高宗〕殷商中兴之王武丁。②〔鬼方〕殷商时期我国西北部西羌的某一国家。

◎ **大意**

九三：商王高宗武丁去讨伐鬼方，三年后才克敌制胜，说明小人不可重用的道理。

《象传》说：三年后才把对方征服，攻坚克难，说明九三持久努力，实在是太疲惫了。

◎ **解读**

仗打得太久，一直打不赢，就是因为用人不当，所以小人不应该重用。九三跟上六正应，九三打不赢的时候，很想任用上六，但其实并不合适，因为柔爻到顶了，本身位置不好，力量不强，重用上六反而不利于成事。兵贵神速，战事一旦旷日持久，必将人困马乏，精疲力竭，疲惫不堪。

九三互离（矢）坎（弓），有征伐之象。泰卦下乾（君）上坤（国），下乾九二升为九五变成既济卦，有君王征伐属国获得成功之象，所以借用"高宗伐鬼方"的历史故事来解释。九二经三爻上升到五位（一说互离为三），所以三年后才得到胜利，因为实在耗时费力，都是小人不力导致的，所以结论就是：小人不可使用。

六四：繻①有衣袽②，终日戒。

《象》曰："终日戒"，有所疑③也。

◎ **注释**

①〔繻（xū）〕王弼认为应该改成"濡"，渗漏之义。一解为"彩色帛缯"，彩色、华美、细密的衣服。②〔袽（rú）〕败衣烂裳、旧絮破布等衣服废料。③〔疑〕疑惧。

◎ **大意**

六四：木船随时可能渗漏，准备好破衣败絮来堵塞，整天高度提防戒备。

《象传》说：需要整天高度警戒，是因为六四有所疑惧。

◎ **解读**

四位为疑惧之位，六四在上坎下互坎（水）当中，有遇水疑惧之象；离有舟象，两边实，中间空，边上有水，是六四的水即将渗漏进入船边之象，所以充满疑惧，面对船之将漏，当时刻警戒。六四以柔居柔，有小心戒备之象。古代都是木船，随时可能渗漏，船上需要准备破旧衣物以堵塞漏水的缝隙。

卦变上说，泰卦变既济卦，乾坤皆破，即乾（衣）坤（裳）和布帛皆破，说明已经准备好破衣败絮来堵塞，因为木船随时有可能渗露，以防不测。乾（昼）坤（夜）变出互坎（加忧），表明整日戒备。六四在三阴三阳之间纠缠不清，又在坎（冷）离（热）之间，冷热不定，故有疑有戒。

六四由离入坎中，可以理解为"华美的衣服快要变成烂衣败絮"，或"像用布条缝补衣服一样"，所以"应该整天提防戒备"，有提醒之意，但这样解释在逻辑上久通畅，毕竟衣服变旧得慢，未必需要整天小心警戒，但行船时刻有危险，需要时刻戒惧，"需要准备破旧衣物堵塞"在义理上比解释成"衣服变旧"要通畅。

> 九五：东邻杀牛①，不如西邻之禴祭②，实受其福。
>
> 《象》曰："东邻杀牛，不如西邻之"时③也。"实受其福"，吉大来也。

◎ **注释**

①〔杀牛〕用太牢祭享，以牛为牺牲，规模盛大的祭祀。②〔禴（yuè）祭〕以水果蔬菜为主的薄祭，一说用简单的饭菜祭祀。③〔时〕时运。

◎ **大意**

九五：东方邻国用杀掉整牛的厚礼来祭祀，不如西方邻国举行微薄而虔诚的"禴祭"，反而能实实在在受到上天的福佑。

《象传》说：东方邻国用杀掉整牛的厚礼来祭祀，因为它的时运已经不如西方邻国了。能够实实在在受到福佑，是吉祥即将源源不断地降临。

◎ **解读**

既济卦从泰卦变来，泰卦互震在东，互兑在西，坤（牛）变为既济卦之坎（水），有牛被杀之象，坎有禴祭之象，九五在卦变中升到全卦尊位，有实受其福之象。

九五阳刚在君位而盛极，需要持盈戒满，简朴方能有福。这样东与西本可以不实指。因为九五中正在位，所以需要特别重视时运，也特别需要叮咛告诫。象辞之"时"，前人有解为"合于祭祀之时""按时祭享""适时明德"，等等，但都不如解为"时运"更准确。

如果实指，传统上东邻指商纣王，西邻指周文王。纣王荒淫无道，即使用太牢祭祀，上天也不保佑他。文王英明仁德，即使用水菜薄祭，上天也会赐福。说明内心诚意不同，时运也大不相同。

> 上六：濡其首，厉。
> 《象》曰："濡其首，厉"，何可久也？

◎ **大意**

上六：浸湿头部，有危险了。

《象传》说：头浸入水中，太危险了，（既济的状态）太难持久了。

◎ **解读**

初爻为尾，上爻为首，上六在全卦上位，又在上卦坎（水，险）里，是水已经升到头顶，有头被打湿之象。这一爻就像小狐狸过河，如果不小心谨慎，头被打湿，就有危险了，断辞"厉"主要是警戒之意，但象辞比较严重，所以也可以理解为头浸入水中，非常危险。这里说明做成事情不过是一个阶段性成果，如果到最后（上六）没有持守好，就会发生祸患，无法持久了。这里如果理解为"沾湿了头"，程度到不了很危险的程度，不足以说明象辞"其道穷也"的意思。前人解"濡其首"多未及，所以难以通畅。

象辞的说法也证明因为到了最上面的一爻，处于危险境地，反而走向做成事情的反面。

◎ **思考辨析题**

1. 如何理解卦辞"初吉终乱"？

2. 如何理解大象辞"水在火上，既济。君子以思患而豫防之"？

3. 震卦和既济卦六二爻辞都提到"勿逐，七日得"，二者有何区别？

䷿ 火水未济（卦六十四）（坎下离上）

未济：亨。小狐汔①济，濡其尾，无攸利。

《彖》曰："未济，亨"，柔得中也。"小狐汔济"，未出中也。"濡其尾，无攸利"，不续终也。虽不当位，刚柔应也。

《象》曰：火在水上，未济。君子以慎辨物居方②。

◎ **注释**

①〔汔（qì）〕通"迄"，接近，将近，几乎。②〔辨物居方〕分辨事物的性质与类别，使万物分门别类处在各自的位置上。

◎ **大意**

未济卦象征事情还没成功，努力成就事情还是可以亨通。小狐狸几乎要渡河成功的时候，弄湿了尾巴，得不到什么利处。

《彖传》说：事情还没成功，努力成就事情还是可以亨通，因为六五以柔顺居中持守正道。小狐狸即将渡河成功的时候，是指它还没有离开坎险之中。弄湿了尾巴，得不到好处，可能因为力小游不到头，功败垂成，无法善终。虽然每个爻都在不合适的位置上。但刚柔都相应，（还是有可能做成事情的）。

《象传》说：上卦离为火，下卦坎为水，火向上，水向下，背道而驰，相克相违，火在水上，就是未济。君子看到火跟水很不合的情景，就要审慎分辨人事和物类，让他们各得其所。

◎ **解读**

未济卦既有事情成功之后又重新开始新一轮周期的意味，也有功败垂成的意味。未济卦从否卦变来，否卦九五与六二换位而成未济卦，是从否卦否塞不通的局面走出，穷则变，变则通，所以亨通。卦变中柔爻六五到达上卦中位，是柔顺地上进又符合中道，可以亨通。

未济卦名主要指的是还没有渡过河水，带有未完成、未成功之意。干宝说："坎为狐。"未济卦两坎相连在下，象征漫无边际的河水，上九阳实象征对岸，（狐，水）接近上爻，但又未能达上，好像一群小狐狸还在渡水过程之中，还没有到岸，还没有得到救济，还未脱离危险，因此主要指小狐狸快要渡河成功的时候。坎为水，初爻为尾，上爻为首，所以有上爻已出水，而初爻还在水中，好像弄湿了尾巴之象。从卦变看，是否卦变未济时，六五在从下卦中位推移到上卦中位，没有走出中位，象征渡水的时候，还在济渡过程之中，没有离开水中上到岸上来，可是小狐狸的尾巴已经被水沾湿了，那是会有危险的，这样的危险征兆当然不会没有什么好处，原因可能是小狐狸力气太小，最后会有无力坚持游到头的危险，半途而废，功败垂成。卦辞总的意思是：虽然亨通，可惜功败垂成，没有什么好处。

虽然未济卦无论哪一爻位置都不当，象征所处形势不利，但刚柔相应，可以理解为阴与阳在各自无法找到自己定位的状态之下，仍然能够互补相济，意思是说济渡大河需要和衷共济，阴阳印合。君子从中得到启示，慎重分辨物类，使它们各居其方，这样即使形势不利，事情不能做成，也能够促进事物彼此之间互助互济。从卦象上说，是火在水上，火性炎上，水性润下，有分离之象，可谓按照自然属性与规律，"方以类聚，物以群分"。加上坎为水，为盗，有狐象，主多狐疑，可以指代小狐狸过河需要小心翼翼，狐疑多虑，即使尾巴沾湿了有危险，也要谨小慎微地阴阳配合以力求渡河成功。

初六：濡其尾，吝。
《象》曰："濡其尾"，亦不知极也。

◎ **大意**

初六：小狐狸渡河沾湿了自己的尾巴，会有麻烦。

《象传》说：小狐狸渡河沾湿了尾巴，说明不知道自己所能够承受的极限。

507

◎ 解读

画卦的时候从下开始到上为终，卦成之后，上面为首下面为尾。初六在下爻坎（水）中，坎又为狐，阴爻居下，表示能力有限，力量薄弱，说明是小狐狸；因为初六与九四相应，所以有动象，前有双坎，所以是狐狸要渡河之象，与既济初吉终乱相反，未济初乱终无咎。

有把"极"解为"终点"的，但此处刚刚下水就湿了尾巴，应该是指小狐狸不知水的深浅。从做事的角度说，是不知道自己的能力的限度，志大才疏，自不量力，很快会有麻烦。如果把"极"讲成终点，文义就难以贯通。

> 九二：曳其轮，贞吉。
> 《象》曰：九二"贞吉"，中以行正也。

◎ 大意

九二：拖住车轮，不让它快进，持守正道可以吉祥。

《象传》说：九二守正吉祥，因为九二在卦变当中一直在中位，以中道行事，刚柔并济，恰到好处，行走得光明正直。

◎ 解读

坎为轮，九二为坎之主爻，有主动之象。前有坎，故有车轮可能或者已经陷入沟壑陷阱之象，所以要拖住车轮，保持车身的稳定，小心前进。因为九二在中，所以有能力保持中正状态。另外，九二在即将陷入沟里的变动情境当中，还要照顾初六小狐，在这样的状态下努力保持中道，行得正，非常不容易。

总之，九二面临危险，小心应对，内心中正，而用力得当，最后能够转危为安。

> 六三：未济，征①凶。利涉大川。
> 《象》曰："未济，征凶"，位不当也。

◎ 注释

①〔征〕前行，征进，一说征伐异己。

◎ 大意

六三：还没成功，继续征进有凶险，有利于渡过大河险阻。

《象传》说：还没成功，继续征进有凶险，因为位置不当。

◎ 解读

六二在连坎（水）之中，处在前后都是水的危险位置上，上不着天，下不着地，所以有"未济"之象，也就是还没有渡过水去。未济本来也就是未能渡过。要渡河就要稳扎稳打，冷静谨慎。前后皆坎（险），所以继续征进会有危险。但六三有正应在上九，上九是终位，而河水的终位就是岸，说明既有险可渡，又可以看到河岸，到达彼岸，所以最后可以渡过大河。

六三以阴居阳，以柔居刚，位不当，内心想动，但在险地之中，可能越动越危险。六三虽阴柔乘刚，但恰好比邻并顺从九四，在离（光明）卦边上，上有上九作为应援，所以渡河的过程虽然危险，最终脱离险境的希望还是很大的。

> 九四：贞吉，悔亡。震用伐鬼方，三年，有赏于大国。
> 《象》曰："贞吉，悔亡"，志行也。

◎ 大意

九四：坚守正道就可以吉祥，后悔可以得到消亡。如雷震而起，去征伐遥远的鬼方，三年成功并得到大国的赏赐。

《象传》说：坚守正道就可以吉祥，没有什么值得后悔的，因为九四的心志得到了实现。

◎ 解读

九四以阳居阴，失位有悔，但志在克险，能够守正，所以忧悔消亡。九四与既济九三取象相同。坤为阴"鬼"、方国、"方"。未济卦从否卦变来，否卦上乾（君）的九五下来到下坤（鬼方）二位成未济卦，好像雷震而起，去征伐遥远的鬼方。九四在互离（矢）互坎（弓）中，有征伐之象。否卦上乾（大）的九五经过三个爻位下到二位，进入下坤（国）核心，所以说三年（一说离为三）讨伐成功并得到大国的赏赐。《后汉书·西羌传》记载："及武乙暴虐，犬戎寇边。周古公踰梁山而避于岐下。及子季历，遂伐西落鬼戎。"所以有人说，此爻记载的是季历为商王武乙讨伐鬼戎的历史事件。象辞的意思是说，卦变当中，九四跟初六一直保持正应，说明在九四的讨伐功业当中，一直有人响应，可以理解为得到在下位的民众的支持，所以讨伐的心志可以推行并能够实现。

未济卦九四和既济卦九三都"伐鬼方"，但既济卦是"高宗伐鬼方"，而未济卦说"三年有赏于大国"，显然是伐鬼方三年成功而被封赏。既济卦下三爻是事成之初，九三以殷高宗伐鬼方之典故说明大功告成之象。但未济卦上三爻，则以勉励做事为主，九四处即将成事之初，所以说"震用伐鬼方"，用以表示应该努力争取成功之象。

> 六五：贞吉，无悔。君子之光，有孚，吉。
> 《象》曰："君子之光"，其晖"吉"也。

◎ **大意**

六五：坚守正道可以获吉，没有忧悔。君子的光辉能够取信于人，自然是吉祥的。

《象传》说：君子的光辉，是说在他的光辉照耀之下获得了吉祥。

◎ **解读**

此爻是指君子闪射出道德的光辉而吉祥。如离日在天，光辉耀眼。六五由否卦的二位升到全卦的尊位，象辞称它是"亨，柔得中"，是顺利居中之象。因为在上卦中位，只要居中守正，就可以获吉，没有忧悔。君子指否卦上乾，乾变离（日、光明）而发光，所以说君子的光芒如太阳一样光照四方，主要原因是取信于人，与人有孚信，从卦变可以看出，六五与九二换位，九二原在五位，是六五在二位时的正应，九二让出尊位给六五，又到下卦与六五正应，上上下下，以心交心，可见彼此信赖之深，犹如光辉互相照耀，所以是吉祥的。

上九：有孚于饮酒，无咎。濡其首，有孚失是。
《象》曰："饮酒濡首"，亦不知节也。

◎ **大意**

上九：诚心诚意地饮酒，没有问题。但如果喝多了，自己拿酒浇湿了头，那么即使有诚信也会功败垂成。

《象传》说：酗酒到自己拿酒浇湿头部的地步，说明上九也太不知道节制了。

◎ **解读**

这一爻是饮酒作乐不知节制之象，放纵自己，功败垂成，非常遗憾。象辞强调不知节制，好比饮酒时把头发都弄湿了，说明纵欲酗酒到了相当过分的程度。一解像小狐狸那样头都浸到水里面去了，

上九有正应在六三，还算是"有孚"，有可以信赖的对象。又在重坎（酒，水）之上，有饮酒的时候，对酒友很有诚信之象。处全卦上位，上位为首，坎为水，是水淹首之象，所以说头被打湿了，这里应该是自己喝醉了，醉到拿酒浇头的地步。如果喝酒没有节制，即使喝之前很讲诚信，最后还是可能会有问题和麻烦，想要做的事情可能会功败垂成。

上爻在离（明，礼）里，尚有礼节，前有光明之象；上爻变，卦成雷水解；离下互坎，有坎（险）之前有光明，动变而解除险难之象。

◎ **思考辨析题**

1. 为什么《周易》最后一卦不是既济卦而是未济卦？

2. 在《周易》中，共有十七处提到"位不当也"，有什么共同特点？

3. 既济卦和未济卦互为错卦，两卦卦爻辞多有相同之处，试分析两卦的区别与联系。

第三章 系辞上传

第一节

> 天尊地卑，乾坤定矣。卑高以陈，贵贱位矣。动静有常，刚柔断矣。方以类聚，物以群分，吉凶生矣。在天成象，在地成形，变化见（xiàn）矣。

◎ 大意

（一部伟大的《周易》到底从何而来？又是根据什么写出来的？原来《周易》来自大自然，效法天地万物的自然规律。）天高上而尊贵，地低下而谦卑，于是《周易》中象征刚健的乾卦与柔顺的坤卦就确定了。天处上，地处下，以及万物陈列高低不平，高大显得尊贵，矮小显得卑微，于是《周易》中六爻的位置有了上下贵贱之分。大自然运动与静止都有常态规律，刚健的常动，柔顺的常静，天常动，地常静，于是《周易》卦爻就定下刚柔的性质，阳动属刚，阴静属柔。天下四面八方的人和物都以各自相近的类型聚集在一起，地上生物都以各自的群体区分开

来，有相同就会产生相异，有类别就会引发争端，于是《周易》中卦爻
的吉和凶就产生了。天上的日月星辰云雨雷电成为自然现象，地上的山
川、草木、人物、动物成为自然形态，这些千变万化的现象，在《周
易》中是通过卦爻阴阳的变化显现出来。

> 是故刚柔相摩，八卦相荡，鼓之以雷霆，润之以风雨；日月运
> 行，一寒一暑。

◎ **大意**

所以，《周易》中六十四卦有刚爻、柔爻之间的相互摩擦往来，有
乾坤坎离震巽艮兑八卦相互激荡变化，恰恰就像大自然中有雷电的鼓
动、风雨的湿润、日月的运行、寒暑的更替那样，拥有着千变万化。

> 乾道成男，坤道成女。乾知大始，坤作成物。

◎ **大意**

（《周易》不仅模拟大自然的现象，而且还效法天地养育万物、人类
生儿育女那种生生不息的功能。《周易》六十四卦都是从乾坤两卦演变
而来，就像天地生养万物。）《周易》中乾卦的纯阳刚健之道，成为男
性的特征；坤卦的纯阴柔顺之道，成为女性的特征。乾卦就像天空和男
性一样，其功能主要是掌握着最大的创造开始；坤卦就像大地和女性一
样，其作用在于生养成形。

> 乾以易知，坤以简能；易则易知，简则易从；易知则有亲，易
> 从则有功；有亲则可久，有功则可大；可久则贤人之德，可大则贤
> 人之业。易简而天下之理得矣。天下之理得，而成位乎其中矣。

◎ **大意**

（因为《周易》效法大自然所固有的属性，就像天能施为创始万物，

地能化育创生万物，都自然而然，没有任何人为的难度。正因为《周易》效法大自然这种容易和简单的功能，从而使《周易》变得非常易简。）乾卦的主导掌控功能非常容易，坤卦的生成养育功能非常简单。《周易》非常容易了解掌握，人们也很容易顺从《周易》的道理去处事，达到知行合一。容易掌握就会有浓厚的亲近兴趣，容易跟随做事就会有功效。有了浓厚的亲近兴趣，就可以长久学习，不断创造；有了功效，就可以创造更大的业绩。可以长久亲近，有助于养成贤良的品德；可以长期保持大的业绩，有助于成就伟大的事业。《周易》如此容易简单，所以，天下一切道理都能掌握得到。掌握了天下的道理，人就能在天地之间成为万物之灵，顶天立地，赞天地之化育。

◎ **思考辨析题**

1. 有些人认为"天尊地卑"具有男尊女卑观念，这样的认识是否正确？该如何理解这四个字？

2. 如何理解"乾知大始，坤作成物"的意思？

第二节

圣人设卦观象，系辞焉而明吉凶，刚柔相推而生变化。是故吉凶者，失得之象也；悔吝者，忧虞之象也；变化者，进退之象也；刚柔者，昼夜之象也。六爻之动，三极之道也。

◎ **大意**

（既然《周易》的道理来自于大自然，那么圣人是如何通过《周易》来阐述其中的大道呢？）圣人设置八卦和六十四卦，把卦悬挂起来，让人们通过观察卦象来理解自然现象，并在卦爻后面系上象辞和爻辞，把卦爻中的现象和规律用文字写出来，指导人们的行动，使人们明白趋吉避凶的道理。《周易》中的卦爻不过就是阴阳刚柔的变化而已，通过刚柔的相互往来推移来表达产生变化的现象，刚极变柔，柔极变刚。所以，《周易》中的吉凶象征人事的得失；悔吝象征人事的忧虑，后悔使人有忧患意识，吝惜使人能防微杜渐；阴爻阳爻的变化象征人事的进退；爻的刚柔犹如昼夜，刚如白昼般动健，柔如黑夜般静柔。六爻之间的变动往来极致表达了天地人三才的道理。（以三画卦来说，初为地，二为人，三为天。以六画卦来说，初爻二爻为地，三爻四爻为人，五爻六爻为天，六爻的变动，显现了天道的阴阳，地道的刚柔，人道的仁义。）

是故君子所居而安者，《易》之序也；所乐而玩者，爻之辞也。是故君子居则观其象而玩其辞，动则观其变而玩其占，是以自天佑之，吉无不利。

◎ 大意

所以，君子能够安居乐业，是遵照《周易》消息盈虚、进退存亡的秩序；君子乐于玩索运用的是卦爻辞。因此，君子平时去观察卦爻象，玩索卦爻辞，一旦有所行动，就观察卦爻象的变化，玩味占断的应验规律。所以，（顺应《周易》的道理去为人处世）就如同得到上天的保佑，吉祥而无所不利。

◎ 思考辨析题

1. 如何理解《周易》"观象系辞"的体例？
2. 什么是占？为什么说"善为易者不占"？

第三节

象者，言乎象者也；爻者，言乎变者也。吉凶者，言乎其失得也；悔吝者，言乎其小疵也。无咎者，善补过也。

◎ **大意**

《周易》中的象辞，是用来说明卦象的；爻辞是用来说明人事变动的。吉凶是说明人事的得失，得则吉，失则凶。悔吝是为了使人们注意观察微小的过失，而能防微杜渐，（因为卦爻辞本身具有微言大义的性质）。无咎是没有过失，为了使人们能善于改过自新，亡羊补牢。

是故列贵贱者存乎位，齐小大者存乎卦，辩吉凶者存乎辞，忧悔吝者存乎介，震无咎者存乎悔。是故卦有小大，辞有险易；辞也者，各指其所之。

◎ **大意**

所以，陈列高低贵贱，主要在于爻位的上下；排列阴小阳大之分，主要在于卦画；辨别吉凶，主要在于卦爻辞；忧虑悔吝，主要在于细微之处；戒惧无咎，主要在于有悔过之心。所以说，六十四卦有小大之分，卦爻辞象征人事的险难与容易、吉利与凶险；卦爻辞给人们指明应该顺应时势，走向正确吉利的方向。

◎ **思考辨析题**

1. 象辞与爻辞有什么区别？

2. 如何理解吉凶悔吝？

第四节

《易》与天地准，故能弥纶天地之道。仰以观于天文，俯以察于地理，是故知幽明之故。原始反终，故知死生之说。精气为物，游魂为变，是故知鬼神之情状。

◎ 大意

（上一节说《周易》的文辞能指导各个方面，那么，为什么《周易》能够具有如此巨大的功能？）《周易》源于自然，其道与天地齐准，因此能够包罗天地万物的道理。圣人通过仰观天象，俯看地理，效法自然，创造出《周易》，所以《周易》可以帮助人们知道微妙隐约和明显变化的缘故。（《周易》从初爻到上爻，六爻相互推荡可以模拟变化，）推究原始，类推终究，所以知道万物生死转化的学问。《周易》中阴阳二气凝聚化成物形，聚精会神，二气游离，无精打采，魂飞魄散而成变化，所以甚至能知道看不见的鬼神的情态状况。

与天地相似，故不违；知（zhì）周乎万物而道济天下，故不过。旁行而不流，乐天知命，故不忧。安土敦乎仁，故能爱。范围天地之化而不过，曲成万物而不遗，通乎昼夜之道而知，故神无方而《易》无体。

◎ 大意

《周易》以天地为准则，其道类似天地，不会违背自然法则；其智慧足以通晓天下万物的规律，其道足以救济万物，所以没有过失。一切道理都能触类旁通，通情达理，顺应天道，达观天命，所以无忧无虑。随遇而安，宅心仁厚，就能生发仁爱之心。《周易》之道包括天地之间一切变化而没有过错；细密万全地成就事物而没有遗漏；通晓白天晚上的自然变化规律而富有智慧。因此，《周易》之道如神一般，变幻无方，没有固定的形体，可以千变万化，无所不能。

◎ **思考辨析题**

1. 如何理解"易与天地准"？
2. 如何理解《周易》中的"鬼神"观念？

第五节

一阴一阳之谓道，继之者善也，成之者性也。仁者见之谓之仁，知（zhì）者见之谓之知，百姓日用而不知，故君子之道鲜（xiǎn）矣。

◎ **大意**

（《周易》之道如此巨大，虽然变幻无方，实际上只是阴阳的往来而已。）一阴一阳相反相成，阴极生阳，阳极生阴，阴与阳不断向各自相反方向转化就是道，道的继续而创生宇宙万事万物就是善，道铸成于万事万物当中就是性。仁慈的人见到道有仁慈的一面，就把道称作"仁"，智慧的人见到道有智慧的一面，就把道称作"智"。百姓日常遵循"道"，却对"道"茫无所知，所以像君子那样全面了解"道"，又能依"道"行事的人就非常稀少了。

显诸仁，藏诸用，鼓万物而不与圣人同忧，盛德大业至矣哉！

◎ **大意**

《周易》之道显示在成就万物的大仁大德之中，隐藏在人伦日用中而不被察知。《周易》之道鼓动生成万物而不像有忧患之心的圣人那样忧虑天下，《周易》之道具备的隆盛道德和建立的恢宏功业真是至高无上啊！

富有之谓大业，日新之谓盛德。生生之谓易，成象之谓乾，效法之谓坤，极数知来之谓占，通变之谓事，阴阳不测之谓神。

◎ 大意

《周易》之道化生万物，富有天下，就是大业，能日新月异就是盛大的品德。阴阳生生不息就是《周易》之道的功能。（《周易》之道生生不息，化为天地，成于阴阳，显于乾坤。天地生万物，阴阳生万象，乾坤两卦生出其余六十二卦。）《周易》从乾卦开始，在天成象，使人们容易知道；通过坤卦来效法顺承，简单而有成效。穷极阴阳的数理，可推算事物未来的变化，就是《周易》的占验。照这种趋势去引领阴阳的变化和发展，就能明白、通达事理，进而达到阴阳变幻莫测，超出常人的境界，这就是神化。

◎ 思考辨析题

1. 如何理解"一阴一阳之谓道"的阴阳哲学内涵？我们日常生活中的阴阳与《周易》有哪些联系？

2. 如何理解"生生之谓易"？

第六节

夫《易》广矣大矣，以言乎远则不御，以言乎迩则静而正，以言乎天地之间则备矣。

◎ **大意**

《易》道生生不息，是多么广博宏大啊！用它比拟像天一样遥远的事情，它无边无际、自强不息；用它来说明像地一样切近的事物，它平静端正、厚德载物，《周易》之道在天地之间，万物齐备，无所不包。

夫乾，其静也专，其动也直，是以大生焉。夫坤，其静也翕（xī），其动也辟，是以广生焉。广大配天地，变通配四时，阴阳之义配日月，易简之善配至德。

◎ **大意**

（万物莫大于天地，六十四卦莫大于乾坤，用乾坤来模拟《易》道的广大。乾坤都有动静，阴中有阳，阳中有阴，）乾阳刚健，静止时专一不分，发动时勇往直前，所以能够大兴生旺之气。坤阴柔顺，静止时收敛闭合，发动时开天辟地，所以能够广大含藏的生气。乾坤的宽广宏大与天地的广大无边相配，卦爻的变化通达与四季的更替无穷相配，阴阳的各得其宜与日月的往来不息相配，乾坤的容易简单、尽善尽美与至高无上的德业相配。

◎ **思考辨析题**

1. 为什么《周易》能"言乎天地之间，则备矣"？

2. 如何理解乾坤的生机与"易简之善配至德"？

第七节

子曰："《易》，其至矣乎！夫《易》，圣人所以崇德而广业也。"知崇礼卑，崇效天，卑法地。天地设位，而《易》行乎其中矣。成性存存，道义之门。

◎ **大意**

孔子说：《周易》真的是至高无上啊！一部《周易》，圣人所以能够为天下推崇道德而且扩大功业。智慧如此崇高易知，礼法如此谦卑简单，崇高效法天道，谦卑效法地德。天上地下设立了乾阳坤阴的位置，《周易》之道就在天地之间，运行在人们的日常生活之中。（既然《周易》在日常生活之中，人们就不能日用而不知，应该身体力行，）使《周易》里的仁义道德、知崇礼卑成为自身的习惯性格，时时处处保持和积存《周易》之道，达到知行合一，就可以进入道义的大门。

◎ **思考辨析题**

1. 如何理解《易传》的"子曰"与孔子的关系？

2. 如何理解"成性存存，道义之门"？

第八节

> 圣人有以见天下之赜（zé），而拟诸其形容，象其物宜，是故谓之象。圣人有以见天下之动，而观其会通，以行其典礼，系辞焉以断其吉凶，是故谓之爻。言天下之至赜而不可恶也，言天下之至动而不可乱也。拟之而后言，议之而后动，拟议以成其变化。

◎ **大意**

（《周易》之道容易简单，就在人们的生活之中，人们要将《周易》之道变成为自己的习惯品性。所以，圣人从人们的日常起居出发来运用《周易》。因此，）圣人看到天下深奥难言的事物，开始模拟形容，合理类比想象某种事物的本质特征，这就是"象"的由来。圣人看到天下的运动和变化，通过观察理解变动的会通之处，使人们的行动能合乎礼法典则，把这种法则以文辞的方式写在卦爻的后面，帮助人们判断吉凶，这就是"爻"效法天下之动的由来。运用这种方法，天底下再难知的事情，也不会感觉麻烦；天底下再怎么变动，也不会感到混乱。因为，模拟想象就能言知，理解斟酌就能行动，模"象"拟"爻"变通起来，就能因应世间万事万物的奇妙变化。

"鸣鹤在阴，其子和之：我有好爵，吾与尔靡之"。子曰："君子居其室，出其言善，则千里之外应之，况其迩（ěr）者乎？居其室，出其言不善，则千里之外违之，况其迩者乎？言出乎身，加乎民；行发乎迩，见乎远。言行，君子之枢（shū）机。枢机之发，荣辱之主也。言行，君子之所以动天地也，可不慎乎！"

◎ 大意

（运用《周易》拟议的方法，可以成就变化，六十四卦都是如此。现在列举七个爻来说明如何运用拟议。）中孚卦九二爻辞说："大鹤在阴幽之境中鸣唱，它的小鹤也鸣唱应和，（好像在说：）我这里有甘甜的美酒，希望与你分享，同饮共乐。"孔子说："君子足不出户，只要言语向善，远隔千里之外的人都会得到感应前来顺应，何况近处的人呢！如果言语邪恶，即使居住在室内，千里之外的人也会得到感应与他违抗，更何况近处的人！言论出在自身，影响会加在人们身上；行为发生在近处，但影响非常深远。言论与行为，是一个人的枢纽关键所在。这个关键是引发荣辱的主要因素。当然，一个人的言论与行为不仅影响到自身，还能感天动地，惊动万物。难道可以不谨慎吗？"（这是用拟议卦爻来说明谨言慎行的道理。）

"同人，先号咷而后笑。"子曰："君子之道，或出或处（chǔ），或默或语，二人同心，其利断金。同心之言，其臭（xiù）如兰。"

◎ **大意**

同人卦九五爻辞说："把群众聚合起来，先号咷大哭，后破涕为笑。"孔子说："君子同人们相处，不在乎表面，而在于心，或者出现，或者隐居，沉默也罢，表达也罢，方式不一定相同，但是只要两人同心同德，合力足以切断金属，无坚不摧，众志成城。志同道合的肺腑之言，心照不宣的味道就像兰花一样浓香。"（所以，同人之道，先号咷大哭，是指方式不同，但心志相同，能冲破隔阂，而后笑。这就是用拟议的方法来阐述爻辞里同心的道理。）

"初六：藉（jiè）用白茅，无咎。"子曰："苟错诸地而可矣，藉之用茅，何咎之有？慎之至也。夫茅之为物薄，而用可重也。慎斯术也以往，其无所失矣。"

◎ **大意**

大过卦初六爻辞说："初六：祭祀前先把柔软的白茅草衬垫在祭器的下边，这样谨小慎微当然没有什么害处。"孔子说："直接把祭品放置在地上也是可以的，何况还用柔软的白茅草来衬垫，怎么可能会有咎害呢？这就是谨小慎微到极点的地步。不要小看茅草很微薄，但作用和影响可以非常重大。能够用谨慎的方法前往做事，就不会有任何过失。"（这是用拟议来从爻辞中感悟谨慎的道理。）

"劳谦君子，有终，吉。"子曰："劳而不伐，有功而不德，厚之至也。语以其功下人者也。德言盛，礼言恭，谦也者，致恭以存其位者也。"

◎ **大意**

谦卦九三爻辞说："有功劳又谦和的君子，有好结果，吉祥。"孔子说："勤劳而不自夸炫耀，有功劳而不认为是自己的功德，品德修养深厚到了极致。这就是告诉人们有功劳更能谦下于人。合乎道德的言语帮助他盛大，合乎礼仪的言语帮助他谦恭处世。所谓的谦虚，就是要用毕恭毕敬来立足，来为人处世。"（这是用拟议卦爻来感悟谦虚的道理。）

"亢龙，有悔。"子曰："贵而无位，高而无民，贤人在下位而无辅，是以动而有悔也。"

◎ 大意

（谦虚如此重要，那么不谦虚会带来什么后果呢？）乾卦上九爻辞说："龙飞到穷极高亢之处，必有悔恨。"孔子说："显贵却没有实位，高高在上却失去人民，有贤能的人处在下位却无法辅助，所以这样的行为必有悔恨。"（这是用拟议卦爻来感悟高亢不谦的道理。）

"不出户庭，无咎"。子曰："乱之所生也，则言语以为阶。君不密则失臣，臣不密则失身，几事不密则害成。是以君子慎密而不出也。"

◎ 大意

节卦初九爻辞说："不跨出门户庭院，没有咎害。"孔子说："祸乱之所以产生，那是言多语失的缘故，言语泄露成为祸乱产生的阶梯。君主不去保密，就会失去大臣的信任，大臣不去保密就会招来杀身之祸，几微的细节不去保密就会妨害成功。所以君子要谨慎保密而不乱说话。"（这是引用节卦初九爻来拟议保密的重要性。）

子曰："作《易》者，其知盗乎？《易》曰：'负且乘，致寇至。'负也者，小人之事也。乘也者，君子之器也。小人而乘君子之器，盗思夺之矣。上慢下暴，盗思伐之矣。慢藏诲盗，冶（yě）容诲淫。《易》曰：'负且乘，致寇至'，盗之招也。"

◎ 大意

（一旦不谨慎，保密没做好，秘密泄露，消息就会被盗。）孔子说："写作《周易》的人，大概知道强盗的心理吧！解卦六三爻辞说：'身子坐在大车上，背上却还背着贵重的财物，这样就会招来寇盗抢劫。'背负重物是小人的事情，乘车是君子的工具，现在小人不能安分守己，自不量力，而去乘坐君子的工具，强盗就会乘机思谋夺取了。小人在高位却没有涵养，对上傲慢无礼，对下面的人暴虐无道，众叛亲离，强盗就会乘机思谋讨伐了。轻慢随便，不掩藏重要的财物，就是教人来偷盗。妇女整天无事打扮得过度妖艳，就是教人起淫辱之心。《周易》说的'负且乘，致寇至'，正是说偷盗都是自己招来的，咎由自取。"（这是引用解卦的爻辞来拟议量力而行的道理。）

◎ 思考辨析题

1. 如何理解《周易》中的"象"和"爻"？

2. 如何理解卦爻辞的"拟议"特点？

3. 如何理解"言行，君子之枢机"？

4. 结合卦爻辞的解说来说明谦虚和谨慎的重要性。

第九节

天一，地二，天三，地四，天五，地六，天七，地八，天九，地十。天数五，地数五，五位相得而各有合。天数二十有（yòu）五，地数三十，凡天地之数五十有五，此所以成变化而行鬼神也。

◎ 大意

（上一节，圣人列举七个爻辞为例，来说明圣人设卦观象，象其物宜，用系辞来断其吉凶，圣人就是如此拟议卦辞来成就《周易》在生活中的变化。人们平日观象玩辞，一旦有所行动，就要观变玩占，圣人又是如何模拟计算《周易》里的天地之数来实现卦爻的变化？天地间的生命不过就是一动一静而已，天地间的数，不过就是一而二，二而一而已。）天为阳刚，为动，为奇数，为一。地为阴柔，为静，为偶数，为二。天地二气相互往来，所以，二加一为三，是天数。二加二为四，是地数。四加一为五，是天数。四加二为六，是地数。六加一为七，是天数。六加二为八，是地数。八加一为九，是天数。八加二为十，是地数。（数始于一，成于三，终于十，到了十就终结圆满了。）河图只有十数。天共一三五七九这五个为奇数，地共二四六八十这五个偶数。天地这十个数以河图来定位，分在上下左右中这五个位置，对应了东南西北中，配合了金木水火土。一得到五变成六，天一与地六相合居在下方。二得到五变成七，地二与天七相合居在上方。三得到五变成八，天三与地八相合居在左边。四得到五变成九，地四与天九相合居在右边。《周易》占卜得到的六七八九，就是由于各自都必须得到五才变成的，所以五居在中间。一二三四加起来变成十，地十又与天五相合居在中间。五个方位的数相互得到而各自配合。再把天数一三五七九相加，等于二十五，地数二四六八十相加，等于三十，天地之数加在一起总和为五十五。这五十五个数就可以实现卦爻的变化，应对世间事变，达到运行阴阳至鬼神莫测的境界。

大衍（yǎn）之数五十，其用四十有九。分而为二以象两，挂一以象三，揲（shé）之以四以象四时，归奇于扐（lè）以象闰；五岁再闰，故再扐而后挂。《乾》之策二百一十有六，《坤》之策百四十有四，凡三百有六十，当期之日。二篇之策，万有一千五百二十，当万物之数也。是故四营而成易，十有八变而成卦。

◎ 大意

（上文说明了天地之数，那么圣人是如何拟议《周易》的卦爻数来实现天地之数的变化呢？）《周易》中用蓍草占筮推演，共需要五十根，天地之数是五十五，蓍草占筮数只用五十根，（那五个数，在天上为五星，地上为五行，人间为五德，是不可以动摇的）。占卜的时候，在这五十根蓍草里，随意抽出一根不用，模拟太极，只用四十九根。双手把四十九根蓍草随意一分为二，比喻太极生出了阴阳两仪，一画开天地。再从右手边的那一堆蓍草中随意抽出一根，悬挂在左手小指与无名指之间，象征天地人三才，（左手边这一堆蓍草代表天，右手边的蓍草代表地，万物从大地孕育而生，所以从右手边那堆蓍草中取出挂在左手上的那一根蓍草代表人）。再把左右两堆蓍草，按照每四根数成一摞，象征春夏秋冬四个季节。按照每四根为一摞进行归类以后，把左手边多余出来的蓍草的那个余数，夹在左手无名指与中指之间，这个归类后剩下的余数象征了闰月。因为五年有两个闰月，所以，再把右手边的蓍草每四根数成一摞，把剩余的蓍草的那个余数，夹在左手的中指与食指处。最后，把左手上夹的所有蓍草整合摞在一起放在一边，然后把数过的两堆蓍草合在一起，再按照前面同样的方法进行数算。经过三次演算以后，把这三次在左手上夹的蓍草数加在一起，用四十九减去这个总数，再用减去的这个差数除以四，得到的商，（只会出现六七八九这四种数字），一个爻就算完成了。（三次演变完成一个爻，一个卦有六个爻，需要十八次变化。六为老阴，七为少阳，八为少阴，九为老阳。六八为阴爻，六为变爻，七九为阳爻，九为变爻。）按照天地极数老阳老阴来算，乾卦纯阳，老阳之数九，每四个单位来数，一爻的蓍草策数就是四乘以九等于三十六策，乾卦六个爻的总策数就是六乘以三十六等于二百一十六。坤卦纯阴，老阴之数六，同样按照每四个单位来数，一爻为四乘以六等于二十四策，坤卦六爻的总策数就是六乘以二十四等于一百四十四。乾坤两卦的策数总和为三百六十，大概等于一年的天数。如果再把《周易》上下两篇六十四卦的策数加起来的话，阳卦有三十二，乘以乾卦策数二百一十六，等于六千九百一十二，阴卦有三十二，乘以坤卦策数一百四十四，等于四千六百零八，二者相加总和为一万一千五百二十，这就等于是天地万物的数字了。所以，经过分二、挂一、揲四、归奇四个操作经营环节，每重复三遍这样的程序就可变成《周易》中的一个爻，六爻十八变可成为一个完整的卦。

> 八卦而小成，引而伸之，触类而长之，天下之能事毕矣。显道神德行，是故可与酬酢（chóu zuò），可与佑神矣。子曰："知变化之道者，其知神之所为乎。"

◎ 大意

六十四卦是由相对较小的八卦组合而成的，（八卦两两组合成为六十四卦，有三百八十四爻，六十四卦每卦都可再变出六十四卦，共有四千零九十六个卦，有二万四千五百七十六爻，再加上乾坤坎离震巽艮兑八卦能包罗万象，能拥有万数，这样）一直引申延展、触类旁通，天下能够存在的事物原理就全部包含其中了。这种拟议卦爻的大衍之数，可以显示深奥的道理，可以神化道德品行的作用。所以，《周易》可以应对人们至赜至动之事，可以达到犹如神佑的境界。孔子说："知道了《周易》卦爻变化的道理，就能领会《周易》神奇的魔力了。"

◎ 思考辨析题

1. 如何理解河图和洛书？

2. 如何看待大衍筮法？

第十节

《易》有圣人之道四焉：以言者尚其辞，以动者尚其变，以制器者尚其象，以卜筮者尚其占。

◎ **大意**

（君子静居的时候观象玩辞，行动的时候观变玩占，）辞、变、象、占是《周易》所具有的四大功能，圣人之道在《周易》里通过这四个方面体现出来：用它来指导言论、美化辞藻的人，推崇卦爻辞；用卦爻变化作为行动指南的人，琢磨卦爻变化；参考卦爻象来制造器物的人，体会卦爻实象；用卦爻占卜来卜筮决疑的人，注重实践占验的机理。

是以君子将有为也，将有行也，问焉而以言，其受命也如响。无有远近幽深，遂知来物。非天下之至精，其孰能与于此？

◎ **大意**

所以，君子将要有所作为，有所行动，遇到疑问去征询《周易》，卦爻言辞就能回答，一一对应，非常准确，就像接受到了命令，有求必应。无论远近幽深，事无巨细，都能预先知道未来事物的发展变化。（精通卦爻辞就能无所不知，代替占卜。）如果《周易》不是有天底下最精妙的预测机制，又岂能如此？

参（sān）伍以变，错综其数。通其变，遂成天下之文；极其数，遂定天下之象。非天下之至变，其孰能与于此？

◎ 大意

天三主化，地五主变，天三地五用以变化，交错综合它的数，融会贯通其中的变化，就可以形成天下错杂的文采；穷究卦爻数至于极致，可以确定天下万事对应的万象（精通卦爻象就能通达变化）。如果《周易》不是天底下善于变通的，又岂能如此？

> 《易》无思也，无为也，寂然不动，感而遂通天下之故。非天下之至神，其孰能与于此？

◎ 大意

《周易》（如此高深，以其至精至变，解决天下至赜至动之事，）不需要任何思虑，没有任何人为的做作，一切都是源于自然，易简而已。正是通过寂静不动，反而以静制动，静观其变，对《周易》之道有所感悟就能通晓天底下的来龙去脉。如果《周易》不是天下最神奇的，又岂能如此？

> 夫《易》，圣人之所以极深而研几也。唯深也，故能通天下之志；唯几也，故能成天下之务；唯神也，故不疾而速，不行而至。子曰："《易》有圣人之道四焉"者，此之谓也。

◎ 大意

圣人就是通过《周易》来穷极深奥、研索几微的。唯因其已达深远，所以能通达天下人的心志意愿；唯因其已得几微，所以能成就天下的事务；唯因其如此神妙，所以不需疾驰就能迅速，不需行动就能到达。孔子说："《周易》有四个方面的圣人之道"，就是这个意思。

◎ 思考辨析题

1. 如何理解辞变象占四个方面的圣人之道？

2. 如何理解"无思也，无为也，寂然不动，感而遂通天下之故"？

第十一节

子曰："夫《易》何为者也？夫《易》开物成务，冒天下之道，如斯而已者也。"

◎ **大意**

（既然《周易》具有辞变象占四大功能，使得《周易》能够至精、至变、至神，而发挥这四大功能的就是蓍草、卦、爻，那么，《周易》到底有什么作用呢？）孔子说："《周易》到底有什么作为？《周易》可以开创万物，成就事务，包括覆盖天下的道理，如此而已。"

是故圣人以通天下之志，以定天下之业，以断天下之疑。是故蓍（shī）之德圆而神，卦之德方以知，六爻之义易以贡。

◎ **大意**

所以，圣人用《周易》可以通达天下万物的心志，奠定天下大业，决断天下的疑惑。因此，蓍草占卜的功德圆满而且神化莫测，卦象方正而有智慧，通过比拟来使人们知道万事万物，六爻变动不居，把平易浅显的道理贡献给人们。

圣人以此洗心，退藏于密。吉凶与民同患。神以知来，知以藏往。其孰能与此哉？古之聪明睿（ruì）知，神武而不杀者夫！

◎ **大意**

圣人通过《周易》洗涤心灵，修身养性，能收藏到天地间的密钥，与人们一同为如何更好地趋吉避凶而忧虑。学习《周易》就能达到出神入化，能知未来，富有智慧，能包藏往事的经验，除非如此，还有谁能做到这样呢？估计只有古代聪明睿智的人可以做到，他们是能未卜先知、神奇勇武、不用杀戮就可以服人的圣王。

> 是以明于天之道，而察于民之故，是兴神物以前民用。圣人以此斋戒，以神明其德夫！

◎ 大意

所以，圣人明白天地自然的大道，体察人情世故，新兴创制了蓍占这样的神物，用于引导人们趋吉避凶。圣人用《周易》来斋戒洁诚，虔敬培养神明般的道德！

> 是故，阖（hé）户谓之坤。辟（pì）户谓之乾。一阖一辟谓之变，往来不穷谓之通。见乃谓之象，形乃谓之器。制而用之谓之法，利用出入，民咸用之谓之神。

◎ 大意

（《周易》有出神入化、明了一切万物的功德。圣人通过观察的方法发明《周易》这本书。）所以，圣人看到闭合起来包藏万物的房间，就叫作坤卦；看到开辟的门户，犹如从中能够创生万物，就叫作乾卦。看到一扇门一开一闭变来变去，就好比卦爻变化之象；看到日月往来无穷无尽，就好似卦爻变化通达。看见各种事物的形象，都能对应《周易》中的象；看见万物的各种形状，都能与《周易》中器物的象对应起来。制象并将象对应的器物运用在生活中，就是效法《周易》之道。人民时刻都在运用《周易》之道，一出一入之间，（好像人体生命一刻都离不开呼吸那样），这就达到《周易》之道显化的神妙境界。

是故《易》有太极，是生两仪。两仪生四象，四象生八卦。八卦定吉凶，吉凶生大业。

◎ **大意**

（正因为圣人如上述观察、发明创造《周易》，）所以，《周易》从宇宙混沌初开的太极开始，太极一画开天创生（天地、阴阳、日月）两仪，两仪化生（春夏秋冬、金木水火或少阳、老阳、少阴、老阴）四象，四象化生八卦（象征天地水火风雷山泽），八卦（象征乾健坤顺坎陷离丽巽入震动艮止兑说八种性情，进而模拟万事万物）的推演可以确定吉凶，确定吉凶便可以成就盛大的功业。

是故法象莫大乎天地，变通莫大乎四时，县（xuán）象著明莫大乎日月，崇高莫大乎富贵。备物致用，立成器以为天下利，莫大乎圣人。探赜索隐，钩深致远，以定天下之吉凶，成天下之亹（wěi）亹者，莫大乎蓍（shī）龟。

◎ **大意**

（《周易》作用伟大，功能神奇，但书的原理并不奇特，本来源于自然，非常容易简单。）《周易》的效法想象再大不过天地而已；变化通达再大不过四季而已；高悬法象光明显著再大不过日月而已；让人尊崇仰望再大不过富裕高贵而已。齐备万物、学以致用，立身成器，为天下谋福利，再大不过圣人而已。探察玄妙，思索隐秘，钩寻深邃，到达遥远，以此确定天下吉凶祸福，催促天下人勤勉不懈地建功立业，再大不过神奇的蓍草和神龟而已。

是故，天生神物，圣人则之。天地变化，圣人效之。天垂象，见吉凶，圣人象之。河出图，洛出书，圣人则之。《易》有四象，所以示也。系辞焉，所以告也。定之以吉凶，所以断也。

◎ **大意**

所以，自然界产生神奇的蓍草和灵龟，圣人取法其原理，发明卜筮的方法。天地间本来就充满了变化，圣人效法用卦爻变化来模拟。天地间垂挂着很多现象，显现吉凶的征兆，圣人用卦爻之象来模拟想象。龙马背着河图从黄河出来，神龟背着洛书从洛水出来，圣人取法它们阐明宇宙大道，创造八卦九畴。《周易》有这四个方面的现象，所以把占卜、爻变、卦象、八卦乃至六十四卦显示给人们。每个卦爻后面都系有文辞，用来告诉人们变化的趋势，以此可以确定吉凶，帮助人们判断利害祸福。

◎ **思考辨析题**

1. 如何理解太极、两仪、四象、八卦？

2. 如何理解"易有四象，所以示也"？

第十二节

《易》曰："自天佑之，吉无不利。"子曰："佑者，助也。天之所助者顺也；人之所助者信也。履信思乎顺，又以尚贤也。是以自天佑之，吉无不利也。"

◎ **大意**

《周易》（大有卦上九爻辞）说："得到上天的保佑，吉祥而无所不利。"孔子说："佑不是随便就能得到保佑，是靠自身努力得到帮助。天所帮助的是能顺应天道的人；人所帮助的是诚实守信的人。人只要能履行信用，思想意念顺应天道，又能崇尚贤德，所以才能得到上天的佑助，吉祥而无所不利。"

子曰："书不尽言，言不尽意。"然则圣人之意，其不可见乎？子曰："圣人立象以尽意，设卦以尽情伪，系辞焉以尽其言，变而通之以尽利，鼓之舞之以尽神。"

◎ **大意**

孔子说："文字无法把想说的话都表达详尽，说出来的言语也无法把心中的意思完全表达清楚。"然而，圣人的心意难道就见不到了吗？孔子说："圣人通过创立卦象来尽可能全面地表达他想表达的意思，设置八卦、六十四卦、三百八十四爻来尽可能全面地显现万物难以描绘的真情和虚伪，对卦爻系辞来尽可能全面表达自己要说的言语，通过卦爻的变化流通，来尽可能全面地趋利避害，鼓舞人心推动天下人建功立业，来尽可能显现《周易》之道的神妙。"

乾坤，其《易》之蕴耶？乾坤成列，而《易》立乎其中矣。乾坤毁，则无以见《易》。《易》不可见，则乾坤或几乎息矣。

◎ **大意**

（那么《周易》又是通过什么来表达呢？万物出自天地，六十四卦出自乾坤。乾以易知，坤以简能，就是一个容易简单而已。）乾阳坤阴就穷尽《周易》的蕴含了吧？乾刚坤柔排列成序，六十二卦成列其中，《周易》之道也就在其中成立起来。乾坤如果毁灭，那《周易》之道就无法显现了。如果《周易》没有出现，那么乾坤推演万物之道或许永远停息，不为人知了。

是故形而上者谓之道，形而下者谓之器。化而裁之谓之变，推而行之谓之通，举而错之天下之民谓之事业。

◎ 大意

所以说，形体之上无法琢磨的就是《周易》的大道。形体之下有体有状的，就是卦象模拟的器物。用形上之道化解裁定形下之器，就是卦爻的变化；推广形上之道付诸行动就是卦爻的变通，把形上之道用于天下万民身上的重大举措就是六十四卦的事业。

是故，夫象，圣人有以见天下之赜，而拟诸其形容，象其物宜，是故谓之象。圣人有以见天下之动，而观其会通，以行其典礼，系辞焉以断其吉凶，是故谓之爻。极天下之赜者存乎卦，鼓天下之动者存乎辞。化而裁之存乎变，推而行之存乎通，神而明之存乎其人。默而成之，不言而信，存乎德行。

◎ 大意

所以，这个象是什么呢？（《周易》通过象来表达它的智慧。象是学懂《周易》最关键的地方，模拟万象是学习《周易》最重要的方法，学会用象来表达，通过象来模拟事物的变化。）圣人看到天下深奥难言的事物，开始用卦象来模拟形容，合理类比想象各种事物，这就是《周易》卦爻象的作用。圣人看到天下的运动和变化，通过观察理解变化的会通之处，使人们的行动合乎典法仪则，把这种法则以文辞的方式写在六十四卦的卦爻下面，帮助人们判断吉凶，这就是爻效法天下之动的由来。极致表达天下繁杂的现象是通过卦形的象征来实现的；鼓舞天下人运动起来是通过卦爻的辞义实现的。变化裁剪在于卦爻变化，推广行动存在于卦爻变通，能够让《周易》之道神奇精妙，这完全取决于用《易》的人。在潜移默化就能实现，不需要言语相告就能让人信服，这是因为已经积存了足够的高尚德行。

◎ 思考辨析题

1. 如何理解"形而上者谓之道，形而下者谓之器"所描述的道器关系？

2. 如何理解卦爻辞的言意关系？

第四章 系辞下传

第一节

八卦成列，象在其中矣。因而重之，爻在其中矣。刚柔相推，变在其中矣。系辞焉而命之，动在其中矣。

◎ 大意

八卦（乾坤坎离震巽艮兑）排列出来以后，卦象所对应的天地万物之象都在卦中了。八卦两两相重，变为六十四卦以后，三百八十四个爻位显现在其中了。阳爻的性质是刚，阴爻的性质是柔，阳刚阴柔相互推移，变化就显现在其中了。卦爻下面系上文辞来进一步加以告诫，趋吉避凶的动向就显现在其中了。

吉凶悔吝者，生乎动者也。刚柔者，立本者也。变通者，趣（qū）时者也。吉凶者，贞胜者也。天地之道，贞观者也。日月之道，贞明者也。天下之动，贞夫一者也。

◎ 大意

卦爻辞里所告诫的吉利、凶险、后悔、羞吝都是因为人起心动念并有所行动。刚爻与柔爻是了解《周易》之道的根本，也是六十四卦的立足之本。刚柔的变通就是为了把握时局、与时俱进。时机有吉有凶，只有长久持守正道才能险中求胜，超越吉凶。天地因为长久持守正道，所以成就万物，蔚然大观。日月因为长久持守正道，所以普照大地，大放光明。大自然在变动当中成就万事万物，是因为长久持守正道，心意精诚专一。

> 夫乾，确然示人易矣；夫坤，陨（tuí）然示人简矣。爻也者，效此者也。象也者，像此者也。爻象动乎内，吉凶见乎外，功业见乎变，圣人之情见乎辞。

◎ 大意

乾卦，很明确地告诉人们非常容易；坤卦，安静地告诉人们非常简单。爻就是要把天底下千变万化的复杂现象效法成像乾坤那样的简单容易。象就是把万事万物通过比喻模拟成简单容易的生动形象。爻与象在卦里往来变动，吉凶就类比显现于卦外，功业成败在爻象变化中彰显出来，圣人情怀在卦爻辞中体会得到。

> 天地之大德曰生，圣人之大宝曰位，何以守位曰仁，何以聚人曰财，理财正辞，禁民为非曰义。

◎ 大意

天地有化生、好生、乐生、助生的大德，就像卦爻变动生生不息；圣人最宝贵的是时位，即显示贵贱的爻位；如何才能持守优越的时位和爻位，要有仁德；如何才能聚拢人才，需要财利。利用好财物，修正言辞，阻止人们不为非作歹，就是正义。

◎ **思考辨析题**

1. 如何理解卦、象、爻、变之间的关系？如何理解"吉凶悔吝者，生乎动者也"？

2. 如何理解"天地之大德曰生"？

第二节

古者包牺氏之王天下也，仰则观象于天，俯则观法于地，观鸟兽之文与地之宜，近取诸身，远取诸物，于是始作八卦，以通神明之德，以类万物之情。

◎ **大意**

上古时期的伏羲氏以王道治理天下，仰观天上日月星辰之象，俯察地上山川河流之理，观察飞禽走兽（身上和地上足迹）的纹路，以及与地气相适宜的自然风貌，近处取法人身，远处取法万物，就这样创制出八卦，通过八卦来通达天地神明的大德，来类比万物的性情。

作结绳而为罔罟（gǔ），以佃（tián）以渔，盖取诸离。

◎ **大意**

伏羲氏发明编结绳索的方法，结成畋网和渔网（罟），畋网用来捕猎，渔网用来打渔，这大概是取象于离卦。（离卦为眼，网有众多小眼，又卦形似网状。互卦中有两个方向对调的巽卦，为打结的绳子。离卦为雉、为甲胄、为戈兵，是捕猎之象。互卦兑为泽，巽为鱼，离卦又为鳖、龟、蟹、蚌，有打渔之象。离卦为文明为火，捕猎打渔为民除害，以区别于禽兽，又用火熟食，象征文明开始，能够转化动物的能量为人所用。）

包牺氏没，神农氏作，斫（zhuó）木为耜（sì），揉木为耒（lěi），耒耨（nòu）之利，以教天下，盖取诸益。

◎ **大意**

（人们不仅需要肉食，还需要粮食，于是进入农业文明时代。）伏羲氏去世以后，神农氏兴起，把木头削尖作为犁头，揉弯木料作为犁把手，利用犁耕地来教化天下，这大概是取象于益卦。（益卦上卦巽为木，又为进退，互卦艮为手，坤为土，下卦震为动为足，手持木在土中来回动，有耕地之象。）

日中为市，致天下之民，聚天下之货，交易而退，各得其所，盖取诸噬嗑。

◎ **大意**

（丰衣足食，便有交换，于是进入商业文明时代。）大白天进行市场贸易活动，把人们招引在一处，聚集各地的商品货物，互通有无，交换之后各自离开，各得所需，这大概是取象于噬嗑卦。（上卦离为日、为贝壳，下卦震为大涂、为足、为动、为鸣，互卦艮为径路、为止，噬嗑卦有市合之意，所以是日中进行集市活动之象。）

神农氏没，黄帝、尧、舜氏作，通其变，使民不倦，神而化之，使民宜之。《易》穷则变，变则通，通则久。是以自天佑之，吉无不利。黄帝、尧、舜垂衣裳而天下治，盖取诸乾坤。

◎ **大意**

（人类通过一系列活动得到生存之后，逐渐有了文化制度。）神农氏去世以后，黄帝、唐尧、虞舜兴起，与时俱进，自然而然通达天下变化，使民众不断进取，不会感到疲倦；神妙地化用前人的成果，切于日用，使人们各得其宜。《周易》之道穷极就会变化，变化就能通达，变通就能天长地久。所以，就像得到了上天的保佑，吉祥而无所不利。黄帝、唐尧、虞舜制作衣裳，任凭衣裳下垂，无为化民、垂拱而治，这大概是取象于乾卦和坤卦。（乾易坤简，简单无为。乾通变，坤化育，有变化、神化之意。天尊地卑，有乾坤尊卑文明礼仪之意。乾为上衣，坤为下裳，垂范衣裳，有文明之象。）

剡（kū）木为舟，剡（yǎn）木为楫。舟楫（jí）之利，以济不通，致远以利天下，盖取诸涣。

◎ **大意**

（天下文明，各地的人们都会往来交流学习。打通水路，跨越天险。）挖空树干做成船，砍削木头制成船桨，利用船和桨来渡过无法交通的两岸，能到达更远的地方，为天下交流提供便利，这大概是取象于涣卦。（涣卦有分散之意，又上卦巽为进退、为近利市三倍、为木、为风，互卦艮为手，震为动，下卦坎为水，有划船航行之象。）

服牛乘马，引重致远，以利天下，盖取诸随。

◎ **大意**

（打通陆路，交通发达。）驯牛牵引重物，骑马到达远方，更加便利天下，这大概是取象于随卦。（随卦上卦兑为悦，下卦震为动，象征地底下震动，泽水跟随着波动，比喻牛马跟随人们而动。互卦巽为绳、为股、为进退，艮为手、为鼻，下卦震为足、为动、为马鸣，有服牛乘马之象。）

重门击柝（tuò），以待暴客，盖取诸豫。

◎ **大意**

（海陆皆通，容易产生海盗、强盗，所以）加固城防，敲打巡夜的木梆子作为信号，加强警戒，抵御强盗，这大概是取象于豫卦。（从取义上说，豫卦有预防之意，卦辞"利建侯、行师。"从卦象来看，豫卦上卦震为动、为鸣、为乐器之类，有敲打木梆之象，下卦坤为地、为城邑、为众，互卦艮为门阙，有重门之象，互卦坎为盗。）

断木为杵（chǔ），掘地为臼（jiù），臼杵之利，万民以济，盖取诸小过。

◎ **大意**

（不仅要加固城防，还要储备好粮食。）砍断木头做成舂米的木棒，把平地挖成凹状用来舂米，利用舂米来救济万民，这大概是取象于小过卦。（从取义上说，小过卦有稍微超过平常之意，做好过多的储备。从卦象上看，小过卦上卦震为动、为木，互卦兑为口舌，巽为木、为工、为进退、为臼，下卦艮为手、为土、为止，有臼杵舂米之象。）

弦（xián）木为弧，剡（yǎn）木为矢，弧矢之利，以威天下，盖取诸睽。

◎ **大意**

（做好储备，还要加强军备。）把弦拴在木头两端，弯成弓，把木头削尖做成弓箭，利用弓箭武器来威慑天下，这大概是取象于睽卦。（睽卦上卦离为火、为中女，下卦兑为泽、为少女，象征水火不容，二女同居而意见不同，容易引起争端，就要加强军备预防。又上卦离为目、为矢，互卦坎为弓，兑为口舌。）

上古穴居而野处，后世圣人易之以宫室，上栋下宇，以待风雨，盖取大壮。

◎ 大意

（除去了外患危险，人们开始安居乐业。）上古时期的人们，在洞穴里居住，在野外生活，后代的圣人改变为居住在房屋宫室里，上面搭建栋梁，人们住在屋宇之下，用来躲避风雨，这大概是取象于大壮卦。（大壮卦上卦震为雷、为鸣，互卦兑为泽，下卦乾为天，有天上打雷，风雨交加，洪水泛滥之象。又震为木，乾为圆，有房屋之象。）

古之葬者，厚衣（yì）之以薪，葬之中野，不封不树，丧期无数，后世圣人易之以棺椁（guǒ），盖取诸大过。

◎ 大意

（生活起居安定，有生便有死，厚葬是大事。）远古时期，用木柴当作厚衣盖在逝者身上，埋葬在野外，不堆土筑坟，不树立标志，没有服丧的时间，后代圣人改用棺材下葬，这大概是取象于大过卦。（小过卦讲养生，大过卦讲生死。大过卦上卦兑为缺口，上卦又是一个反过来的巽卦，为木，互卦乾为人、为骨、为衣、为野，下卦巽为木、为白、为多白眼，上下四个阴爻犹如四个钉子，是上下木相盖，有棺椁埋葬之象。）

上古结绳而治，后世圣人易之以书契（qì），百官以治，万民以察，盖取诸夬。

◎ 大意

（本章节开头以结绳而创造文明，最终以书契而产生文化。）上古时期没有文字，人们用绳子打结记事的方式来处理事务，后代圣人用文字来取代结绳记事，官员运用文字可以治理事务，人民借助文字可以察知世情，这大概是取象于夬卦。（夬卦有决断之意。上卦兑为口舌，下卦乾为金、为刚物、为契，有记录言语之象。）

◎ **思考辨析题**

1. 请解释伏羲如何作八卦。

2. 此章节列举了十三个卦，主要是为了说明什么？如何通过这十三个卦的示例理解"穷则变，变则通，通则久"这句话？

第三节

是故《易》者，象也。象也者，像也。彖者，材也。爻也者，效天下之动者也。是故吉凶生而悔吝著也。

◎ **大意**

（以上列举十三个卦例来说明八卦取象制器，）由此可见，《周易》就是一本讲象、用象的书，这个象也就是模拟、比喻、好像、类似、形容的意思。卦中的彖辞，是用来判断卦象、裁断卦义的。六爻刚柔往来，生动形象地仿效天下的变动。所以从卦和爻入手就能非常显著明白地显现出人世间的吉凶悔吝。

◎ **思考辨析题**

1. 请说明象在《周易》体系中的核心地位。

2. 请说明卦和爻之间的区别与联系。

第四节

阳卦多阴，阴卦多阳，其故何也？阳卦奇，阴卦偶。其德行何也？阳一君而二民，君子之道也。阴二君而一民，小人之道也。

◎ **大意**

（《周易》是一本很形象的书，简单容易到都在讲象、用象，通过简单的卦爻之象，就能明白千变万化，看清万事万物，通晓君子小人之道。所以，就三画卦而言，）阴爻多的卦是阳卦，例如震卦、坎卦、艮卦，皆是一阳二阴。阳爻多的卦反而是阴卦，例如巽卦、离卦、兑卦，皆是一阴二阳。这是什么缘故呢？这是因为阳卦为奇数，阴卦为偶数。（所以，一阳二阴，和为奇数，为阳卦；一阴二阳，和为偶数，为阴卦。）这又代表了什么德行呢？阳为君子，阴为小人，阳卦是一君万民，一正万邦，是君子正道。阴卦是一民侍二君，国家分裂混乱，是小人当道。

◎ **思考辨析题**

1. 为什么阳卦反而多阴，阴卦反而多阳？

2. 如何理解《周易》中的"君子"与"小人"？

第五节

《易》曰："憧憧往来，朋从尔思。"子曰："天下何思何虑？天下同归而殊途，一致而百虑。天下何思何虑？日往则月来，月往则日来，日月相推而明生焉。寒往则暑来，暑往则寒来，寒暑相推而岁成焉。往者屈也，来者信（shēn）也，屈信相感而利生焉。尺蠖（huò）之屈，以求信也；龙蛇之蛰（zhé），以存身也。精义入神，以致用也；利用安身，以崇德也。过此以往，未之或知也；穷神知化，德之盛也。"

◎ **大意**

（下面引用十一条爻例来说明《周易》本来就是自然而然、简单容易的一本书，这本书无思无为，寂然不动，感而遂通天下之故。）《周易》咸卦九四爻辞说："心思意向不能专一，心神不宁，飘忽无定，来来往往，（一旦思虑专一），朋友终究会顺从你的心思意虑。"孔子说："天下事有什么可思虑的，万物的本质归宿是相同的，只是形式途径不一样罢了，天下的目的是一致，只不过是有各种各样的思想行动而已，一切都是顺其自然，天下何须思虑，画蛇添足呢？日月往来不穷，光明自然而然产生。寒暑往来不息，四季自然交替。过往的就屈退，过来的伸展，屈伸感应循环，很自然就顺利达到了。地上爬的虫子靠弯曲身体来伸展行走，龙蛇靠冬眠来保身，一切都是很自然的。所以，精通了悟这种自然之意，自然而然就会熟练到出神入化的境界，聚精能会神，熟练能生巧，就可以学以致用了。能够身怀绝技，做事可以游刃有余，品德自然而然就崇高。如果继续超过这个境界，继续前往，精益求精，就不知道能达到什么样的地步了，但只要通达自然之意，精义入神，潜移默化，穷极宇宙的神妙，通晓天下的变化，就已经拥有盛德了。"（何必去憧憧往来、忧心忡忡呢？《易》道不过就是个无思无为、简单容易罢了。）

> 《易》曰："困于石，据于蒺藜，入于其宫，不见其妻，凶。"子曰："非所困而困焉，名必辱。非所据而据焉，身必危。既辱且危，死期将至，妻其可得见耶！"

◎ 大意

（上文讲君子之道，君子能够精义入神，利用安身。此文讲小人之道，见利忘义，身败名裂。上文讲《周易》本无思无虑，简单容易，自然而然，如果不能无为无欲，则蠢蠢欲动，必惹是生非，陷于不义，皆是因为自己刚强好胜，为所欲为，所造成的不祥。所以，）《周易》困卦六三爻辞说："被围困于乱石堆之中，又靠坐在荆棘蒺藜之上。退入自家宫室，却已见不到妻子，非常凶险。"孔子说："本来不是困境，却被困住了，名声必将受辱。不可以占据的地方却滞留了，必将危及身体和生命。身败名裂，（由于自己的欲望驱使，不懂屈伸取舍之理，见利忘义，）死期将至，怎么可能再见到自己的妻子？"

《易》曰："公用射隼于高墉之上，获之，无不利。"子曰："隼者，禽也。弓矢者，器也。射之者，人也。君子藏器于身，待时而动，何不利之有。动而不括，是以出而有获，语成器而动者也。"

◎ **大意**

（此论君子之道。）《周易》解卦上六爻说："王公用箭射下栖落在高墙之上上凶恶的鹰鹞，一举把它擒获，这样做是无所不利的。"孔子说："隼是猎物，弓箭是武器，射箭的是人，这就好似君子能身怀绝技，又能等待时机，（正是前文说的精通了悟自然之意，自然而然就会熟练到出神入化的境界，聚精能会神，熟能生巧，就可以学以致用了。君子能懂得屈伸进退之理，随时得宜，顺其自然，）有何不利？日积月累，一旦时机成熟，行动就会游刃有余，熟练自如。所以，出手必有所获，百发百中。这主要是说人要先学成器，学有所成，然后才能有所作为。"

子曰："小人不耻不仁，不畏不义，不见利不劝，不威不惩。小惩而大诫，此小人之福也。《易》曰：'屦（jù）校灭趾，无咎。'此之谓也。善不积不足以成名，恶不积不足以灭身。小人以小善为无益而弗为也，以小恶为无伤而弗去也。故恶积而不可掩，罪大而不可解。《易》曰：'何校灭耳，凶。'"

◎ **大意**

（此又论小人之道。）孔子说："小人蒙受羞辱，才会表现出仁爱之心，不感到畏惧就不会讲义气，小人不见到利益就不会努力去做，没有威吓就不知戒惧，所以给小人以小的惩罚，让他明白重大的告诫，这是小人的福气啊。《周易》噬嗑卦初九爻辞说：'脚上套着脚枷，遮没了脚趾，没有太大的罪过。'就是要表达这个意思。善德不积累，不可能扬名于后世，恶行不累积，也不会毁灭自身。小人以为小善无所益而不去做，以为小恶无所谓而不去除。最后日积月累，恶贯满盈而无法掩盖，罪大恶极而无法解救。所以《周易》噬嗑卦上九爻辞说：'肩上扛着颈枷，遮没了耳朵，有凶祸。'"

子曰："危者，安其位者也；亡者，保其存者也；乱者，有其治者也。是故君子安而不忘危，存而不忘亡，治而不忘乱，是以身安而国家可保也。《易》曰：'其亡其亡，系于苞桑。'"

◎ 大意

（此论君子之道。）孔子说："危险，是因为自以为可守其位，无需进取。灭亡，是因为自以为能够保证自己长久存续。混乱，是因为自以为天下已趋大治。所以，君子能够居安思危，安定而不忘大乱，生存而时刻谨记灭亡的危机。这样才能自身安宁，进而保全国家。《周易》否卦九五爻辞说：'（要时刻居安思危）可能会灭亡啊，可能会灭亡啊，这样才能就像被拴在丛生的大桑树上一样安然无恙。'"

子曰："德薄而位尊，知小而谋大，力小而任重，鲜不及矣。《易》曰：'鼎折足，覆公餗，其形渥，凶。'言不胜其任也。"

◎ 大意

（此论小人之道。）孔子说："德浅行薄却处在尊位，才薄智浅却谋求大计，力薄才疏却担当重任，很少能有不遭灾受难的。所以《周易》鼎卦九四爻辞说：'鼎足折断了，王公的美食倒出来了，搞得鼎身醒醒，凶险。'主要是指志大才疏，力不胜任，不能安分守己。"（这也是不懂得屈伸进退之理。）

子曰："知几其神乎？君子上交不谄，下交不渎，其知几乎？几者，动之微，吉之先见者也。君子见几而作，不俟终日。《易》曰：'介于石，不终日，贞吉。'介如石焉，宁用终日？断可识矣。君子知微知彰，知柔知刚，万夫之望。"

◎ 大意

（此论君子之道。）孔子说："掌握先几这样的事情神秘吗？君子与上交往不谄媚，与下交往不轻慢，能做到如此，就能掌握先几了吧？几就是变化的苗头征兆，是吉凶显现出来的先发苗头。君子见几行动，刻不容缓，不会拖延日久，坐失良机。《周易》豫卦六二爻辞说：'独立耿介，坚定不移，犹如巨石，不成天沉溺于安乐当中，守正吉祥。'独立耿介有如磐石，岂可等到日终，当机立断，断然可知。君子能见微知著，见柔知刚，见屈知伸，众望所归。"

子曰："颜氏之子，其殆庶几乎？有不善未尝不知，知之未尝复行也。《易》曰：'不远复，无祗悔，元吉。'"

◎ 大意

孔子说："颜家的儿子颜回，几乎做到了掌握先几的本事！他一有做得不对的地方，便能知晓，知错以后，再不会重复同样的错误。《周易》复卦初九爻辞说：'没有偏离正道太远，犯错之后，马上改正回复，不至于日后悔恨，非常吉祥。'"（正所谓"君子见几而作，不俟终日。"）

天地氤氲（yīn yūn），万物化醇（chún）。男女构精，万物化生。《易》曰："三人行则损一人，一人行则得其友。"言致一也。

◎ 大意

天地日月阴阳二气交合，万物浓醇化育。男女两性精血交媾，万物得以化育生成。《周易》损卦六三爻辞说："三个人一起前行会损失一个人，一个人单独前行则会得到朋友。"说的就是专心一致的意思。（本章从开篇讨论阳卦与阴卦，君与民，一君二民与二君一民，君子之道与小人之道，接着从咸卦讲起，提到一致，精义入神，后文紧接着讲往来、屈信、名辱、动藏、仁义、善恶、安危、存亡、动乱、小大、知几、上下、知微知彰、柔刚等等，皆是两两相对，天地男女是二，氤氲构精是相交相应，化醇化生是一，专一不二，天地之道，不过就是一而二、二而一而已，彼此往来相应，两两相感致一，三则杂乱无章。所以，三人行，损去一人为二，一人行，得到其友为二，二人同心，其利断金，二则专一。宇宙天地人生看似杂乱无章，实际上都是有规律的，万变不离其宗，都是一以贯之的，形式多种多样，但《易》道只有一个，一切都是贯通天人的。）

> 子曰："君子安其身而后动，易其心而后语，定其交而后求。君子修此三者，故全也。危以动，则民不与也；惧以语，则民不应也；无交而求，则民不与也；莫之与，则伤之者至矣。《易》曰：'莫益之，或击之。立心勿恒，凶。'"

◎ 大意

孔子说："君子安身立命，修己修身，然后再来作为；能够将心比心，然后再来说话；确定志同道合，坚定交情，再来求人。君子修身、修心、修行，能把这三个修好，精益求精，这样就全面了。人们感到危险却要他们行动，谁都不会来帮助。民众感到恐惧却想要说服他们，那就没有人会答应。平时不打交道，没有交情，有求于人的时候是不会得到帮助的。如果没有人来帮助，伤害他的人就会出现。所以，《周易》益卦上九爻辞说：'没有人来增益他，反而有人来攻击他，不能坚定地

550

持守人天之意，会有凶险。'"（从开篇到现在都在讲日积月累，精义入神，久而久之，熟能生巧，游刃有余。同时也说明，虽然卦爻不同，但《易》道是连贯的，殊途同归，百虑而一致。整篇《系辞传》都在讲一个《易》道——以象为中心的阴阳之道，一念恒定，自然感而遂通，自然"朋从尔思"，从而开启心意通天的全新人生境界。）

◎ **思考辨析题**

1. 如何理解"天下同归而殊途，一致而百虑"？

2. 结合这几句爻辞来分析《周易》推崇的成事之道。

第六节

子曰："乾坤，其《易》之门耶（yé）？"乾，阳物也；坤，阴物也。阴阳合德，而刚柔有体。以体天地之撰（zhuàn），以通神明之德。其称名也，杂而不越。于稽（jī）其类，其衰世之意邪（yé）？

◎ **大意**

（整部《周易》，都是关于乾阳坤阴的简易之道，纷繁复杂的六十四卦不过就是阴阳的变化而已。）孔子说："乾阳坤阴就是通往《周易》的大门吧。"乾代表阳类的事物，坤代表阴类的事物，阴阳不同的德性相互配合，刚和柔就成为形体了，（阴阳看似为二，其实合一，阴中有阳，阳中有阴，六十四卦都是阴阳，阴阳看似往来无穷，一而二、二而一，神化莫测，但阴阳有刚柔之体，然后运用刚柔的特性，就有了刚柔相推变化之用，）可以体会天地的造化，具备通晓神明的妙用。《周易》六十四卦、三百八十四爻，象征宇宙万事万物，虽然名称杂七杂八，其实不过就是阴阳刚柔而已，万变不离其宗，最根本的《易》道是一致的，纯一不杂的。仔细考察卦爻辞所表达的各类事态和情况，大概反映了作者正处于衰危之世的忧患思想吧？

> 夫《易》，彰往而察来，而微显阐幽，开而当名，辨物正言，断辞则备矣。其称名也小，其取类也大。其旨远，其辞文，其言曲而中，其事肆而隐。因贰以济民行，以明失得之报。

◎ 大意

《周易》能揭示古往而知晓今来，能显示几微而阐明深幽。《周易》能开示卦爻，各自配上适当的名称，以明辨是非，言辞能准确判断吉凶祸福，无所不备。六十四卦描述的名称很微小，但所取类的事物却非常广大。《周易》的主旨虽然很深远，但卦爻辞却很形象生动，所讲的言语好像婉转曲折，却能切中要害，所说的事情看似无章可循，其实隐藏深意。可见，《周易》之道就是对应统一，阴阳刚柔这样简单容易的大道，足以救济天下，使人们明白失与得的果报。

◎ 思考辨析题

1. 为什么说"乾坤其易之门耶"？
2. 如何理解"失得之报"？

第七节

> 《易》之兴也，其于中古乎？作《易》者，其有忧患乎？是故履，德之基也。谦，德之柄也。复，德之本也。恒，德之固也。损，德之修也。益，德之裕也。困，德之辨也。井，德之地也。巽，德之制也。

履，和而至。谦，尊而光。复，小而辨于物。恒，杂而不厌。损，先难而后易。益，长裕而不设。困，穷而通。井，居其所而迁。巽，称而隐。

履以和行，谦以制礼，复以自知，恒以一德，损以远害，益以兴利，困以寡怨，井以辩义，巽以行权。

◎ 大意

《周易》的兴起，大概是在中古时期吧？当初创作《周易》的人，还有什么忧患呢？（因为下面列举九卦之德，足见学习《周易》可以成性存存，提升道德，进入道义之门，应对忧患。）所以，履卦是德行的基础。谦卦是德行所要秉持的。复卦是德行的根本。恒卦加固德行。损卦可以修德。益卦充实道德。困卦（在困境中）分辨品德。井卦是培育道德的基地。巽卦是道德的制约。

履卦，柔和可以无所不至。谦卦，尊让才有光辉。复卦，在细微处就要开始辨别外物，反省自己。恒卦，复杂艰难但能持之以恒不厌烦。损卦，减损欲望，先攻坚克难后必容易。益卦，常常充实，习惯成自然，便不需做作摆设。困卦，困穷可以通达，置之死地而后生，人的本事都是逼出来的。井卦，变动不居方可随机应变，坚定不移，毫不动摇，才能通达变迁，以静制动，持经才能达变。巽卦，审时度势，因地制宜，度量物性，顺性而为，潜移默化于无形之中。

履卦以和为贵，谦卦用来行礼，复卦反求诸己，有自知之明，恒卦可以培养始终如一的品德，损卦可以远离危害，益卦可以带来好处，困卦可以使人坚强而不抱怨，井卦可以明辨道义，巽卦可以学会权衡得失取舍之宜。

◎ 思考辨析题

1. 为什么说《周易》成书于忧患时代？

2. "三陈九卦"的道理对于解决人生困境有何帮助？

第八节

《易》之为书也不可远，为道也屡迁，变动不居，周流六虚，上下无常，刚柔相易，不可为典要，唯变所适。

◎ 大意

（上一节说卦爻有德，能指导生活的方方面面。所以，）《周易》这本书离我们并不遥远，就在日常生活之中。（同时，也说明《周易》并不深奥遥远，就在六十四卦之中，不过就是阴阳、六爻而已。）《周易》之道不断变动，居无定所，阴爻可居阳位，阳爻可居阴位，六爻循环往复，六位空虚包罗万象，可上可下，上下往来无常，刚柔交换无穷，不可拘泥于固定不变的典章模式，而要随机应变。

其出入以度，外内使知惧。又明于忧患与故。无有师保，如临父母。初率其辞而揆（kuí）其方，既有典常。苟非其人，道不虚行。

◎ 大意

（《周易》六爻如此灵活应变，掌握了六爻的规律，就能发现）六爻往来出入都是有法度的，告诉人们从外到内都有规矩，不敢乱来，要戒慎惕惧。又能通晓忧患的来由，具有忧患意识，能小心谨慎到即使好像没有老师和保姆的看护，也能像时刻面临父母那样保持敬畏。只要一开始就遵循卦爻辞，掌握其中的方法，就能有章法可循。所以，除非人们不去理会，否则《周易》之道一点都不空虚遥远，就在人们身边。

◎ 思考辨析题

1. 文中讲到"不可为典要""既有典常"，二者是否前后矛盾？

2. 为什么说"《易》之为书也不可远"？

第九节

《易》之为书也，原始要终，以为质也。六爻相杂，唯其时物也。

◎ 大意

《周易》这本书用处在于：它（每卦）有六个爻，初爻为起始，上爻为终结，中间四个爻为中爻，所以从初到上，推究起始，便可审查终结，《周易》以善始善终为实质；六爻相互变化往来，多种多样，根据时势的发展变化而变化。

其初难知，其上易知，本末也。初辞拟之，卒（zú）成之终。若夫杂物撰德，辩是与非，则非其中爻不备。噫（yī）！亦要存亡吉凶，则居可知矣。知者观其象辞，则思过半矣。

◎ 大意

《周易》初爻预示事物起始阶段难以知晓，到上爻以后，便容易知道事物发展的过程。《周易》以初爻为本始，以上爻为末端，通达六爻，可知晓事情的本末。因此，《周易》的卦爻辞通过比拟的方式，模拟事物的初始，告诫人们慎始而善终。在这六爻中，如果要模拟杂七杂八的事物，而且提炼出道德准则，助人们明辨是非，如果没有中间的四个爻，不可能具备这样的功能。想要知道存亡吉凶的道理，坐在家里把万事万物代入六爻之中，便可知晓。明眼人通过审察象辞，对卦爻辞就已经领悟过半了。

二与四同功而异位，其善不同。二多誉，四多惧，近也。柔之为道，不利远者。其要无咎，其用柔中也。三与五同功，而异位，三多凶，五多功，贵贱之等也。其柔危，其刚胜也。

◎ **大意**

在中爻中，二爻与四爻，同属阴爻，共同具有阴柔的功能，但是位置不同，所以二者的处境不同。二爻多半会得到荣誉，四爻多半非常恐惧，这是因为四爻处在外卦，与危险、诱惑、名利、得失等靠得太近。但是纯粹使用柔道，软弱无能，又不利于实现远大的目标。所以要想预防咎害，既要柔顺，又要把握中道。三爻与五爻，同属阳爻，共同具有阳刚的功能，但是位置不同，三爻多凶险，五爻多半成功，这是因为二者的高低所导致的贵贱不同，柔软下贱则危险，刚健自尊则可以取胜。

◎ **思考辨析题**

1. 为什么说"知者观其象辞，则思过半矣"？

2. 如何理解"初难知""上易知""二多誉""五多功""三多凶""四多惧"？

第十节

《易》之为书也，广大悉备。有天道焉，有人道焉，有地道焉。兼三材而两之，故六。六者非它也，三材之道也。

◎ **大意**

《周易》这部书，广大无际，包罗万事，无所不备，具有天道、人道、地道，兼顾了天地人三材，而且各自都具有阴阳、仁义、刚柔的两面性，所以每卦有六个爻。（初二在下为地，三四在中为人，五上在上为天。）六爻包括天地宇宙，看似广大，但就是在讲天地人三才之道而已。

> 道有变动，故曰爻。爻有等，故曰物。物相杂，故曰文。文不当，故吉凶生焉。

◎ 大意

三才之道有变动，阴阳仁义刚柔有变化，所以用爻来模仿。六爻有阴阳、刚柔、远近、贵贱的种类分别，所以象征万事万物。事物之间的联系纷繁复杂，所以用卦爻文辞来形容。卦爻辞里都在告诫人们文理错杂不当的地方，需要人们特别警戒，所以吉凶就在当与不当之间明白显示出来。

◎ 思考辨析题

1. 请说明《周易》的三才之道。
2. 《周易》中"得位""失位""得中""中正"是指什么？

第十一节

> 《易》之兴也，其当殷之末世、周之盛德耶？当文王与纣之事耶？是故其辞危。危者使平，易者使倾。其道甚大，百物不废。惧以终始，其要无咎，此之谓《易》之道也。

◎ 大意

《周易》的兴盛，正是处在殷商末期，周文王逐渐拥有盛德大业的时代吧？正是在说周文王被商纣囚禁在羑里创作《周易》的事情吧？所以，卦爻辞到处都有危险的告诫，提高警惕的人可以化险为夷，粗心大意的人便会阴沟里翻船。《周易》的道理非常重要，所有的事物都需要

它的指导。小心谨慎，善始善终，最重要的是做到没有咎害。这就是
《周易》之道。

◎ **思考辨析题**

1. "惧以终始"为什么只是"其要无咎"，而不追求大吉大利？
2. 如何理解"危者使平，易者使倾"？

第十二节

夫乾，天下之至健也，德行恒易以知险。夫坤，天下之至顺
也，德行恒简以知阻。

◎ **大意**

（《周易》就是这么简单容易，就是这么实用。《周易》源于天地
自然，自然之大，不过就是天地而已，《周易》之道甚大，也不过就是
乾坤而已。天地的德行特性就是自然无为，乾坤的德行特性就是简单容
易。所以，）象征天的乾阳卦，是天底下最刚健的，它的德行特点是容
易，"乾以易知"，不容易就是遇到困难，容易就能知道困难所在。象
征地的坤阴卦，是天底下最柔顺的，它的德行特点是简单，"坤以简
能"，不简单就是遇到阻碍，简单就能知道阻碍之所在。

能说（yuè）诸心，能研诸侯之虑，定天下之吉凶，成天下之
亹（wěi）亹者。是故变化云为，吉事有祥。象事知器，占事知来。

◎ **大意**

（尽管乾道成男，坤道成女，但人心复杂多欲导致无法完全纯粹地达
到天下至健至顺，无法真正地做到犹如天地那样超越艰难险阻、吉凶悔

吝。所以，）《周易》便通过简易的方式，把趋吉避凶的道理与人心合一，所以人们很愉快地达到知行合一，而且能详尽研究养育万物的诸侯们的忧虑，决定天下的吉凶祸福，促成天下万物勉力不息，奋发创造。所以，这一切的变化现象，只要按照《周易》之道去做，就是在做好事，必有祥兆，通过卦爻模拟想象可以知道如何去制作器物，六爻能原始要终，以此占断可推测未来。

> 天地设位，圣人成能。人谋鬼谋，百姓与能。

◎ 大意

（天尊地卑，乾坤定位，）天地自然确立上下尊卑的位置，圣人顺从天道，设立卦爻辞体系以简单容易的方式使圣人具有赞天地之化育的能力，圣人的智谋先通于大众之心，在人谋仍然存疑的情况下，可以通过占卜和解读卦爻系统等途径，参与到天地阴阳变化莫测的鬼神智谋之中，如此打通人谋与鬼谋之后，连同普通百姓也都认可并跟着圣人的谋划，参与这种接通天地、延伸意识境遇的功能运用之中。

> 八卦以象告，爻彖以情言。刚柔杂居，而吉凶可见矣。变动以利言，吉凶以情迁。是故爱恶相攻而吉凶生，远近相取而悔吝生，情伪相感而利害生。凡《易》之情，近而不相得则凶，或害之，悔且吝。

◎ 大意

八卦通过模拟万物之象来告知《周易》之道，象辞爻辞通过形容万物的性情来言说《周易》之道。阴阳刚柔相杂而且变动不居，屈信往来，所以吉凶就显现出来。《周易》卦爻的变动，使人们知道什么是最有利的，因为六爻之间的吉凶依事物发展的情理变迁。所以，卦爻之间的互动，如互相恩爱，互相厌恶，或相互攻击，同类则相聚而相爱，异类则相恶而相攻，所以出现了吉凶。六爻之间有远有近，远近之间互相争取，后悔与羞辱就产生了。六爻之间有真情实感，也有虚情假意，真假相互感应，就有了利害关系。六爻形象地演绎了人世间的情态，看来人心比较险恶难测、复杂多变，人生也充满了诸多艰难险阻，然而，《周易》之道又言简意赅地概括了六爻和人情的规律：那就是卦爻之间、万物之间，不要靠得太近，一旦太近，容易彼此不相容，就会有凶险，导致分离而有凶祸，或者残害对方，或者懊悔而且侮辱诋毁对方。（《周易》的卦爻辞通过模拟人性告诉人们，人情相反相成，感情不会固定不变，容易变迁，只有天地永恒不变，天长地久。）

> 将叛者其辞惭，中心疑者其辞枝。吉人之辞寡，躁人之辞多。诬善之人其辞游，失其守者其辞屈。

◎ 大意

《周易》既通达万物性情，也包含人情世故。（人情不相得的情形有很多种，比如：）遇到有背叛之心的人，卦爻辞便显得惭愧；遇到内心犹疑的人，卦爻辞显得枝枝节节，支离破碎，难以捉摸；遇到吉祥的人，卦爻辞显得沉默寡言，恬淡寡欲；遇到急躁的人，卦爻辞显得非常烦琐；遇到诬蔑善良的人，卦辞显得游移不定，没有根据，信口开河。遇到失去操守的人，卦辞显得委曲求全，卑躬屈膝。（《系辞传》围绕乾易坤简为线索，一以贯之，一气呵成，前后连贯呼应，从开头到结尾，殊途而同归，一致而百虑，都在说简单容易这个中心话题。通读百遍之后，意思自然明确，条理一贯，以经解经，其义自见。）

◎ 思考辨析题

1. 如何理解"天地设位，圣人成能。人谋鬼谋，百姓与能"？

2. 为什么说"八卦以象告，爻彖以情言"？

第五章 说⑤卦⑥传

昔者圣人之作《易》也，幽赞于神明而生蓍，参
（sān）天两地而倚数，观变于阴阳而立卦，发挥于
刚柔而生爻，和顺于道德而理于义，穷理尽性以至
于命。

◎ 大意

　　昔日，圣人在创作《周易》的时候，潜移默化地赞助
天地神明养育万物之德，而发明了蓍草占筮的方法，效法
天地自然之数，把天奇（一三五三个天数）地偶（二四两
个地数）相互交错的道理揣摩出来，确定了《周易》的数
理。天地的变化，不过就是阴阳之变而已，观察阴阳的变
化而建立卦形。阳刚阴柔，将阴阳发挥出刚柔之性，然后
有了爻。把人的道德与天地阴阳之道相协和，将天人之际
理顺合宜，穷究卦爻辞的道理，尽显万物的性情，可以通
晓并揭示它们的命运。

昔者圣人之作《易》也，将以顺性命之理，是以立天之道曰阴与阳，立地之道曰柔与刚，立人之道曰仁与义。兼三才而两之，故《易》六画而成卦。分阴分阳，迭（dié）用刚柔，故《易》六位而成章。

◎ 大意

昔日圣人所创作的这部《周易》，是完全顺应天地万物性命的规律。所以，用阴暗和阳光来显现天的规律，用柔弱和刚强来显现大地的状态，用仁爱和正义来显现人类的性情。《周易》顺应了天道、人道、地道，兼顾了天地人三材，而且各自都具有阴阳、仁义、刚柔的两面性，两两相对。因此，《周易》便有六个爻画而组成了一个六画卦。六爻有阴有阳，错综复杂，柔与刚迭相为用，因此，《周易》通过六个爻位而有了章法。

天地定位，山泽通气，雷风相薄，水火不相射，八卦相错。数往者顺，知来者逆，是故《易》逆数也。

◎ 大意

天高上地低下，各自定位；大山与河泽，上下气流相通相润，（有山必有水，有水必有山；）雷与风互相激荡逼迫，迅雷风烈必变。水火不相容。由这八个自然现象所象征的八个卦是相互交错的，既相互对立，又相互统一，既相互顺应，又相互逆反，既相互生成、促进，又相互克制、敌对。八卦之间相生、相因、相往则为顺。八卦互相对立，由此方推断彼方的来头，则是采取逆向思维。《周易》就是通过比拟的方式，借助卦象来推断事物发展的来头，由此而及彼，神以知来，知以藏往，所以，《周易》走的就是逆向的路数。

雷以动之，风以散之，雨以润之，日以烜（xuān）之，艮以止之，兑以说之，乾以君之，坤以藏之。

◎ 大意

震为雷，雷有振起的作用，震的特性是振奋鼓动。巽为风，风有吹散的作用，巽的特性是吹散播散。坎为水，在天为雨，雨有滋润的作用，坎的特性是滋润万物。离为火，在天为日，日有晒干的作用，离的特性是温暖干燥。艮为山，大山有阻止的作用，艮的特性是阻止使静。兑为泽，大泽有使人愉悦的作用，兑的特性是欣悦万物。乾为天，在地为君王，君王有主宰的作用，乾的特性为君临主宰。坤为地，地有负载万物的作用，坤的特性是包容藏养。

> 帝出乎震，齐乎巽，相见乎离，致役乎坤，说言乎兑，战乎乾，劳乎坎，成言乎艮。

◎ 大意

创生万物的天帝从东方震位出来，故震有复出的意义（时值春季，草木初生）。到了巽万物就变得鲜洁整齐，故巽有鲜洁整齐的意义（时值春末夏初，万物欣欣向荣）。到了离，就光辉具足地显现出来，故离有相见的意义（时值盛夏，万物茂盛）。到了坤，天帝把自己的使命交给大地去完成，故坤有致役的意义（时值夏末秋初，万物茁壮生长）。到了兑，变得喜悦言笑，故兑有喜悦言笑的意义（时值正秋，果实累累）。到了乾，六阳具足与阴气交战，故乾有交战的意义（时值秋末冬初，万物由盛转衰）。到了坎，已变得劳苦，故坎有劳苦而犒赏的意义（时值正冬，万物收敛蓄藏）。到了艮，天帝巡行一周的任务完成，故艮有成功的意义（时值冬末春初，万物终而复始）。

> 万物出乎震，震东方也。齐乎巽，巽东南也；齐也者，言万物之絜齐也。离也者，明也；万物皆相见，南方之卦也；圣人南面而听天下，向明而治，盖取诸此也。坤也者，地也；万物皆致养焉，故曰致役乎坤。兑，正秋也；万物之所说也，故曰说言乎兑。战乎

乾，乾，西北之卦也，言阴阳相薄也。坎者，水也；正北方之卦
也，劳卦也，万物之所归也，故曰劳乎坎。艮，东北之卦也；万物
之所成终而所成始也，故曰成言乎艮。

◎ 大意

天地万物从东方震位生出，震为雷，春雷动而万物生，正值春季，春
回大地，处在东方。在巽位整齐划一，巽为风，处在东南，风吹而万物鲜
洁整齐。离为日，日照光明，万物都能相见，离是处在南方的卦，正值夏
季。所以，圣人坐北朝南，面向南方来治理天下，象征勤政廉明的治理
天下，大概是取法于此。坤为地，大地孕育万物，所以万物都是由地来生
养，因此把劳役交给坤卦。兑卦正值秋季，万物成熟，各正性命，所以愉
悦尽性，因此是在兑位言笑。在乾位战斗，乾卦是处在西北方的卦，阴阳
相互激荡，天寒地冻。坎为水，是处在正北方的卦，正值冬季，休养生
息，取到劳效、收获的卦，万物都有了归宿，因此是在坎位有劳效。艮是
处在东北方的卦，万物到此时结束，结束之日也是开始之时，所以又是从
此刻开始，因此是在艮位完成。（这是八卦的人文属性。）

神也者，妙万物而为言者也。动万物者莫疾乎雷。挠（náo）
万物者莫疾乎风，燥万物者莫熯（hàn）乎火，说万物者莫说乎
泽，润万物者莫润乎水，终万物、始万物者莫盛乎艮。故水火不相
逮，雷风不相悖，山泽通气，然后能变化，既成万物也。

◎ 大意

大自然非常神奇，看不见，摸不着，却充满着一股神奇的力量，自
然无为，却生成万物，八卦比拟的自然界万物，就如有神助，这个神是
以巧妙的指挥万物来表现的。使万物生动，充满生机的，比不过雷的猛
烈。弯曲万物的，比不过风的厉害。干燥万物的，比不过火的照射。令

万物洒脱愉悦的，比不过湖泽的荡漾。湿润万物，比不过水的滋润了。万物终而复始，循环往复，比不过大山的壮观了。因此，水火不相及，恰恰水可以救火，火可以化水，雷风相互搏击激荡，相互推动而不相逆，高山与湖泽相互环绕通气，然后自然而然能发生变化，也就产生了万物奇妙的景观。（这一段在说明八卦的无穷的力量。）

乾，健也；坤，顺也；震，动也；巽，入也；坎，陷也；离，丽也；艮，止也；兑，说也。

◎ 大意

乾为天，运转不息，变化多端，又为纯阳，所以是刚健。坤为地，顺承万物，安安静静，又为纯阴，所以是柔顺。震为雷，动如雷霆，又象一阳从底下出动，奋发有为，所以是振动。巽为风，无孔不入，又象一阴入于二阳之下，所以是进入。坎为水，水容易陷入，又象中间一阳陷入上下两阴，所以是下陷。离为火，火必须附丽在物体之上才能燃烧，又象中间一阴柔之爻附丽在上下二刚之内，又象火光靓丽，所以是附丽。艮为山，不动如山，所以是静止。兑为泽，碧波荡漾，养育万物，又象外柔内刚，所以是和悦。（这一段是说明八卦的德性。）

乾为马，坤为牛，震为龙，巽为鸡，坎为豕，离为雉，艮为狗，兑为羊。

◎ 大意

乾为马，因为乾卦是纯阳卦，为奇数，马蹄是圆形，象一，为奇数；又乾为阳，马属阳，行走时前蹄先起，下卧时后蹄先卧；又阳极生阴，马常站立，生病则卧；又乾为天，运动不息，马性刚健致远。坤为牛，因为坤卦是纯阴卦，为偶数，牛蹄子分拆，象二，为偶数；又坤为阴，牛属阴，行走时后蹄先起，下卧时前蹄先卧；又阴极生阳，牛常卧，生病则站立；又坤为地，顺承万物，牛性柔顺而承载货物。震为龙，因为龙潜藏于大海之中，震卦一阳藏于两阴之下；又震为雷为动，龙飞上天，必电闪雷鸣。巽为鸡，因为巽为风，刮风可知时令，鸡鸣可知时间；又风烈则雷鸣，鸡准备鸣叫时，必然拍打翅膀；又巽为风，刮风必看天气，鸡低头喝水，然后必然仰头看天；又巽为入，鸡吃食则入，鸡不会飞，伏地前行，鸡羽毛怕淋雨，遇阴天则钻入鸡窝，鸡休息时，一脚独立，一脚深入前胸；坎为猪，因为水处万物之所恶，猪喜欢生活在肮脏潮湿的地方；又坎上下二阴，中间一阳，猪身肥壮，前后则头俯耳垂尾巴短；又坎卦中刚外柔，猪外迟缓而内性暴躁。离为野鸡，因为离火艳丽，又离为文明，野鸡羽毛秀丽；又离卦外刚而内柔，野鸡见人就会缩头，是内心柔弱。艮为狗，因为艮山静止，狗能看守止人；又艮外刚内柔，狗对外人凶猛，对自己人摇尾谄媚。（又《九家易》说："艮止，主守御也。艮数三，七九六十三，三主斗，斗为犬。"）兑为羊，因为兑卦外阴内阳，外柔内刚，羊外表柔悦，叫声亲切，喜欢群居，内心刚狠，喜欢顶撞；又兑上阴象羊角，兑卦象羊字。（这一段是说明八卦能远取诸物。）

> 乾为首，坤为腹，震为足，巽为股，坎为耳，离为目，艮为手，兑为口。

◎ 大意

乾为头，因为乾为天，高高在上。坤为肚，因为坤为地，藏养万物。震为足，因为震为动，足行走运动；又震卦一阳在下动，象脚在底下走动。巽为腿，巽能行权，随机应变，腿随脚而动；又巽二阳在上，下阴分开，象人站立，两腿分开。坎为耳，因为坎为陷，耳孔向内陷入。离为目，为日为光明，又为附丽，眼睛必须借助光亮才能看见。艮为手，因为艮为静止，手能止物；又艮卦一阳动于上，象人手在身上动。兑为口，因为兑卦一阴在上开口，象嘴在头上张口。（八卦没有提到心，因为心为神也，心神是以巧妙的指挥身体五官来表现的。又人的身体就是一个小宇宙，所以乾首坤腹，象天地定位；坎耳离目，耳目互不相见，象水火不相射；面相学鼻梁为山根，所以艮也为鼻子，艮鼻兑口，象山泽通气；巽为号令，手势可发号施令，所以巽也为手，震足巽手，人行走时必摆手，象雷风相薄。这一段是说八卦能近取诸身。）

乾，天也，故称乎父；坤，地也，故称乎母。震一索而得男，故谓之长男。巽一索而得女，故谓之长女。坎再索而得男，故谓之中男。离再索而得女，故谓之中女。艮三索而得男，故谓之少男。兑三索而得女，故谓之少女。

◎ 大意

乾卦象蓝天那样令人敬畏，因此称作父亲；坤卦象大地般和蔼可亲，因此称作母亲。有天地必生万物，有男女必生儿女，刚柔相交而成变化。《周易》逆数，从下往上，以下为先。震卦是坤卦从乾卦中索求的第一个阳爻而生出的男孩，故叫长子；巽卦是乾卦从坤卦中索求的第一个阴爻而生出的女孩，故叫长女。坎卦是坤卦从乾卦中索求的第二个阳爻而生出的男孩，故叫中男；离卦是乾卦从坤卦中索求第二个阴爻而生出的女孩，故叫中女。艮卦是坤卦从乾卦中索求的第三个阳爻而生出的男孩，故叫少男；兑卦是乾卦从坤卦中索求的第三个阴爻而生出的女孩，故叫少女。（这一段是说乾道成男、坤道成女，八卦的人伦属性。）

乾为天，为圜（yuán），为君，为父，为玉，为金，为寒，为冰，为大赤，为良马，为老马，为瘠马，为驳马，为木果。

◎ 大意

乾卦刚健，故为天。天圆地方；又天道循环往复，故为环绕。天尊贵在上，故为君、为父。天体纯粹刚健，故为玉、为金。乾卦处在西北方，天寒地冻，故为寒、为冰。乾卦纯阳，为太阳，太阳刚刚升起和落山之时，为大红色，故为大赤。乾卦刚健，故为良马。乾卦纯阳，阳极生阴，壮变老，肥变瘦，纯色变杂色，故为老马、为瘦马、为杂色的马。天上有日月星辰，就像树上有果梨桃杏；又果子为圆形而在树上，象天圆在上，故为树木的果实。

> 坤为地，为母，为布，为釜（fǔ），为吝啬，为均，为子母牛，为大舆，为文，为众，为柄，其于地也为黑。

◎ 大意

坤卦包藏，生养万物，生儿育女，故为地、为母。坤卦柔顺广远，可以包藏，故为布。大地成熟万物，象锅煮熟食物；又坤卦纯阴虚，象锅中空；又大地中虚而藏物，象锅中虚而盛物，故为锅。大地始终持有万物而从不舍弃，故为吝啬。大地生养万物，均衡而不挑剔，故为均匀。大地生生不息，时刻都在生养万物，故为怀孕的母牛。大地装载万物，天旋地转，故为大车。地上的万物五彩缤纷，各有文采，故为文。坤卦纯阴，阴爻成群结队，故为众。大地在下面把万物承载在上面，故为把手。坤卦纯阴，阴暗至极；又天南地北，北方为黑色，对于地来说，土壤为黑土地。

> 震为雷，为龙，为玄黄，为旉（fū），为大涂，为长子，为决躁，为苍筤（láng）竹，为萑（huán）苇。其于马也为善鸣，为馵（zhù）足，为作足，为的颡（sǎng）。其于稼也，为反生。其究为健，为蕃鲜。

◎ 大意

震卦为动，打雷震动；又一阳在二阴之下动，如阴雨天才打雷，故为雷。为龙。乾坤始交而生震，天为玄，地为黄，天地相交的颜色就是玄黄色，故为玄黄。雷响而春天之气散布大地；又春回大地，万物呼吸散发的大气；又阳气初生，前面两阴象阳气散布开来，故为散布。底下一阳奋进，前面两阴象开出的两条大路，故为大路。为长子。雷霆猛烈；又一阳初动，向上决进，故为暴躁。春雷作响，万物初生，初生的竹子为青色；又震居东方，东方为青色；又底下一阳为根，上面两阴象一节一节的竹子；又竹子下根实，象一阳，上面的竹竿空虚，象两阴，故为青嫩的竹子；一阳为乾，上面两阴象挂着的穗子；又一阳生在两阴旁，象芦苇生长在阴湿的河水旁，故为芦苇；震卦足动，也属于马，对于马的这一类，雷声隆隆，又阳为火，阴为水，水遇火会发声，善于鸣叫，又一阳在下跳动发声，上面两阴开口，故为马善于鸣叫；一阳在底下动，阳光明亮为白色，白色在下；又春雷作响，春回大地，万物初生，电闪雷鸣；又震卦在左，打雷时，先看到闪电，后听到雷声，故为马的后左蹄子是白色，行走时容易看见；震卦为雷，雷电是从地底下打到天上，又一阳在下而起，向上决进，故象马的前蹄腾跃而起；万物震动，又震卦为异足，马蹄子为白色的马，额头也必为白色，故象马的额头为白色。对于庄稼来说，是一种反生长的庄稼，意思是不是根在下，果实在上，反而是果实在土里，根在土地上面；果实不是从地上生长出来，反而是一种在土地里就生长的庄稼，例如花生、土豆、红薯、豆类食品，取象于震卦，因为震卦一阳在两阴之下反生；又象一阳果实在两阴地下生长。震卦一阳虽然刚刚萌动，但其终究是最刚健的；又象征万物初生，终究会长大茂盛，故又为绚丽茂盛而灿烂鲜明。

巽为木，为风，为长女，为绳直，为工，为白，为长，为高，为进退，为不果，为臭（xiù）。其于人也，为寡发，为广颡（sǎng），为多白眼，为近利市三倍，其究为躁卦。

◎ 大意

巽卦为入，木善于入土，无土不穿，风善于入孔，无孔不入，故为木、为风；又一阴在下，象根部在下，二阳在上，象树干枝繁叶茂，故为木。为长女。巽卦为风，风吹万物整齐划一，绳子可以衡量木头的曲直，故为笔直、为工艺。风吹大地，一尘不染，干净洁白，故为白。风能吹得很长远，故为长。风可以把物体吹得很高；又参天大木，故为高。风东西南北到处乱吹，故为进退、为不果断。风吹可以散味，故为臭。对于人来说，风吹落叶，如人的头发稀疏，故为少发；头发少则前额宽广，故为广阔的额头；阳为白，阴为黑，故离卦上下为白，中间为黑，象眼睛，巽卦二阳在上，一阴在下，为翻起了白眼，故为多白眼。巽卦善入，能够靠近；又能进退，可以权衡利弊；又风吹万物，没有偏袒，象公平交易的市场，所以是靠近利益的市场能获利三倍多。巽卦一阴虽然刚刚潜入，但其终究是最躁动的卦；风虽然为气流，但力道很强大。

> 坎为水，为沟渎，为隐伏，为矫輮（róu），为弓轮。其于人也，为加忧，为心病，为耳痛，为血卦，为赤。其于马也，为美脊，为亟心，为下首，为薄蹄，为曳。其于舆也，为多眚，为通，为月，为盗。其于木也，为坚多心。

◎ **大意**

坎卦一阳在中，象水中透明；又一阳陷入二阴之中，如陷入水中；又一阳在中，二阴在外，为内明外暗，故为水。坎卦一阳在二阴之间穿行，象河流渠道，故为沟渠。一阳藏在二阴之中；又水多隐藏在地下，故为隐伏。水流蜿蜒曲折，故为矫正，为弓箭车轮；又弓箭、车轮弯曲，都是把木头矫正弯曲过来的；又水流湍急如射箭，水流弯曲如车轮；又坎为月亮，月亮有时象弓箭的弯曲，有时象车轮满圆。对于人来说，坎卦是坎坷险难，故为更加忧愁、为心病；耳朵中空，坎卦一阳在中堵塞，故为耳痛；水在地上流，象血在人体流，故为血卦；血为红色，故为赤。对于马来说，坎卦一阳在中央如脊背，二阴在外如身体匀称，故为美丽脊背的马；坎卦一阳在内刚硬，内心焦急，故为心性急躁难以驾驭的马；水流头先趋下，故为垂头的马；水流轻快，故为蹄子轻浮多动的马；坎为险难，马遇到危险头向后扯，故为向后曳扯的马。对于车来说，坎卦一阳在中象车身，上下两阴象四个车轮，但坎卦为险陷，故为多灾难不安全的车；水流无阻挡，又滴水可穿石，故为通；水借光而透明，因此一阳在内而发光，象月亮借助太阳而发光；又水流变幻无形，月亮圆缺变化；又月亮可引动潮汐，故为月；坎为隐伏，为月，在月夜下隐伏，又一阳藏于两阴之中，故为盗。对于木来说，坎卦刚在中，中心坚实，故为坚硬实心。

> 离为火，为日，为电，为中女，为甲胄，为戈兵。其于人也，为大腹。为乾卦，为鳖，为蟹，为蠃（luó），为蚌，为龟。其于木也，为科上槁。

◎ 大意

离卦为附丽，火附着木头才燃烧；又内阴外阳，如火内暗外明；又离卦在南方，多炎热，故为火。火光照亮，如太阳光明；又中间一阴暗，如太阳黑子；又太阳附丽在天上，故为日。火光发亮；又二阳在外，一阳在内，亮光在阴暗处发光；又离卦中虚，象电流无影无形；又闪电附丽在云雨中，故为电。为中女。离卦一阴在内为内柔，二阳在外为外刚，内柔外刚故为盔甲、为战士。对于人来说，内虚外实，可以包容万物；又火可烧万物，包括一切；又月亮有圆缺，而太阳常圆满，犹如孕妇，故为大肚子。日生于天；又离火干燥，故为乾卦。内柔外刚，有贝壳之象，故为甲鱼、为螃蟹、为海螺、为蚌、为龟，又都为大肚子。对于木来说，外干硬内空虚；又火性炎上，树木内空，上部必干枯落叶，故为干枯的树木。

> 艮为山，为径路，为小石，为门阙（què），为果蓏（luǒ），为阍（hūn）寺，为指，为狗，为鼠，为黔喙（huì）之属。其于木也，为坚多节。

◎ 大意

一阳高高在上，二阴象地，如高耸的山顶；又艮为止，山在地上静止，故为山。山上有盘山小路；又一阳挡在前，大路不通，只能绕小道，震为大涂，艮卦反过来是径路，故为小路。艮为山，一阳在上象小石头，大而为山，小而为石，故为小石。一阳横跨在两阴之上，两阴象两根柱子，也象两扇门，有门的样子；又艮为止，门能止人入内，故为城门。一阳在上如果实，二阴在下如根部或者蔓延的藤，故为瓜果。艮为禁止，故为看门的人。艮为手，手指可以取物，可以止物；又人的身体，在下动的为震为足，在上动的为艮为手；又艮为坚多节，手指多节，故为指。前刚后柔，老鼠、狗牙齿坚硬；又狗可以禁止人，鼠被人禁止，故为鼠、为狗。鸟喙、野兽牙齿非常坚硬，飞禽走兽的嘴一般都为黑色；又飞禽走兽多居深山老林之中；又动物都靠嘴来守卫，故为禽兽之类。对于木来说，艮卦阳刚在上，是坚木，二阴在下，枝枝节节，故为坚硬而且有好多节的树枝。

> 兑为泽，为少女，为巫，为口舌，为毁折，为附决。其于地也，为刚卤。为妾，为羊。

◎ 大意

兑为坎水初爻变阳，水底堵塞不通，聚集为湖泊；又一阴蓄止在上，象湖泽，故兑为泽。为少女。湖泽幽深，意境神奇，故为巫术或巫师。阳动于内，象舌头在嘴里动；又说话需用舌头，故为口舌。兑卦上缺；又兑卦正秋，瓜熟蒂落，树干叶落，故为毁坏折断、为脱落。对于地来说，一阴在上，二阳在下，底下厚实坚硬，又泽水多盐，又兑卦在西，五行属金，颜色为白，故为土地坚硬的盐碱地。兑卦外柔内实，内有涵养，外谦虚，又兑卦为少女，犹如古代女子对自己的谦称，如妾身、贱妾，故为妾。为羊。

◎ 思考辨析题

1. 如何理解"河图"和"洛书"的数理？

2. 为什么说"易逆数也"？

第六章　序卦传

有天地，然后万物生焉。盈天地之间者唯万物，故受之以《屯》。屯者，盈也。屯者，物之始生也。物生必蒙，故受之以《蒙》。蒙者，蒙也，物之稚（zhì）也。物稚不可不养也，故受之以《需》。需者，饮食之道也。饮食必有讼，故受之以《讼》。

◎ 大意

天地生养万物，有了天地，然后才有了万物的生生不息，所以《周易》以乾坤两卦为首。充满天地之间的也只有万物，所以用屯卦相接，屯就是囤积充满，正是万物初生之时。万物初生，必然蒙昧无知，所以用蒙卦相接，蒙就是蒙昧，万物正处幼稚之时。万物幼稚，非养不可，所以用需卦相接，需是万物都有饮食需求欲望的自然规律。饮食男女，人之大欲存焉，有欲望必然会有争抢，所以用讼卦相接。

讼必有众起，故受之以《师》。师者，众也。众必有所比，故受之以《比》。比者，比也。比必有所畜，故受之以《小畜》。物畜然后有礼，故受之以《履》。（履者，礼也。）履而泰然后安，故受之以《泰》。泰者，通也。物不可以终通，故受之以《否》。

◎ **大意**

争讼必然会有众人揭竿而起，所以用师卦相接，师就是兴师动众。天下大乱，群雄并起，人以类聚，物以群分，必然要有所亲附，投奔倚靠，所以用比卦来相接，比就是亲比。相互比附依靠，必然要能得到蓄养，无法蓄养，不来投靠，所以用小畜卦相接。礼义生于富足，小有积蓄，然后要有礼义，富而有礼，所以用履卦来相接。（履是礼节的意思，）人有礼则安，无礼则危，以礼相待所以通泰，然后才能安定，所以用泰卦相接，泰就是通泰。事物不可能永远通泰，必然会有人反对，遭遇阻碍，所以用否卦相接。

物不可以终否，故受之以《同人》。与人同者，物必归焉，故受之以《大有》。有大者不可以盈，故受之以《谦》。有大而能谦必豫，故受之以《豫》。豫必有随，故受之以《随》。以喜随人者必有事，故受之以《蛊》。蛊者，事也。有事而后可大，故受之以《临》。临者，大也。物大然后可观，故受之以《观》。可观而后有所合，故受之以《噬嗑》。嗑者，合也。物不可苟合而已，故受之以《贲》。贲者，饰也。致饰然后亨则尽矣，故受之以《剥》。剥者，剥也。

◎ **大意**

事物不可能永远闭塞不通、无法沟通，必定会有人赞同，遇到志同道合之人，所以用同人卦相接。与人相处能求同存异，一视同仁，大公无私，则万物必然归顺，大有所得，所以用大有卦相接。拥有巨大财富，不可以骄盈，满必招损，谦必受益，所以用谦卦来相接。富有而且能够谦虚，必然安居乐业，所以用豫卦相接。能安居乐业，必然会有人前来追随，所以用随卦相接。之所以喜欢追随别人，因为必然有事相求，所以用蛊卦相接，蛊是生事的意思。有事相求，一起共事，然后可以成就大业，所以用临卦相接，临是指能有人光临，是因为重大的缘故。事物重大，然后蔚为可观，所以用观卦相接。事业可观然后就会有人前来联合，所以用噬嗑卦相接，嗑就是相合。事物不可以随随便便凑合在一起，如此必成乌合之众，久则必散，所以用贲卦相接，贲就是修饰。装饰发挥到了极致，然后花开自然花谢，通达便走到了尽头，华丽开始衰落，所以用剥卦相接，剥就是剥落。

> 物不可以终尽，剥穷上反下，故受之以《复》。复则不妄矣，故受之以《无妄》。有无妄然后可畜，故受之以《大畜》。物畜然后可养，故受之以《颐》。颐者，养也。不养则不可动，故受之以《大过》。物不可以终过，故受之以《坎》。坎者，陷也。陷必有所丽，故受之以《离》。离者，丽也。

◎ 大意

事物不可能无穷尽的剥落，物极必反，穷极于上，必反生于下，所以用复卦相接。事物复苏则不会有妄念，所以用无妄卦相接。没有妄念，然后可以拥有很大的储蓄，（嗜欲浅者天机深，）所以用大畜卦相接。德才兼备，然后才能有修养、有涵养，所以用颐卦相接，颐就是培养的意思。有修养才能成大器，没有经过培养则不可大动干戈、大有作为，所以用大过卦相接。不养则不可动，有养也不可以太过度，过度便会难以承受而沦陷，所以用坎卦相接，坎就是陷落。陷入困境必然会附着依赖可以拯救的对象，所以用离卦相接，离就是附丽。

有天地然后有万物，有万物然后有男女，有男女然后有夫妇，有夫妇然后有父子，有父子然后有君臣，有君臣然后有上下，有上下然后礼义有所错。

◎ 大意

有天地阴阳二气的往来，然后才有万物的生生不息，有万物然后就有男女性别的不同，有男有女然后就有了夫妇相随，有夫妻相随然后有父子大小，有父子大小然后有君臣尊卑，有君臣尊卑然后有上下规矩，有上下规矩然后礼义文化就有了推行。

夫妇之道不可以不久也，故受之以《恒》。恒者，久也。物不可以久居其所，故受之以《遯》。遯者，退也。物不可以终遯，故受之以《大壮》。物不可以终壮，故受之以《晋》。晋者，进也。进必有所伤，故受之以《明夷》。夷者，伤也。

◎ 大意

夫妇终生相许，感情始终如一，夫妻不可以不长久，所以用恒卦接在咸卦之后，恒就是天长地久的意思。事物不可能永久存在，必然衰落，所以用遯卦相接，遯就是衰退的意思。事物不可能一直衰退，必将壮大起来，所以用大壮卦相接。事物不可能盛壮不已，必然争进，所以用晋卦相接，晋就是前进。一直进取，必然会受到打击伤害，所以用明夷卦相接。夷就是受伤的意思。

伤于外者必反于家，故受之以《家人》。家道穷必乖，故受之以《睽》。睽者，乖也。乖必有难，故受之以《蹇》。蹇者，难也。物不可以终难，故受之以《解》。解者，缓也。缓必有所失，故受之以《损》。

◎ **大意**

在外受伤，必然反求诸己，反求家人，所以用家人卦相接。家道不正，穷困潦倒，必然妻离子散，所以用睽卦相接，睽就是乖离的意思。相互乖离，背道而驰，必将患难，时乖运蹇，所以用蹇卦相接，蹇就是困难的意思。事物不可能一直处于困难，车到山前必有路，船到桥头自然直，一定会得到解决，所以用解卦相接，解就是缓解的意思。缓解困难，必将付出一定的成本代价，必然会造成损失，所以用损卦相接。

> 损而不已必益，故受之以《益》。益而不已必决，故受之以《夬》。夬者，决也。决必有所遇，故受之以《姤》。姤者，遇也。物相遇而后聚，故受之以《萃》。萃者，聚也。聚而上者谓之升，故受之以《升》。升而不已必困，故受之以《困》。

◎ **大意**

持续损耗，必然会出现损极而返的增益，所以用益卦相接。持续增益，必将决裂，所以用夬卦相接，夬就是决开的意思。决开必然相遇，所以用姤卦相接，姤是相遇。事物相遇然后聚集，所以用萃卦相接，萃就是萃聚的意思。不断聚集，成堆向上就是上升，所以用升卦相接。不停地升进必然有所困乏，所以用困卦相接。

> 困乎上者必反下，故受之以《井》。井道不可不革，故受之以《革》。革物者莫若鼎，故受之以《鼎》。主器者莫若长子，故受之以《震》。震者，动也。物不可以终动，止之，故受之以《艮》。艮者，止也。物不可以终止，故受之以《渐》。渐者，进也。进必有所归，故受之以《归妹》。得其所归者必大，故受之以《丰》。丰者，大也。穷大者必失其居，故受之以《旅》。

◎ **大意**

上升困乏，必然返回底下，比喻前进受困，必然后退，井卦巽乎水而上水，模拟由上返下，所以用井卦相接。前进受阻，必须进行改革，就像井水长久不用必然腐坏，不可不流通革新，所以用革卦相接。鼎器用来煮食，生的变熟，硬的变软，变革事物再没有比鼎更形象的了，所以用鼎卦相接。掌管权力象征的鼎器再没有比长子更合适的了，震为长子，所以用震卦相接，震就是大运动的意思。事物不可能长期运动，必然停止，所以用艮卦相接，艮就是静止的意思。事物不可能一直静止不动，必然逐渐进化，所以用渐卦相接，渐是渐进的意思。循序渐进必然有所成就，得到归宿，所以用归妹卦相接。能够如愿以偿，必然丰盛，所以用丰卦相接，丰是盛大。一家饱暖千家怨，半世功名百世愆，穷追盛大，必遭侵夺，流离失所，所以用旅卦相接。

旅而无所容，故受之以《巽》。巽者，入也。入而后说之，故受之以《兑》。兑者，说也。说而后散之，故受之以《涣》。涣者，离也。物不可以终离，故受之以《节》。节而信之，故受之以《中孚》。有其信者必行之，故受之以《小过》。有过物者必济，故受之以《既济》。物不可穷也，故受之以《未济》。终焉。

◎ 大意

漂泊羁旅而没有容身之地，必须循天顺人，随遇而安，入乡随俗，所以用巽卦相接，巽就是深入的意思。能够深入人心，精义入神，然后能得意自如，所以用兑卦相接，兑就是喜悦的意思。心情喜悦，然后闲散，所以用涣卦相接，涣是离散。事物不可以一直离散，人心不可以一直涣散，必然有所节制，所以用节卦相接。有节制才能信守，无规矩不成方圆，所以用中孚卦相接。过于相信，必然言出必行，所以用小过卦相接。有过人之处必然能够完成任务，所以用既济卦相接。事物不可能终结，生命生生不息，没完没了，所以用未济卦相接。周而复始，循环往复，终究如此。

◎ 思考辨析题

《序卦传》，卦与卦之间的基本规律是什么？

第七章 杂卦传

乾刚坤柔，比乐师忧；临观之义，或与或求。屯见而不失其居。蒙杂而著。震，起也。艮，止也。

损益，盛衰之始也。大畜，时也。无妄，灾也。萃聚而升不来也。谦轻而豫怠也。噬嗑，食也。贲，无色也。

兑见而巽伏也。随，无故也。蛊，则饬也。剥，烂也。复，反也。晋，昼也。明夷，诛也。井通而困相遇也。

咸，速也。恒，久也。涣，离也。节，止也。解，缓也。蹇，难也。睽，外也。家人，内也。否泰，反其类也。

大壮则止，遯则退也。大有，众也。同人，亲也。革，去故也。鼎，取新也。小过，过也。中孚，信也。丰，多故也。亲寡，旅也。

离上而坎下也。小畜，寡也。履，不处也。需，不进也。讼，不亲也。

大过，颠也。姤，遇也，柔遇刚也。渐，女归待男行也。颐，养正也。既济，定也。归妹，女之终也。未济，男之穷也。夬，决也，刚决柔也，君子道长，小人道忧也。

◎ 大意

（万物混沌不分，纯也是杂，杂也是纯，阴阳混沌，刚柔相推，不可分开，阴中有阳，阳中有阳，《周易》六十四卦，错综复杂，皆为事物的一体两面，乾坤相错，本为一卦，）乾纯阳刚健，坤纯阴柔顺，（刚中有柔，柔中有刚，刚柔者，立本者也，刚柔相推而生变化。）比师一体两面，比亲师众，众人聚集既有欢乐，也有忧愁，亲比则乐，争抢则忧。临观本为一卦，万物不管相临还是相望，都有相助或者相求之意，你中有我，我中有你，守望相助。屯蒙本为一卦，万物初生出现，虽然蒙昧却能各得其所，万物幼稚，虽然屯杂混乱但是各自有条不紊。震艮本为一卦，生命的开起也是生命的终止。

损益本为一卦，损而为益，益而为损，旺盛就是衰老的开始，衰老也是旺盛的开始。大畜无妄一体两面，时运也是灾祸，灾祸也是时运，福祸相依，有储蓄的好时运，也有意想不到的灾难。萃升一体两面，人生悲欢离合，有聚有散，萃则来相聚，升迁则不回来。谦豫一体两面，谦虚则不会轻怠，轻怠则不会谦虚。噬嗑贲一体两面，食色性也，饮食男女，人之大欲，噬嗑在于饮食追求，贲在于无色无欲。

兑巽一体两面，万事万物有阴有阳，有明有暗，有可见的部分，就有不可见的部分，兑则乐见，巽则隐伏。随蛊一体两面，有事也是无事，无事也是有事，虽然无事相随，但已经埋下祸乱需要随时整治。剥复一体两面，剥落腐烂也是复返生命之时，复返生命也是剥烂的开始。晋明夷一体两面，天下有光明，就有黑暗，晋则光明正大，明夷则暗算诛杀。井困一体两面，通顺的时候有困难，处于困境的时候能相遇，井水养人能通，处于困境必能突破相遇。

咸恒一体两面，物理运动快也是慢，慢也是快，咸卦感应迅速，恒卦在于长久。涣节一体两面，宇宙万物看似涣散无序，实际上都有章法制止。解蹇一体两面，事物无穷无尽，没完没了，刚刚缓解，困难将接踵而至。睽家人一体两面，外患皆是内因，内因导致外患，睽是分化向外，家人是聚拢向内。否泰一体两面，否中有泰，泰中有否，相反也相类。

大壮遯一体两面，壮大则当休止，后退则穷当退避。大有同人一体两面，大有众多则能一视同仁亲天下，与人相同相亲则能大有。革鼎一体两面，变革去旧而取新，鼎取新而能去旧。小过中孚一体两面，遇事小过因为相信，因为相信则过于平常。丰旅一体两面，财物丰富，故交都来投靠，实际上寡情薄意，皆为利往。

离坎一体两面，文明的上升，必然也是一种沦陷，发明创造的提升，必然也将陷入依赖。小畜履一体两面，小有积蓄则有礼有节，不敢以富贵自居，有礼有节，则缺少真情。需讼一体两面，有需求必然有争斗，有需求则人心涣散而失去亲情，有争斗则不敢进取。

大过平常，刚柔颠倒，非常时期。姤则相遇，柔遇到刚。柔遇刚，如女遇男，须守矜持，循序渐进，女子出嫁，等待男子来娶。如此才是颐养的正道，方可既济安定。女子出嫁，是女子合适的归宿，同时，有终必有始，也是男子事业的开始，穷途当决，夬是决断，刚正决去柔邪。刚柔消息盈虚，此消彼长，但邪不胜正，君子正道必长，小人邪道必忧。

◎ **思考辨析题**

1.《杂卦传》与《序卦传》的区别与联系是什么？

2.《杂卦传》基本的排列规律是什么？

附录

《周易》成语探源

（说明：文中的序号是按照六十四卦卦序标注）

上经

1. 乾：

元亨利贞／亨利贞元／贞下起元／贞元会合：出自《乾》："乾：元亨利贞。"

云行雨施：出自《乾》："云行雨施，品物流形。"

自强不息：出自《乾》："《象》曰：天行健。君子以自强不息。"

潜龙勿用：出自《乾》："初九：潜龙，勿用。"

龙德在田：出自《乾》："《象》曰：见龙在田，德施普也。"

夕惕若厉／乾乾夕惕／朝乾夕惕／夕惕朝乾／昼乾夕惕／日乾夕惕：出自《乾》："九三：君子终日乾乾，夕惕若厉，无咎。"

飞龙在天／九五之尊／九五之位：出自《乾》："九五：飞龙在天，利见大人。"

亢龙有悔／亢极之悔：出自《乾》："上九：亢龙，有悔。"

群龙无首：出自《乾》："用九：见群龙无首，吉。"

亨嘉之会：出自《乾》："亨者，嘉之会也。"

遁世无闷：出自《乾》："不易乎世，不成乎名，遁世无闷。"

乐行忧违：出自《乾》："乐则行之，忧则违之。"

确乎不拔：出自《乾》："确乎其不可拔，潜龙也。"

庸言庸行：出自《乾》："庸言之信，庸行之谨。"

闲邪存诚：出自《乾》："闲邪存其诚，善世而不伐，德博而化。"

进德修业：出自《乾》："君子进德修业。"

忠信乐易：出自《乾》："忠信所以进德也。"

修辞立其诚/修辞立诚：出自《乾》："修辞立其诚，所以居业也。"

上下无常：出自《乾》："上下无常，非为邪也。"

进退无恒：出自《乾》："进退无恒，非离群也。"

同声相应，同气相求/同声相应/同气相求/声应气求/声求气应：出自《乾》："同声相应，同气相求。"

水流湿，火就燥：出自《乾》："水流湿，火就燥。"

云龙风虎/风虎云龙/龙虎风云/风从虎，云从龙/云从龙，风从虎：出自《乾》："云从龙，风从虎，圣人作而万物睹。"

各从其类：出自《乾》："本乎天者亲上，本乎地者亲下，则各从其类也。"

天下太平：出自《乾》："云行雨施，天下平也。"

跃跃欲试：出自《乾》："或跃在渊，自试也"。

与时偕行：出自《乾》："终日乾乾，与时偕行。"

行而未成：出自《乾》："潜之为言也，隐而未见，行而未成，是以君子弗用也。"

上不在天，下不着地：出自《乾》："九三重刚而不中，上不在天，下不在田，故乾乾因其时而惕，虽危无咎矣。"

进退存亡：出自《乾》："知进退存亡而不失其正者，其唯圣人乎！"

2．坤：

厚德载物：出自《坤》："《象》曰：地势坤。君子以厚德载物。"

履霜坚冰／阴凝冰坚／履霜之戒：出自《坤》："《象》曰：履霜坚冰，阴始凝也。驯致其道，至坚冰也。"

括囊避咎／无咎无誉／无誉无咎：出自《坤》"六四：括囊，无咎无誉。"

龙战于野／龙血玄黄／龙战玄黄／玄黄翻覆／戴玄履黄：出自《坤》："上六：龙战于野，其血玄黄。"

积善余庆／积善之家，必有余庆／积恶余殃：出自《坤》："积善之家必有余庆，积不善之家必有余殃。"

一朝一夕：出自《坤》："臣弑其君，子弑其父，非一朝一夕之故，其所由来者渐矣，由辩之不早辩也。"

直内方外：出自《坤》："君子敬以直内，义以方外，敬义立而德不孤。"

阴疑阳战：出自《坤》："阴疑于阳必战，为其嫌于无阳也，故称龙焉。"

3．屯：

天造草昧／不弃草昧：出自《屯》："雷雨之动满盈，天造草昧。"

经纶天下／满腹经纶／经纶满腹／经纶济世／大展经纶：出自《屯》："《象》曰：云雷，屯。君子以经纶。"

安如磐石／安如盘石：出自《屯》："初九：盘桓，利居贞，利建侯。"

进退迍邅：出自《屯》："六二：屯如邅如，乘马班如。匪寇，婚媾。女子贞不字，十年乃字。"

即鹿无虞：出自《屯》："六三：即鹿无虞，惟入于林中，君子几不如舍，往吝。"

泣血涟如：出自《屯》："上六：乘马班如，泣血涟如。"

4．蒙：

蒙以养正：出自《蒙》："蒙以养正，圣功也。"

果行育德：出自《蒙》："《象》曰：山下出泉，蒙。君子以果行育德。"

发蒙解惑/发蒙启蔽/发蒙解缚/发蒙启滞：出自《蒙》："初六：发蒙，利用刑人，用说桎梏，以往吝。"

刚柔相济：出自《蒙》："《象》曰：子克家，刚柔接也。"

5．需：

需沙出穴：出自《需》："九二：需于沙，小有言，终吉。""六四：需于血，出自穴。"

不速之客：出自《需》："上六：入于穴，有不速之客三人来，敬之终吉。"

7．师：

容民畜众：出自《师》："《象》曰：地中有水，师。君子以容民畜众。"

开国承家：出自《师》："上六：大君有命，开国承家，小人勿用。"

9．小畜：

密云不雨：出自《小畜》："小畜，亨。密云不雨。自我西郊。"

夫妻反目/反目成仇/夫妇反目：出自《小畜》："九三：舆说辐。夫妻反目。"

11．泰：

三阳开泰：出自《周易》泰卦。

小往大来：出自《泰》："泰：小往大来，吉亨。"

志同道合：出自《泰》："则是天地交而万物通也，上下交而其志同也。"

拔茅连茹：出自《泰》："初九：拔茅，茹以其汇。征吉。"

暴虎冯河：出自《泰》："九二：包荒，用冯河，不遐遗。朋亡，得尚于中行。"

无平不陂/无往不复/无平不陂，无往不复：出自《泰》："九三：无平不陂，无往不复。艰贞无咎。勿恤其孚，于食有福。"

翩翩起舞/风度翩翩/翩翩风度：出自《泰》："六四：翩翩不富以其邻，不戒以孚。"

12. 否：

大往小来：出自《否》："否之匪人，不利君子贞，大往小来。"

内柔外刚：出自《否》："内阴而外阳，内柔而外刚，内小人而外君子。"

包羞忍耻/包羞忍辱：出自《否》："六三：包羞。"

13. 同人：

号咷大哭/号啕大哭/嚎啕大哭：出自《同人》："九五：同人，先号咷而后笑，大师克相遇。"

14. 大有：

遏恶扬善：出自《大有》："《象》曰：火在天上，大有。君子以遏恶扬善，顺天休命。"

大车以载：出自《易经大有》："九二：大车以载，有攸往，无咎。"

承天之佑/承天之祐：出自《大有》："上九：自天佑之，吉无不利。"

15. 谦：

益谦亏盈/一谦四益：出自《谦》："天道下济而光明，地道卑而上行。天道亏盈而益谦，地道变盈而流谦，鬼神害盈而福谦，人道恶盈而好谦。"

谦尊而光：出自《谦》："谦尊而光，卑而不可逾，君子之终也。"

衰多益寡：出自《谦》："《象》曰：地中有山，谦。君子以裒多益寡，称物平施。"

称物平施：出自《谦》："《象》曰：地中有山，谦。君子以哀多益寡，称物平施。"

谦谦君子／谦谦有礼／卑以自牧／谦卑自牧：出自《谦》："《象》曰：谦谦君子，卑以自牧。"

16. 豫：

簪盍良朋：出自《豫》："九四，由豫，大有得，勿疑。朋盍簪。"

17. 随：

随时随刻：出自《随》："大亨贞，无咎，而天下随时，随时之义大矣哉！"

18. 蛊：

振民育德：出自《蛊》："《象》曰：山下有风，蛊。君子以振民育德。"

干父之蛊：出自《蛊》："初六：干父之蛊，有子，考无咎。厉，终吉。"

20. 观：

神道设教：出自《观》："观天之神道，而四时不忒。圣人以神道设教，而天下服矣。"

省方观民／省俗观风：出自《观》："《象》曰：风行地上，观。先王以省方观民设教。"

21. 噬嗑：

明罚敕法：出自《噬嗑》："《象》曰：雷电，噬嗑。先王以明罚敕法。"

23. 剥：

消息盈虚：出自《剥》："顺而止之，观象也。君子尚消息盈虚，天行也。"

剥床以肤／剥床及肤／剥肤之痛／切肤之痛：出自《剥》："六四：剥床以肤，凶。"

硕果独存／硕果仅存：出自《剥》："上九：硕果不食。君子得舆，小人剥庐。"

24．复：

七日来复：出自《复》："复：亨。出入无疾，朋来无咎。反复其道，七日来复，利有攸往。"

闭关绝市／闭关锁国／闭关自守：出自《复》："《象》曰：雷在地中，复。先王以至日闭关，商旅不行，后不省方。"

25．无妄：

无妄之灾：出自《无妄》："六三：无妄之灾。或系之牛，行人之得，邑人之灾。"

勿药有喜：出自《无妄》："九五：无妄之疾，勿药有喜。"

26．大畜：

辉光日新：出自《大畜》："《象》曰：大畜，刚健笃实，辉光日新。其德刚上而尚贤。能止健，大正也。"

前言往行：出自《大畜》："《象》曰：天在山中，大畜。君子以多识前言往行，以畜其德。"

27．颐：

祸从口出，患从口入：出自《颐》："《象》曰：山下有雷，颐。君子以慎言语，节饮食。"

大快朵颐／朵颐大嚼：出自《颐》："初九：舍尔灵龟，观我朵颐，凶。"

虎视眈眈／眈眈逐逐：出自《颐》："六四：颠颐，吉。虎视眈眈，其欲逐逐，无咎。"

28．大过：

枯杨生稊：出自《大过》："九二：枯杨生稊，老夫得其女妻，无不利"

枯杨生华：出自《大过》："九五：枯杨生华，老妇得其士夫。无咎无誉。"

灭顶之灾：出自《大过》："上六：过涉灭顶，凶。无咎。"

30．离：

日月丽天：出自《离》："《彖》曰：离，丽也。日月丽乎天，百谷草木丽乎土。"

日昃之离：出自《离》："九三：日昃之离。不鼓缶而歌，则大耋之嗟，凶。"

突如其来：出自《离》："九四：突如其来如，焚如，死如，弃如。"

下经

32．恒：

从一而终：出自《恒》："《象》曰：妇人贞吉，从一而终也。夫子制义，从妇凶也。"

33．遁：

不恶而严：出自《遁》："《象》曰：天下有山，遁。君子以远小人，不恶而严。"

34．大壮：

羝羊触藩／进退触篱：出自《大壮》："上六：羝羊触藩，不能退，不能遂，无攸利。艰则吉。"

37．家人：

言之有物：出自《家人》："《象》曰：风自火出，家人。君子以言有物而行有恒。"

尚虚中馈/中馈乏人/中馈犹虚/中馈之思：出自《家人》："六二：无攸遂，在中馈，贞吉。"

反治其身：出自《家人》："《象》曰：威如之吉，反身之谓也。"

38．睽：

载鬼一车：出自《睽》："上九：睽孤，见豕负涂，载鬼一车，先张之弧，后说之弧。匪寇，婚媾。往遇雨则吉。"

见豕负涂/豕而负涂：出自《睽》："上九：睽孤，见豕负涂，载鬼一车，先张之弧，后说之弧。匪寇，婚媾。往遇雨则吉。"

39．蹇：

蹇蹇匪躬/蹇之匪躬/匪躬之节/匪躬之操：出自《蹇》："六二：王臣蹇蹇，匪躬之故。"

往蹇来连：出自《蹇》："六四：往蹇，来连。"

40．解：

赦过宥罪：出自《解》："《象》曰：雷雨作，解。君子以赦过宥罪。"

41．损：

惩忿窒欲：出自《损》："《象》曰：山下有泽，损。君子以惩忿窒欲。"

42．益：

损上益下：出自《益》："《象》曰：益，损上益下，民说无疆。"

改过迁善/见善必迁：出自《益》："《象》曰：风雷，益。君子以见善则迁，有过则改。"

44．姤：

及宾有鱼：出自《姤》："《象》曰：包有鱼，义不及宾也。"

47．困：

致命遂志：出自《困》："《象》曰：泽无水，困。君子以致命遂志。"

48．井：

井渫不食：出自语出《井》："九三：井渫，不食，为我心恻。可用汲，王明，并受其福。"

井冽寒泉食：出自《井》："九五：井冽寒泉，食。"

49．革：

革命反正：出自《革》："天地革而四时成，汤武革命，顺乎天而应乎人。革之时大矣哉！"

顺天应人／顺人应天／应天顺人／应天顺民：出自《革》："天地革而四时成，汤武革命，顺乎天而应乎人。革之时大矣哉！"

大人虎变／大贤虎变／龙化虎变：出自《革》："九五：大人虎变，未占有孚。"

革面洗心：出自《革》："上六：君子豹变，小人革面，征凶，居贞吉。"

50．鼎：

覆公折足／鼎折覆餗／折足覆餗：出自《鼎》："九四：鼎折足，覆公餗，其形渥，凶。"

51．震：

宗庙社稷／匕鬯不惊／匕鬯无惊／不丧匕鬯：出自《震》："震惊百里，惊远而惧迩也。不丧匕鬯，出可以守宗庙社稷，以为祭主也。"

52．艮：

思不出位：出自《艮》："《象》曰：兼山，艮。君子以思不出其位。"

言之有序：出自《艮》："六五：艮其辅，言有序，悔亡。"

53．渐：

鸿渐于干：出自《渐》："初六：鸿渐于干。小子厉，有言，无咎。"

鸿渐之仪：出自《渐》："上九：鸿渐于陆，其羽可用为仪，吉。"

55．丰：

丰亨豫大：出自《丰》："丰：亨，王假之。勿忧，宜日中。"《豫》："豫之时义大矣哉！"

与时消息／日中则昃，月盈则食／日中则昃，月满则亏／日中则昃／月盈则食：出自《丰》："勿忧，宜日中，宜照天下也。日中则昃（zè），月盈则食，天地盈虚，与时消息，而况于人乎，况于鬼神乎！"

丰屋蔀家／丰屋延灾／丰屋生灾／丰屋之过／丰屋之祸／丰屋之戒：出自《丰》："上六：丰其屋，蔀其家，窥其户，阒其无人。三岁不觌。凶。"

阒其无人：出自《丰》："上六：丰其屋，蔀其家，窥其户，阒其无人。三岁不觌。凶。"

59．涣：

风行水上：出自《涣》："《象》曰：风行水上，涣。先王以享于帝，立庙。"

匪夷所思：出自《涣》："六四：涣其群，元吉。涣有丘，匪夷所思。"

涣汗大号：出自《涣》："九五：涣汗，其大号涣，王居，无咎。"

60．节：

劳民伤财：出自《节》："天地节而四时成，节以制度，不伤财，不害民。"

61．中孚：

信及豚鱼：出自《中孚》："豚鱼吉，信及豚鱼也。"

鹤鸣之士：出自《中孚》："九二：鹤鸣在阴，其子和之。我有好爵，吾与尔靡之。"

可歌可泣：出自《中孚》："六三：得敌，或鼓或罢，或泣或歌。"

62．小过：

行过乎恭：出自《小过》："《象》曰：山上有雷，小过。君子以行过乎恭，丧过乎哀，用过乎俭。"

63．既济：

思患预防/防患于未然：出自《既济》："《象》曰：水在火上，既济。君子以思患而豫防之。"

首尾共济：出自《既济》："初九：曳其轮，濡其尾，无咎。""上六：濡其首，厉。"

64．未济：

辨物居方：出自《未济》："《象》曰：火在水上，未济。君子以慎辨物居方。"

系辞上传

高低贵贱：出自《系辞上第一节》："卑高以陈，贵贱位矣。"

动静有常：出自《系辞上第一节》："动静有常，刚柔断矣。"

方以类聚，物以群分/物以类聚，人以群分/方以类聚/物以类聚/物以群分/人以群分/群分类聚：出自《系辞上第一节》："方以类聚，物以群分，吉凶生矣。"

仰观俯察：出自《系辞上第四节》："仰以观于天文，俯以察于地理，是故知幽明之故。"

原始反终：出自《系辞上第四节》："原始反终，故知死生之说。"

智周万物：出自《系辞上第四节》："知周乎万物而道济天下，故不过。"

乐天知命/知命不忧/知命乐天：出自《系辞上第四节》："旁行而不流，乐天知命，故不忧。"

见仁见智/仁者见仁，智者见智：出自《系辞上第五节》："仁者见之谓之仁，知者见之谓之知，百姓日用而不知，故君子之道鲜矣。"

生生不已/生生不息：出自《系辞上第五节》："生生之谓易，成象之谓乾，效法之谓坤。"

出处语默：出自《系辞上第八节》："君子之道，或出或处，或默或语。"

文行出处：出自《系辞上第八节》："君子之道，或出或处，或默或语。"

金兰之契/金兰之友/难言兰臭/二人同心，其利断金/二人同心：出自《系辞上第八节》："二人同心，其利断金。同心之言，其臭如兰。"

上慢下暴：出自《系辞上第八节》："小人而乘君子之器，盗思夺之矣。上慢下暴，盗思伐之矣。"

诲盗诲淫/诲淫诲盗/慢藏诲盗/漫藏诲盗/冶容诲淫：出自《系辞上第八节》："慢藏诲盗，冶容诲淫。"

大衍之数：出自《系辞上第九节》："大衍之数五十，其用四十有九。"

引而伸之/引伸触类/引申触类/触类旁通/触类而通/触类旁观/触类而长：出自《系辞上第九节》："八卦而小成，引而伸之，触类而长之，天下之能事毕矣。"

错综复杂/参伍错综/参伍错纵/参武错综/参武错纵：出自《系辞上第十节》："参伍以变，错综其数。通其变，遂成天下之文。"

寂然不动：出自《系辞上第十节》："《易》无思也，无为也，寂然不动，感而遂通天下之故。"

极深研几：出自《系辞上第十节》："夫《易》，圣人之所以极深而研几也。"

开物成务：出自《系辞上第十一节》："夫《易》开物成务，冒天下之道，如斯而已者也。"

退藏于密：出自《系辞第十一节》："圣人以此洗心，退藏于密，吉凶与民同患。"

知以藏往/知来藏往：出自《系辞上第十一节》："神以知来，知以藏往。"

聪明睿智：出自《系辞上第十一节》："其孰能与此哉？古之聪明睿知，神武而不杀者夫！"

赜探隐索/探赜索隐/钩深索隐/钩深致远：出自《系辞上第十一节》："探赜索隐，钩深致远，以定天下之吉凶。"

不待著龟/无待著龟：出自《系辞上第十一节》："成天下之亹亹者，莫大乎著龟。"

履信思顺：出自《系辞上第十二节》："履信思乎顺，又以尚贤也。"

书不尽言/言不尽意：出自《系辞上第十二节》："子曰：'书不尽言，言不尽意。'然则圣人之意，其不可见乎？"

神而明之/神而明之，存乎其人：出自《系辞上第十二节》："化而裁之存乎变，推而行之存乎通，神而明之存乎其人。"

不言而信：出自《系辞上第十二节》："默而成之，不言而信，存乎德行。"

系辞下传

耒耨之教/耒耨之利：出自《系辞下第二节》："斫木为耜，揉木为耒，耒耨之利，以教天下，盖取诸益。"

日中为市：出自《系辞下第二节》："日中为市，致天下之民，聚天下之货，交易而退，各得其所，盖取诸噬嗑。"

各得其所：出自《系辞下第二节》："日中为市，致天下之民，聚天下之货，交易而退，各得其所，盖取诸噬嗑。"

穷则生变：出自《系辞下第二节》："《易》穷则变，变则通，通则久。"

垂裳而治：出自《系辞下第二节》："黄帝、尧、舜垂衣裳而天下治，盖取诸乾坤。"

服牛乘马：出自《系辞下第二节》："服牛乘马，引重致远，以利天下。"

引重致远/任重致远：出自《系辞下第二节》："服牛乘马，引重致远，以利天下。"

重门击柝：出自《系辞下第二节》："重门击柝，以待暴客，盖取诸豫。"

断木掘地：出自《系辞下第二节》："断木为杵，掘地为臼，臼杵之利，万民以济，盖取诸小过。"

野处穴居/穴居野处：出自《系辞下第二节》："上古穴居而野处，后世圣人易之以宫室。"

结绳而治：出自《系辞下第二节》："上古结绳而治，后世圣人易之以书契。"

同归殊途/殊途同归/同归殊涂/殊涂同归：出自《系辞下第五节》："天下何思何虑？天下同归而殊途，一致而百虑。"

何思何虑/百虑一致/一致百虑：出自《系辞下第五节》："天下何思何虑？天下同归而殊途，一致而百虑。"

日往月来：出自《系辞下第五节》："日往则月来，月往则日来，日月相推而明生焉。"

寒来暑往：出自《系辞下第五节》："寒往则暑来，暑往则寒来，寒暑相推而岁成焉。"

能屈能伸/以屈求伸/蠖屈求伸/尺蠖求伸/尺蠖之屈：出自《系辞下第五节》："尺蠖之屈，以求信也。"

精义入神：出自《系辞下第五节》："精义入神，以致用也。"

穷神知化/出神入化：出自《系辞下第五节》："穷神知化，德之盛也。"

藏器待时/待时而动/观机而动：出自《系辞下第五节》："君子藏器于身，待时而动，何不利之有。"

小惩大诫：出自《系辞下第五节》："不见利不劝，不威不惩。小惩而大诫，此小人之福也。"

安不忘危：出自《系辞下第五节》："是故君子安而不忘危，存而不忘亡，治而不忘乱，是以身安而国家可保也。"

治不忘乱：出自《系辞下第五节》："是故君子安而不忘危，存而不忘亡，治而不忘乱，是以身安而国家可保也。"

知小谋大：出自《系辞下第五节》："德薄而位尊，知小而谋大，力小而任重，鲜不及矣。"

力不胜任/力小任大：出自《系辞下第五节》："德薄而位尊，知小而谋大，力小而任重，鲜不及矣。"

不胜其任：出自《系辞下第五节》："《易》曰：'鼎折足，覆公铢，其形渥，凶。'言不胜其任也。"

知几其神：出自《系辞下第五节》："子曰：'知几其神乎？'"

上交不谄/上谄下渎：出自《系辞上第五节》："君子上交不谄，下交不渎。"

见机行事/见几而作：出自《系辞下第五节》："君子见几而作，不俟终日。"

知微知彰/知微知章/知章知微：出自《系辞下第五节》："君子知微知彰，知柔知刚，万夫之望。"

彰往察来：出自《系辞下第六节》："夫《易》，彰往而察来，而微显阐幽，开而当名，辨物正言，断辞则备矣。"

微显阐幽/显微阐幽：出自《系辞下第六节》："夫《易》彰往而察来，而微显阐幽，开而当名，辨物正言，断辞则备矣。"

言中事隐：出自《系辞下第六节》："其旨远，其辞文，其言曲而中，其事肆而隐。"

变动不居：出自《系辞下第八节》："《易》之为书也不可远，为道也屡迁，变动不居，周流六虚。"

原始要终：出自《系辞下第九节》："《易》之为书也，原始要终，以为质也。"

思过半矣：出自《系辞下第九节》："知者观其象辞，则思过半矣。"

说卦传

参天两地/参天贰地：出自《说卦》："参天两地而倚数。"

穷理尽性：出自《说卦》："和顺于道德而理于义，穷理尽性以至于命。"

数往知来：出自《说卦》："数往者顺，知来者逆，是故《易》逆数也。"

向明而治：出自《说卦》："圣人南面而听天下，向明而治，盖取诸此也。"

水火不相容/水火不兼容：出自《说卦》："故水火不相逮，雷风不相悖。"

一索得男：出自《说卦》："震一索而得男，故谓之长男。"

利市三倍：出自《说卦》："为多白眼，为近利市三倍，其究为躁卦。"

矫揉造作：出自《说卦》："坎为水，为沟渎，为隐伏，为矫輮，为弓轮。"

序卦传

大有可观：出自《序卦》："临者，大也。物大然后可观，故受之以
《观》。"

剥极必复／剥极将复／剥极则复：出自《序卦》："剥者，剥也。物不可以
终尽，剥穷上反下，故受之以《复》。"

穷大失居：出自《序卦》："丰者，大也。穷大者必失其居，故受之以
《旅》。"

杂卦传

剥复之机：出自《杂卦》："剥，烂也。复，反也。"

鼎新革故／革故鼎新：出自《杂卦》："革，去故也。鼎，取新也。"

否极泰来／泰来否极／泰来否往／否终则泰／否终复泰：出自《杂卦》："否
泰，反其类也。"

汉唐书局